Bernet/Schmid · Retail Banking

Beat Bernet / Peter Schmid (Hrsg.)

Retail Banking

Visionen, Konzepte und Strategien für die Zukunft

GABLER

Die Deutsche Bibliothek – CIP-Einheitsaufnahme

Retail Banking : Visionen, Konzepte und Strategien für die Zukunft /
Beat Bernet/Peter Schmid (Hrsg.). – Wiesbaden : Gabler, 1995
ISBN 3-409-14174-X
NE: Bernet, Beat [Hrsg.]

1. Auflage Februar 1995
Nachdruck Oktober 1995

Der Gabler-Verlag ist ein Unternehmen der Bertelsmann Fachinformation.

Lektorat: Silke Strauß

Umschlaggestaltung: Schrimpf und Partner, Wiesbaden
Satz: Fotosatz L. Huhn, Maintal
Druck: Wilhelm & Adam, Heusenstamm
Bindung: Osswald & Co., Neustadt/Weinstraße
Printed in Germany

ISBN 3-409-14174-X

Zum Buch

Das Retail Banking erlebt zur Zeit eine eigentliche Renaissance. Lange Zeit galt es als defizitär und zweitklassig und wurde bestenfalls im Sinne eines Zulieferers von profitableren Bankgeschäften gefördert. Nachdem die Controlling-Systeme der Banken endlich in der Lage sind, die Kosten und die Profitabilität der einzelnen Produkte, Kunden und Kundensegmente zu ermitteln, realisieren die einzelnen Institute, daß Retail Banking sehr wohl mit einem respektablen Deckungsbeitrag betrieben werden kann. Daß Retail Produkte sich profitabel produzieren und verkaufen lassen, zeigen auch die Erfolgsausweise von mehreren Banken in Amerika und Europa in den letzten Jahren.

Die Kundenerwartungen an die Art und Weise der Leistungserbringung, an Preis, Qualität der Dienstleistungen und die zur Verfügung gestellten Informationen sind gestiegen. Der gut informierte Kunde erwartet eine vollumfassende Beratung durch seine Kontaktperson in der Bank. Um neue neutrale Anbieter, die eine umfassende Finanzberatung anbieten und die vorgeschlagenen Produkte als Vermittlungsagenten selber verkaufen, erfolgreich abwehren zu können, sind qualitativ hochstehende Leistungen sowohl in der Breite als auch in der Tiefe erforderlich.

Gefordert sind deshalb neue Visionen, Strategien und Konzepte, die den veränderten Umweltbedingungen Rechnung tragen. Die Bankbranche befindet sich in einer Phase des Umbruchs und der Veränderungen. Aufgrund dieser Herausforderungen stellen sich den Entscheidungsverantwortlichen im Retail Banking zahlreiche Fragen.

- ⇨ Um im Retail Geschäft profitabel operieren zu können, müssen die Kosten gesenkt werden. Eine Reduktion der Stückkosten pro Transaktion ist beispielsweise über die Erhöhung der Anzahl Kunden möglich. Wo sind die Grenzen des Wachstums? Können überhaupt wesentlich mehr neue Kunden gewonnen werden oder ist der Kuchen schon verteilt? Ist Wachstum nur noch durch Akquisition möglich? Wo ist die kritische Masse, die mittelfristig die Selbständigkeit eines Institutes sichern kann?

- ➩ Lohnt es sich überhaupt, einen großen Teil des Verkaufsaufwandes auf potentielle Kunden auszurichten? Ist es nicht sinnvoller, sich auf das Halten und den Ausbau der bestehenden Kundenbeziehungen zu konzentrieren?
- ➩ Eine engere Kundenbeziehung und größere Kundenzufriedenheit kann erreicht werden, wenn es gelingt, dem richtigen Kunden zur richtigen Zeit die richtigen Produkte anzubieten. Doch wie ist dies möglich, wenn die überwiegende Mehrzahl der Kunden der Bank nicht persönlich bekannt sind? Welche Informationen werden für ein Database Marketing benötigt und wie können diese strukturiert und ausgewertet werden, damit die Trefferquote im Akquisitionsmarketing steigt?
- ➩ Viele Bankinstitute bieten ihren Kunden eine Summe von Produkten und Dienstleistungen an, die einzeln gekauft und genutzt werden können. Man vertraut darauf, daß sich der Kunde bei einem zusätzlichen Bedürfnis von sich aus melden werde. Da zahlreiche Kunden aber mit mehreren Banken Beziehungen unterhalten, stellt sich die Frage, ob Produkte und Dienstleistungen nicht sinnvollerweise zu einem Produktebündel geschnürt werden, um die Bedürfnisse der verschiedenen Kundengruppen vollumfänglich abzudecken und so zur Hauptbankverbindung möglichst vieler Kunden zu werden.
- ➩ Welches sind die Vertriebskanäle, die den veränderten Kauf- und Lebensgewohnheiten der Kunden Rechnung tragen und eine effizientere und kostengünstigere Präsentation der Produkte ermöglichen? Ist es sinnvoll, daß der größte Teil der Bankgeschäfte in der Filiale vor Ort erledigt wird? Ist der Einsatz von Servicecenters als telefonischer Ansprechpartner von Kunden und Interessenten sinnvoll, die ihre Bankgeschäfte von zu Hause aus erledigen wollen? Was ist die zukünftige Bedeutung von Telefon und Personal Computer zur Erledigung der Bankgeschäfte von zu Hause aus?
- ➩ An den Mitarbeiter werden immer mehr Anforderungen gestellt werden. Wie kann der geforderte Wandel von den Mitarbeitern bewältigt werden? Welche Förderungsmaßnahmen sind nötig, um diesen Veränderungsprozeß zu beschleunigen und sicherzustellen, daß die immer komplexer werdenden Produkte verstanden und verkauft werden können?
- ➩ Voraussetzung für praktisch alle Veränderungen im Retail Banking ist eine moderne und flexible Informatik. Wie können neben der Abwicklung sämtlicher Transaktionen die Frontmitarbeiter im Wandlungsprozeß von Bankbeamten zu Verkaufsberatern unterstützt und ihre Kompetenz und

Effizienz erhöht werden? Wie können den Marketingmitarbeitern sowie den Produkte- und Kundensegmentsmanagern Entscheidungsgrundlagen zur Verfügung gestellt, der Verkaufsprozeß unterstützt, der Arbeits- und Datenfluß in den Filialen und der Zentrale geregelt, die Dokumentenverwaltung sichergestellt und dem Bankkunden neue Kommunikationsformen zur Verfügung gestellt werden?

Mit diesen und ähnlichen Fragestellungen setzen sich die nachfolgenden Abschnitte dieses Buches auseinander.

Kapitel 1: Strategische Positionierung

Beat Bernet skizziert in einem ersten Abschnitt die strategischen Optionen, die aus heutiger Sicht im Retail Banking zur Diskussion stehen *(Strategische Optionen im Retail Banking)*. Er zeigt auf, daß sich grundlegende Rahmenbedingungen für das Retail Banking verändert haben und weiter verändern werden. Wesentliche Impulse für die künftige Ausgestaltung des Retail Banking gehen dabei von Seiten der Technologie aus. Diese Impulse werden sich auswirken auf Produktstrategien, Vertriebskonzepte und nicht zuletzt auf die Logistik.

Der Beitrag von **Ernst Kilgus** positioniert das Retail Banking im Strukturwandel des Finanzsektors *(Positionierung des Retail Banking im Strukturwandel des Finanzsektors)*. Er zeigt auf, daß Leitbild, Zielsetzungen und Strategien dem veränderten Umfeld anzupassen sind. Besondere Bedeutung kommt dabei der Definition und der Abgrenzung des Retail-Kunden von anderen Kundensegmenten zu. Die Neupositionierung des Retail Banking stellt eine nicht geringe Herausforderung für die Mitarbeiter dar, wird sie doch sowohl Unternehmungskultur wie auch Führungsstil einer Bank wesentlich beeinflussen.

Besondere Bedeutung kommt im Rahmen des Retail Banking den Sparkassen zu. Aus der Sicht des österreichischen Sparkassenverbandes analysiert **Gustav Raab** die veränderten Rahmenbedingungen und daraus abgeleitet die Forderungen an die Unternehmungsphilosophie dieses Bankensegmentes *(Österreichs Privatkundenmarkt – Strategische Bedeutung für die Sparkassen-Finanzgruppe)*. Er zeigt die volkswirtschaftliche Bedeutung des Retail-Banking-Marktes auf und weist auf die Wichtigkeit des Relationship Banking gerade auch für das Retailgeschäft hin.

Kapitel 2: Marketing

Darauf, daß veränderte Umweltbedingungen immer auch zu veränderten Kundenanforderungen führen, weist **Peter Schmid** in seinem Beitrag hin *(Kundenorientiertes Verkaufen im Retail Banking).* Damit wird die konsequente Kundenorientierung zu einem der wichtigsten strategischen Erfolgsfaktoren. Aus Bankbeamten müssen kundenorientierte Verkaufsberater werden. Der Autor zeigt auf, daß eine profitable Kundenbetreuung nur auf der Grundlage geeigneter Controlling-Systeme sowie einer effizienten, auf Servicecenters basierenden Logistik möglich ist.

Der Beitrag von **Hans Ueli Keller** befaßt sich mit der Bedeutung der Kundenwanderung zwischen Konkurrenten für die Profitabilität des Retail Banking *(Strategisches Kundenmarketing und Retention Marketing).* Er argumentiert, daß die Abwanderung von Kunden und deren Ersatz durch Neukunden sich äußerst negativ auf die Profitabilität der Bank auswirkt und daß demzufolge dem eigentlichen Retention Marketing, also dem Halten und Ausbauen bestehender Kundenbeziehungen, größte Bedeutung zukommt. Grundlage des Retention Marketing ist dabei die Schaffung von Kundentransparenz, d.h. der gezielten und systematischen Auswertung aller kundenbezogenen Informationen.

Das Stichwort der Kundenorientierung greifen **Hans Joachim Schleif** und **Elmar Frey** in ihrem Beitrag auf *(Kundenorientierung durch Betriebstypenprofilierung).* Mit Blick auf die Entwicklungen im Einzelhandel zeigen die Autoren, daß der künftige Erfolg der Banken im Retailgeschäft in der Qualität der Umsetzung des Gedankens der Profilierung trotz weitgehend austauschbarem Leistungsangebot liegt. Am Beispiel der HYPO Service Bank wird der Begriff eines solchen Qualitätsmanagement im Retail Banking diskutiert.

Kapitel 3: Produkte und Märkte

Retail Produkte sollen kundennah, einfach kommunizierbar, standardisiert produzierbar und wirtschaftlich sein. Wie diese einander auf den ersten Blick widersprechenden Forderungen erfüllt werden können, zeigt **Gabriele Hauser-Payer** anhand des LYBERTY-Konzeptes der Schweizerischen Bankgesellschaft auf *(Retail Produkte auf dem Weg zum Kunden: Das Beispiel LIBERTY).* Mit dem neugeschaffenen Produktekonzept soll im schweizerischen Retail-Banking-Markt eine eigentliche Marke verankert werden. Die Autorin skizziert die Vielzahl der Maßnahmen in Bereichen wie Organisation, Schulung oder Marktauftritt, die mit der Einführung eines Dienstleistungspaketes verbunden sind.

Reinhold Hölscher befaßt sich in seinem Beitrag mit den Strategien bankbetrieblicher Produktentwicklung *(Neue Ansätze zum Product-Engineering im Retail Geschäft der Banken)*. Auf der Grundlage des Denkansatzes des Simultaneous Engineering zeigt er auf, daß bei der Entwicklung neuer Retail-Banking-Produkte Produktionssysteme, Vertriebssysteme, Informations- und Kommunikationstechnologie, Organisation und Personal im Systemkontext gestaltet werden müssen.

Die Entwicklung im Allfinanzmarkt und die daraus für die Vertriebsstruktur abzuleitenden Konsequenzen stehen im Mittelpunkt der Ausführungen von **Matthias Reinhart** *(Bedeutung neuer Vertriebskanäle)*. Aus der Sicht eines neutralen Brokers für Retail-Banking-Leistungen diskutiert er alternative Vertriebskonzepte und stellt dar, wie sich im künftigen Retail-Banking-Markt Cross-selling-Potentiale optimal ausschöpfen lassen. Auch in diesem Beitrag wird darauf hingewiesen, welche Bedeutung der umfassenden, alle finanziellen Aspekte abdeckenden Betreuung des Retailkunden zukommt.

Kapitel 4: Vertrieb

Einen eigentlichen Mikro-Marketing-Mix für Retail-Banking-Produkte entwickelt **Arnold Bohl** in seinem Beitrag *(Plädoyer für die Verkaufsförderung)*. Anhand der wichtigsten Voraussetzungen zum Verkaufserfolg analysiert er Voraussetzungen, Strategien und Maßnahmen zur wirkungsvollen Verkaufsförderung im Retail Banking. Die aus Sicht des Autors zentrale Rahmenbedingung ist eine moderne, leistungsfähige, teamorientierte Informatik.

Primäres Ziel der Verkaufssteigerungsprogramme der deutschen Sparkassen ist die nachhaltige Volumensteigerung im Privatkundengeschäft. **Hans-Michael Heitmüller** untersucht in seinem Beitrag anhand des Beispieles des Deutschen Sparkassen- und Giroverbandes die Zielsetzungen, die Vorgehensweise und die Durchführung solcher Verkaufssteigerungsprogramme *(Verkaufssteigerungsprogramme im Privatkundengeschäft)*. Er beschreibt, wie mit solchen Programmen Eckpfeiler für eine auch unter betriebswirtschaftlichen Gesichtspunkten optimierte Kundenbetreuung gesetzt werden können.

Mit den vielfältigen und komplexen Fragestellungen im Zusammenhang mit der Führung im Verkauf von Retail-Banking-Produkten setzt sich der Beitrag von **Wolfgang Ronzal** auseinander *(Führung im Verkauf)*. Fragen des Zusammenhangs zwischen Führungsstil und Absatzerfolg, die Bedeutung von Information und Kommunikation sowie die produkt-, die kunden- und die verhaltensbezogenen Aspekte des Führens stehen im Mittelpunkt seiner Überlegungen.

Kapitel 5: Spezielle Fragen/Praxisbeispiele

Wo Rahmenbedingungen sich grundlegend verändern, wirkt sich das auch aus auf Arbeitsplatz- und Anforderungsprofile. Ausgehend von einer Kritik am dualen System der Berufsausbildung entwickelt **Günter Ashauer** Leitideen für eine zukunftsorientierte Aus- und Weiterbildung der Mitarbeiter im Privatkundengeschäft *(Personalentwicklung im Bereich des Retail Banking)*. Zu seinen Forderungen gehört, daß, um steile Hierarchien und entsprechend hohe Kostenblöcke zu vermeiden, künftig die Fachlaufbahnen sozial und ökonomisch gleichwertig neben die Führungslaufbahnen gestellt werden müssen.

Erich Hort skizziert in seinem Aufsatz das Porträt einer nahezu ausschließlich dem Retail Banking verpflichteten Bank *(Die MIGROSBANK – Portrait einer Retail Bank)*. Anhand ausgewählter Fragestellungen im Zusammenhang mit Marktauftritt und Marktstellung, Preispolitik oder Distributionsstrategie kommt er zum Schluß, daß im Mengengeschäft künftig eine noch zunehmende Tendenz in Richtung Individualisierung festzustellen sein wird.

Wiederum anhand eines praktischen Beispiels – in diesem Falle der Konzeption „proFIL“ des Schweizerischen Bankvereins – beleuchtet **Wolf-Dieter Schlechthaupt** die strategische Problemstellung eines modernen Retail-Banking-Konzeptes *(Lean Branch Management – Ein Element eines Retail-Banking-Konzeptes)*. Er beschreibt die spezifischen Lösungsansätze des Schweizerischen Bankvereins in zentralen Problembereichen wie Kundensegmentierung, Product Management, Personalentwicklung oder Vertriebskanälen.

Viele Fragen – viele Antworten. Die Antworten im Rahmen der einzelnen Beiträge führen oft ihrerseits wieder zu Fragen. Wenn es den folgenden Ausführungen gelingt, dem Leser einige Denkanstöße zu vermitteln, ihm vielleicht Impulse und Anregungen für seine eigene Arbeit, zur Evaluation einer Lösung in seinem eigenen Problembereich zu geben, dann haben sie ihr Ziel erreicht.

Zürich, im Januar 1995

Dr. Beat Bernet
Dr. Peter Schmid

Vorwort zum Nachdruck

Die erfreulich große Resonanz des Buches hat innerhalb weniger Monate nach dem Erscheinen eine zweite (unveränderte) Auflage notwendig gemacht. Das Leserecho auf unsere Publikation hat den Herausgebern und Autoren gezeigt, daß die Fachwelt in den für das Retail Banking doch sehr turbulente Zeiten intensiv nach Orientierungspunkten, neuen Ideen und Vergleichen sucht. Die einzelnen Beiträge der Autoren aus Theorie und Praxis scheinen geeignet, diesen Anspruch zu erfüllen. Noch stehen wir ganz am Anfang einer Entwicklung, die das Gesicht des modernen Retail Banking bis zum Ende dieses Jahrzehnts grundlegend verändern wird. Wenn es unserer Publikation gelingt, dem Leser einige Denkanstöße für sein eigenes Entscheiden und Handeln zu vermitteln, dann hat sie ihr Ziel erreicht.

Zürich, im Juli 1995

Dr. Beat Bernet
Dr. Peter Schmid

Autorenverzeichnis

Prof. Dr. Günter Ashauer	Präsident der deutschen Sparkassenakademie, Bonn
Dr. Beat Bernet	Geschäftsführender Partner der auf Bankorganisation und -strategie spezialisierten Beratungsorganisation BERNET, ZIMMER & PARTNER, Zug/Schweiz
Arnold Bohl	Leiter Marketing Retail Banking, UNISYS (Schweiz) AG, Thalwie
Elmar Frey	Inhaber der Firma Freylance, München
Dr. Gabriele Hauser-Payer	Vizedirektorin, Leiterin Marketing und Kommunikation Privatkundengeschäft der Schweizerischen Bankgesellschaft, Zürich
Hans-Michael Heitmüller	Geschäftsführer des Deutschen Sparkassen- und Giroverbandes, Bonn
Prof. Dr. Reinhold Hölscher	Lehrstuhl für Finanzierung und Investition an der Universität Kaiserslautern
Erich Hort	Direktionspräsident der MIGROS Bank, Zürich
Dr. Hans Ueli Keller	Mitglied der Direktion, Leiter Retail-Banking der Schweizerischen Kreditanstalt, Zürich
Prof. Dr. Ernst Kilgus	Direktor des Bankeninstitutes der Universität Zürich
Prof. Dr. Gustav Raab	Generalsekretär des Hauptverbandes der Österreichischen Sparkassen, Wien

Matthias Reinhart	Mitgründer und Mitglied der Geschäftsleitung des VZ Banken- und Versicherungszentrum Zürich
Wolfgang Ronzal	Direktor, Leiter Retail Banking, *DIE ERSTE* österreichische Spar-Casse-Bank AG, Wien
Dr. Wolf-Dieter Schlechthaupt	Direktor, Ressortleiter Geschäftsbereich Retail, Schweizerischer Bankverein, Basel und seit 1.1.95 Leiter Service & BeratungsZentrum, Olten
Hans-Joachim Schleif	Mitglied des Vorstands, HSB, HYPO Service-Bank, München
Dr. Peter Schmid	Vizedirektor, Leiter Marketing und Verkauf Privatkundengeschäft Hauptsitz der Schweizerischen Bankgesellschaft, Zürich

Inhaltsverzeichnis

Zum Buch 5
Autorenverzeichnis 13

Kapitel 1: Strategische Positionierung

Strategische Optionen im Retail Banking
Beat Bernet

1. Die Ausgangslage 25
   1.1 Die Frage der Rentabilität 25
   1.2 Veränderte Ausgangslage 25
   1.3 Vor einem Paradigmenwechsel 27
2. Künftige strategische Einflußfaktoren im Retail Banking 27
   2.1 Die Technologieentwicklung 28
   2.2 Die Markt- und Wettbewerbsdynamik 32
   2.3 Der Retail-Kunde der Zukunft 34
3. Alternative strategische Denkansätze im Retail-Banking 35
   3.1 Kernelemente einer Retail-Banking-Strategie 35
4. Vision: Retail Banking der Zukunft 42

Positionierung des Retail Banking im Strukturwandel des Finanzsektors
Ernst Kilgus

1. Strukturveränderungen im Bankensektor 46
2. Strukturveränderungen und Retail Banking 47
3. Wesen und Begriff des Retail Banking 49
4. Zur Umschreibung von Kundensegment und Produktepalette . . . 51
5. Basispaket und Filialtypologie 52
6. Organisatorische Konsequenzen 53
7. Herausforderungen für Bankmitarbeiter 54

Österreichs Privatkundenmarkt – Strategische Bedeutung für die Sparkassen-Finanzgruppe
Gustav Raab

1. Unternehmensphilosophie der Sparkassen im Wandel 56
2. Neue Zielgruppenstrategien der Sparkassen-Finanzgruppe 57
3. Marktumfeld – Status und Zukunftstrends 60
   3.1 Marktposition der Sparkassen-Finanzgruppe 60
   3.2 Das Kundenpotential 62
   3.3 Volkswirtschaftliche Perspektiven 63
4. Relationship-Banking als Erfolgsfaktor 64
   4.1 Kundenprofil 64
   4.2 Verkauf und Vertrieb 65
   4.3 Preisempfindlichkeit – Preisstrategie 66

Kapitel 2: Marketing

Kundenorientiertes Verkaufen im Retail Banking
Peter Schmid

1. Die Bedeutung des Privatkundengeschäftes 71
2. Veränderung der Umwelt und der Kundenanforderungen 72
   2.1 Umweltbedingungen 74
   2.2 Kundenerwartungen 74
   2.3 Reaktionen der Banken 76
3. Erfolgsfaktor Kundenorientierung 77
   3.1 Von der Produkte- zur Kundenorientierung 77
   3.2 Kundenorientierung als Chance 79
4. Erfolgsfaktor Informatik 80
   4.1 Erweiterte Zielsetzungen 80
   4.2 Einsatzmöglichkeiten 81
5. Zusammenfassung 85

Strategisches Kundenmanagement und Retention Marketing
Hans Ueli Keller

1. Hintergrund 87
2. Segmentsanalyse für Optimierungsansätze 88
3. Schaffung von Kundentransparenz 91
4. Auswirkungen von Retention Marketing 92
5. Retention-Marketing-Cycle 96
   5.1 Vorphase 96
   5.2 Analyse der Stammkunden und Abwanderer 98
   5.3 Implementierung und Realisation 100
   5.4 Kontrolle und Messung 101
6. Mitarbeiter-Retention 103
7. Erfolgreicher durch Retention-Marketing 103

Kundenorientierung durch Betriebstypenprofilierung
Hans-Joachim Schleif/Elmar Frey

1. Die Dynamik der Betriebstypen:
   Zuerst im Handel – nun bei den Banken 105

2. Profilierungsdimensionen für Banken:
   Zwischen Spezialisierung und Standardisierung 107
   2.1 Anpassung auf Konzernebene durch Diversifizierung
       selbständiger Unternehmen 108
   2.2 Anpassung auf Unternehmensebene durch Differenzierung
       der Filialen 109
   2.3 Anpassung auf Filialebene durch selektive Serviceleistungen 109
3. Anstelle von Zwei-Klassen-Banking:
   Neue Qualitätsstandards schaffen! 110
4. Mehr Profil im Preissegment: Mit Erlebnis zum Erfolg 111
5. Die Idee der HSB: Vom Start weg anders 113
6. Qualitätsmanagement bei der HSB:
   Zwischen Dienstleistung und Handel 114
7. Das operative Geschäft am Point-of-Sale:
   Erfolg beginnt am Detail 115
8. Interne und externe Kommunikation:
   Erfolg braucht Selbstbewußtsein 116

Kapitel 3: Produkte und Märkte

Retailprodukte auf dem Weg zum Kunden: Das Beispiel „Liberty“
Gabriele Hauser-Payer

1. Spannungsfeld Retail Banking 121
   1.1 Der Kunde 123
   1.2 Die Produkte 124
2. Produktebündelung oder das SBG-Kontopaket „Liberty“ 125
3. Liberty: kommunikativ unterwegs zum Kunden 128
   3.1 Marketingzielsetzung und kommunikatives Leitmotiv 129
   3.2 Die kommunikative Lösung heißt Markenbildung 129
4. Die Liberty-Ausbildung oder der interne Verkauf 131
   4.1 Coaching 131
   4.2 Der Verkaufsarbeitsplatz 131
   4.3 Event 132
   4.4 Incentives 132
5. Der Marktauftritt/Verkauf von Liberty 133
   5.1 Liberty für Kunden 133
   5.2 Die nationale Liberty-Kampagne 134
   5.3 Die Fortsetzung 135
6. Liberty: Eckwerte und erste Verkaufszahlen 136
7. Liberty – auf dem Weg zum Kunden? 137

Neue Ansätze zum Product-Engineering im Retail-Geschäft der Banken
Reinhold Hölscher

1. Strategien bankbetrieblicher Produktentwicklung 138
   1.1 Produktentwicklung bei Dienstleistungen 138
   1.2 Simultaneous-Engineering in Bankbetrieben 139
   1.3 Simultaneous-Engineering als Produkt- und Prozeßentwicklung 143
2. Gestaltungsgrundsätze und Erfolgsfaktoren 145
   2.1 Verbesserte Marktorientierung 145
   2.2 Integrierte Optimierung der Geschäftssysteme 149
3. Elemente des Produktentwicklungsprozesses 154
   3.1 Systematische Strukturierung 154
   3.2 Parallelisierung von Vorgängen 156
   3.3 Bildung von SE-Teams 158

4. Product-Engineering im Retail Banking:
Zielsetzung und Lösungsansätze 160

Bedeutung neuer Vertriebskanäle
Matthias Reinhart

1. Rahmenbedingungen 162
2. Entwicklungen im Schweizer Allfinanzmarkt 163
2.1 Nachfrage 163
2.2 Angebot 163
2.3 Vertrieb 164
3. Vertriebssysteme im Vergleich 167
3.1 Gesellschaftseigene Vertriebsformen 167
3.2 Gesellschaftsunabhängige Vertriebsformen 170
4. Erfolgsfaktoren an der Verkaufsfront 173
4.1 Fachkompetenz und Kundenorientierung der Berater 173
4.2 Nutzen der Cross-selling-Potentiale 174
4.3 Einsatz professioneller Unterstützungsmittel 175
5. VZ – Das Banken- und VersicherungsZentrum 176

Kapitel 4: Vertrieb

Plädoyer für die Verkaufsförderung
Arnold Bohl

1. Ungeahnte neue Möglichkeiten mit Sales Promotion 181
2. Verkaufsförderung – was heißt das für die Bank im Retail-Geschäft? 185
3. Konsequenzen 191
4. Informationstechnik als Schlüsselfaktor 192

Verkaufssteigerungsprogramme im Privatkundengeschäft
Hans-Michael Heitmüller

1. Markt- und geschäftspolitische Ausgangssituation 196
2. Zielsetzungen der Verkaufssteigerungsprogramme 199
3. Vorgehensweise und Durchführung von Verkaufssteigerungs-
programmen 202

4. Ergebnisse der Verkaufssteigerungsprogramme 208
5. Ausblick: Konsequenter Ausbau der Verkaufssteigerungsprogramme auf Zukunftskunden und -produkte 212
6. Fazit 214

Führung im Verkauf
Wolfgang Ronzal

1. Die Wirkung der Führungskraft auf Mitarbeiter 215
2. Was bedeutet Führen für den Leiter einer Geschäftsstelle? 216
3. Zusammenhang zwischen Führungsstil und Absatzerfolg 217
4. Welche Erwartungen stellen Ihre Mitarbeiter an Sie? 220
5. Information und Kommunikation 225
6. Schlußbemerkung 228

Kapitel 5: Spezielle Fragen/Praxisbeispiele

Personalentwicklung im Bereich des Retail Banking
Günter Ashauer

1. Die traditionelle berufliche Erstausbildung 232
2. Berufliche Weiterbildung 234
3. Kritik des dualen Systems der Berufsaufbildung 235
4. Kostenüberlegungen 240
5. Gute Startqualität – kurze Erstausbildung – Just-in-time-Lernen . 242
6. Motivation trotz begrenzter Aufstiegsmöglichkeiten 243
7. Konsequenzen für den Führungsstil 245

Die MIGROSBANK – Portrait einer Retail-Bank
Erich Hort

1. Geschäftspolitik und Organisation 248
2. Dem Consumer Banking verpflichtet 248
3. Marktauftritt und Marktstellung 249
4. Preisvorteil als konstantes (langfristiges) Unterscheidungsmerkmal im Wettbewerb 251
5. Das Distributionsnetz der MIGROSBANK 251

6. Unkonventionelle Allianzen im Vertrieb 252
7. Die Kundenkarte der MIGROSBANK 252
8. Quo vadis Mengengeschäft? 254

Lean Branch Management – ein Element eines Retail-Banking-Konzeptes
Wolf-Dieter Schlechthaupt

1. Ausgangslage 255
2. Strategische Problemstellung 256
3. Filialen als Elemente integrierter Marketingkonzepte 257
4. proFIL: Die neue Marktausrichtung 258
   4.1 proFIL: Zielsetzung 259
   4.2 proFIL: Bildung strategischer Geschäftsfelder 260
   4.3 proFIL: Kundensegmentierung 261
   4.4 proFIL: Product-Management 262
   4.5 proFIL: Führungs-/Vertriebsorganisation 263
   4.6 proFIL: Personalentwicklung 264
   4.7 proFIL: Filialtypen 264
   4.8 proFIL: Interne Kommunikation 265
   4.9 proFIL: Zusammenfassung aus Kundenoptik 266

5. Harmonisierung der Vertriebskanäle 267
   5.1 Alternatives Vertriebs-Mix 268
   5.2 Vision 2002 268
6. Zusammenfassende Thesen 269

Literaturhinweise 271

Kapitel 1:

Strategische Positionierung

Strategische Optionen im Retail Banking

Beat Bernet

1. Die Ausgangslage

1.1 Die Frage der Rentabilität

Eine Reihe von Untersuchungen haben sich in den vergangenen Jahren mit der Frage der Wertschöpfung in einzelnen Bankenmärkten befaßt[1]. Wenn auch das aus diesen Studien verfügbare Datenmaterial von recht unterschiedlicher Qualität ist, so weisen doch die Erkenntnisse daraus einen einheitlichen Grundtenor auf: Die Wertschöpfung pro Mitarbeiter, pro eingesetzter Kapitaleinheit oder pro Umsatzeinheit ist im Retail Banking bei weitem am geringsten im Vergleich zu allen anderen Produktsegmenten des Bankenmarktes. Oder, anders ausgedrückt: Retail Banking scheint sich nicht zu lohnen, zumindest so nicht, wie es heute betrieben wird bzw. in der Vergangenheit betrieben wurde.

Umso erstaunlicher muß es anmuten, wenn festzustellen ist, daß all diesen Erkenntnissen zum Trotz eine immer größere Anzahl von Banken mit der Entwicklung aktiver, um nicht zu sagen aggressiver Retail-Banking-Strategien und deren Umsetzung begonnen hat[2]. Wir erleben zur Zeit eine eigentliche Renaissance des Retail Banking, eine Rückbesinnung der klassischen Universalbank auf eines ihrer elementaren Kerngeschäfte und eine Wiederentdeckung des lange vernachlässigten und in vielen Fällen verschmähten Retail-Kunden.

1.2 Veränderte Ausgangslage

Die Gründe für diese Entwicklung sind vielfältiger Natur. So verschieden bei den einzelnen Banken die Motive für die strategische Neupositionie-

1 Vgl. dazu etwa Andersen (1992), Wellauer (1993), Faßbender/Wuffli (1990)

2 So beispielsweise alle drei schweizerischen Großbanken

rung des Retail-Geschäftes auch sein mögen, letztlich liegt ihnen allen doch die Erkenntnis zugrunde, daß der weitaus größte Teil ihrer Kundenbasis dem wie auch immer definierten Segment der „Retail-Kunden" zuzuordnen ist[3]. Verbindet man diese Erkenntnis mit der derjenigen der unbefriedigenden Profitabilität dieser Kundenbeziehungen, so lassen sich daraus nur zwei Schlußfolgerungen ableiten: entweder man verzichtet auf dieses Kundensegment und konzentriert seine Ressourcen auf andere, profitablere Bereiche des Bankgeschäftes, oder aber man sorgt dafür, daß das Massengeschäft (und darum handelt es sich letztlich im Retail Banking) ebenfalls positive Deckungsbeiträge abwirft. Letzteres scheint in zunehmendem Maße der bevorzugte strategische Denkansatz der im Retail-Geschäft tätigen Banken zu sein.

Dazu kommt die Erkenntnis, daß sich zentrale Rahmenbedingungen des Retail Banking in der nahen Zukunft grundlegend zu verändern beginnen. Wir stehen im Retail Banking vor- oder besser gesagt inmitten – eines eigentlichen Paradigmenwechsels. Das klassische Paradigma des Retail Banking in den letzten fünfzig Jahren lautete: Physische Kundennähe ist der Schlüssel zum Markterfolg. Ausgehend von dieser empirisch gesicherten Grundlage entstanden die weitverzweigten regionalen, nationalen und internationalen Filialsysteme der Banken. Markterfolg, gemessen an der Anzahl der Kundenbeziehungen, korrelierte ganz direkt mit der geographischen Distanz zum Zielkunden. Je näher man dem privaten und beruflichen Umfeld des Kunden war, desto größer war die Wahrscheinlichkeit, eine neue Bankbeziehung akquirieren und anschließend auch behalten zu können.

Dieses einfache und prägnante Paradigma des „Näher, mein Kunde, zu Dir!" hat während Jahrzehnten die strategische Ausrichtung unserer Universalbanken geprägt. Im Wettlauf mit der Konkurrenz und weitgehend ohne den hindernden Einfluss der kaum vorhandenen Filialrechnungen, Produktkostenrechnungen oder Kundenkalkulationen wurden Region und Nation mit immer dichteren Filialnetzen überzogen, jede Niederlassung ein kleines Abbild der großen Mutter und damit wieder eine kleine Universalbank. Die damit verbundenen Aufwendungen für Logistik und Ressourcen sind im wesentlichen verantwortlich für die hohen Stückkosten im Retail Banking bzw. für die eingangs erwähnten unbefriedigenden Deckungsbeiträge.

3 Vgl. Tissi (1994)

1.3 Vor einem Paradigmenwechsel

Langsam, aber unaufhaltsam beginnt sich im Retail Banking eine auf den ersten Blick sehr moderate, bei genauerem Hinsehen jedoch geradezu revolutionäre Erkenntnis durchzusetzen: Kundennähe heißt nicht zwingend, mit kleinen oder größeren Bankfilialen dem Kunden bis vor seine Haustüre oder an seinen Arbeitsplatz zu folgen, bedeutet nicht physische Nähe und Präsenz des Bankberaters beim Kunden. Zwar ist Kundennähe tatsächlich im Retail Banking einer der, wenn nicht gar der wichtigste, Schlüssel zum Erfolg. Für den modernen Retail-Kunden heißt Kundennähe:

- überall auf die Dienstleistungen der Bank zugreifen können;
- jederzeit, d.h. rund um die Uhr, an 365 Tagen im Jahr;
- die Bank geht zum Kunden, nicht umgekehrt;
- einfache Modalitäten für die Aufnahme und den Unterhalt der Bankbeziehung;
- ein alle Finanzbedürfnisse umfassendes Angebot aus einer Hand zur Verfügung zu haben.

Dazu braucht er in Zukunft nicht mehr in erster Linie Filialen und Niederlassungen, ja er braucht nicht einmal Automatenbanken[4]. Eine ganze Reihe von absehbaren Entwicklungen im Umfeld des Retail Banking werden das Gesicht dieses Bankgeschäftes in den nächsten Jahren grundlegend verändern. Diese Entwicklungen auf dem Gebiete der Bank- und Finanztechnologie werden dafür sorgen, daß die Karten im Retail Banking grundlegend neu gemischt und verteilt werden, daß neue Mitspieler dazu kommen, das Spielfeld neu abgegrenzt wird, neue Spielregeln definiert und die Trümpfe neu verteilt werden.

2. Künftige strategische Einflußfaktoren im Retail Banking

Das Gesicht des Retail Banking der Zukunft wird weitgehend von drei Faktoren bestimmt werden:

---

4 Vgl. Thoma (1994), S. 54 f

- von der *Technologieentwicklung*,
- von der veränderten *Markt-* und *Wettbewerbsdynamik* und,
- den daraus abgeleiteten veränderten *Kundenpräferenzen.*

Diese drei Faktoren ihrerseits werden die Produktentwicklung, die Produktionsprozesse, die Kommunikations- und Vertriebskanäle, die Preisstrategien und die für das alles benötigte Retail-Logistik prägen. Sie sind dafür verantwortlich, daß sich Arbeitsinhalte, Arbeitsplatz, Anforderungsprofile und damit letztlich das Berufsbild des Retail-Bankers in den nächsten fünf Jahren grundlegend verändern werden.

2.1 Die Technologieentwicklung

Der dominierende Faktor für die sich abzeichnenden Veränderungen im Retail Banking ist zweifellos die Technologieentwicklung. Folgende Aspekte stehen dabei im Vordergrund:

- die Entwicklungen auf dem Gebiet der *Kommunikationstechnologie*,
- die Entwicklungen im Bereich der *Smart Cards*,
- die Entwicklungen im Bereich der *Netzwerktechnologie*,
- die Entwicklungen in der *Datenbanktechnologie.*

a) Kommunikationstechnologie
Zu den grundlegenden Fragen im Retail Banking gehört die Frage nach der Art und Weise, wie der Kunde mit seiner Bank bzw. umgekehrt die Bank mit ihren Kunden kommuniziert. Oder, um die Frage auf den Punkt zu bringen: Wie muß die Logistik der Bank beschaffen sein, um eine entsprechende Kommunikation entstehen und fortdauern zu lassen?

Bisher wurde die Antwort in einer Optimierung von Standort- und Filialstrategien gesucht. Heute zeigt sich, daß Filialkonzepte der Vergangenheit zu unflexibel, zu wenig zielgruppenorientiert, zu teuer und letztlich doch immer zu wenig nah beim Kunden sind[5].

Electronic Banking wurde und wird noch mit großem Aufwand (und zunehmendem Erfolg) propagiert, setzt sich jedoch noch immer nur sehr zögernd durch. Der Vertriebskanal der Zukunft, der alle Bereiche des Retail-Banking umfassen wird, wird das *Telefon* sein – und zwar nicht das Telefon in

5 Vgl. dazu Waespi (1994), Johnson (1991), Endres (1994)

der Form, wie wir es heute kennen, sondern eine neue Telefongeneration, die sich in wesentlichen Punkten von heutigen Telefongeräten unterscheidet:

- ISDN als Grundlage,
- Bildschirm integriert,
- Datenkryptographie,
- basierend auf einem eigenen Betriebssystem,
- Text, Bild und Stimmverarbeitung,
- Touch Screen Optionen.

Das Telefon der Zukunft wird sehr viel Ähnlichkeiten haben mit einem elektronischen „Personal Assistant", wie wir ihn in ersten noch unbeholfenen Ausgaben vom Computermarkt her kennen. Es wird Kommunikationsinstrument, Agenda, Notizblock, Auskunftsterminal in einem sein, und wird gleichzeitig zur wichtigsten Schnittstelle zwischen Bank und Kunde werden:

- Über die Tastatur werden Kontosaldi, Depotbestände, Bewegungen etc. abgefragt.
- Kontoüberträge innerhalb der Bank, aber auch von Bank zu Bank sind direkt über das Telefon möglich.
- Rechnungen können direkt über den Telefonterminal bezahlt werden.
- Modernste Electronic-Banking-Applikationen werden in die Software des Telefons integriert.
- Der Bildschirm kann auf Wunsch mit dem PC kombiniert werden.
- Über das Telefon bzw. seinen kleinen Farbbildschirm werden Marktdaten etc. abgefragt, Offerten für Konsumkredite eingeholt, Verbindungen zu den zuständigen Sachbearbeitern in der Bank hergestellt.
- In Verbindung mit den neuen Smart Cards (siehe unten) kann auch Bargeld direkt über die Telefonstation abgehoben oder einbezahlt werden.

Mit anderen Worten: Das Telefon wird die heutigen Electronic-Banking-Systeme ablösen. Da in jedem Haushalt so ein modernes Telefon vorhanden sein wird, und da alle Bankkunden mit der Handhabung des Telefons weitgehend vertraut sind, wird dieses neue Kommunikationsmedium zwischen Bank und Kunden weit schneller Fuß fassen, als das beispielsweise beim Home Banking der Fall war.

b) Smart Cards

Mit dem Begriff„Smart Cards" wird die kommende Generation von Plastikkarten bezeichnet, welche die heutigen, mit Magnetstreifen versehenen Karten ablösen werden[6]. Smart Cards basieren auf integrierten Chips, die erweiterte Fähigkeiten zur Aufnahme, Speicherung, Mutation und Löschung von Daten aufweisen. Im Retail Banking sind eine ganze Reihe von Einsatzmöglichkeiten dieser modernen Chipkarten vorstellbar, die alle einer der folgenden drei Anwendungsbereichen zugeordnet werden können:

- *Bargeldersatz:* Bezahlen von Rechnungen beim Einkauf, an der Tankstelle etc. nicht mittels Kredit, sondern mittels Entladen des im Chip gespeicherten Wertvolumens (Guthaben)
- *Kommunikation:* Chipkarte wird als weltweit einsetzbarer Zugangsschlüssel zu vielfältigen Kommunikationsmedien genutzt, die ihrerseits wieder das Leistungsangebot der Banken mit dem Kunden, unabhängig von dessen Standort, verbinden (Beispiele: Telefon, PC, Funkstationen, Workstations, LAN/WAN etc.)
- *Telefonzubehör:* Als Kombination der beiden Elemente Bargeldersatz und Kommunikation werden die oben erwähnten zukünftigen Telefonstationen mittels Smart Cards dem Bankkunden über sein persönliches „Kommunikationscenter Telefon" die Möglichkeit geben, beispielsweise Rechnungen „bar" zu bezahlen, seine Smart Card mit „Bargeld" aufzuladen, alle nur denkbaren Abfragen über sein Konto bzw. Depot zu tätigen, Überträge von einem Konto einer Bank auf ein anderes bei einer anderen Bank zu tätigen usw.

Es ist damit zu rechnen, daß gegen Ende dieses Jahrzehnts dem Bankkunden mittels solcher Smart Cards nahezu alle Produktbereiche des Retail Banking erschlossen werden können – unabhängig von seinem Standort, jederzeit und allumfassend.

c) Netzwerktechnologie

Eine der technologischen Voraussetzungen zur effizienten Nutzung elektronischer Vertriebskanäle ist ein entsprechendes Netzwerk. Die Entwicklung im Bereich der Netzwerktechnologie steht Mitte der 90er Jahre vor einem eigentlichen Quantensprung. Neue Materialien und neue technologische Erkenntnisse werden in den nächsten Jahren den Funktionsumfang, die Geschwindigkeit der Datenübertragung, aber auch die Sicherheit und Stabi-

6 Vgl. Mahler (1994) S. 158 ff sowie Maes (1994) S. 22 ff

lität der nationalen und internationalen Netzwerke um ein Vielhundertfaches steigern[7]. Bis gegen Ende dieses Jahrzehntes rechnen die Fachleute damit, daß wir über national und international integrierte Hochgeschwindigkeitsnetze mit Performancedaten verfügen werden, die einige hundertmal höher liegen, als was wir heute bereits gewohnt sind. Zusammen mit der Weiterentwicklung der Hard- und Software wird dies die vollständige Integration von Bild, Ton und Text auch in Telefongeräte, kleine Personal Assistant PC oder andere, heute noch nicht bekannte Kommunikationsgeräte ermöglichen. Die damit der Bank zur Verfügung stehenden Möglichkeiten zur direkten Kommunikation mit dem Kunden sind nahezu unbegrenzt.

d) Datenbanktechnologie

Auch der absehbaren weiteren Entwicklung im Bereich der Datenbanktechnologie kommt für das Retail Banking eine große Bedeutung zu. Die gezielte, auf seine individuellen Bedürfnisse ausgerichtete Ansprache des Kunden verlangt die Verknüpfung einer möglichst großen Anzahl von Informationen über diesen Kunden. Dabei sind nicht nur die direkt bankbezogenen Informationen von Interesse, die sich auch heute schon in jedem Kundeninformationssystem (KIS) finden, wie Namen, Adressen, Kontostand, Kreditgebaren etc., sondern weit mehr noch Aspekte seines Lebensstils, seines Konsumverhaltens, seiner Geschichte, seines Umfeldes, seiner finanziellen Gewohnheiten. Wie lebt er, in welchen Hotels steigt er ab, wie und wohin reist er, welche Kleider kauft er, wieviel Geld gibt seine Frau aus, welche Zeitschriften liest er – hundert Mosaiksteinchen, die sich zu einem Bild seiner finanziellen Bedürfnisse verdichten lassen.

Die moderne Datenbanktechnologie wird es möglich machen, immer mehr dieser Informationen zu speichern und miteinander in Verbindung zu bringen. Expertensysteme, neuronale Netze und Fuzzy Logic werden im Rahmen der immer wichtiger werdenden Kundensegmentierung eine zentrale Rolle spielen, wenn es darum geht, aus einer Vielzahl von Daten ein Persönlichkeitsprofil eines aktuellen oder potentiellen Kunden zu entwickeln und ein auf seine individuellen Bedürfnisse ausgerichtetes Produkteangebot zu präsentieren.

7 Vgl. zur Frage der Technologieentwicklung etwa Grupp (1993)

2.2 Die Markt- und Wettbewerbsdynamik

In kaum einem anderen Marktbereich werden sich die Banken in den nächsten Jahren einer so starken Wettbewerbsdynamik ausgesetzt sehen wie gerade im Retail-Geschäft. Die Bank muß sich dabei einer Reihe von Herausforderungen stellen:

- Verstärkte Konkurrenz unter den *bisherigen* Marktteilnehmern,
- zunehmende Konkurrenz durch *international operierende* Retail-Banken,
- zusätzliche Konkurrenz durch *andere* im Finanzbereich tätige Institutionen, d.h. sogenannte *Nearbanks*,
- neue Konkurrenz aus *anderen Wirtschaftszweigen*, d.h. sogenannte *Nonbanks* (wie Handel und Industrie).

a) Wettbewerb unter bisherigen Konkurrenten
Gegen Mitte der 90er Jahre hat der Wettbewerbsdruck unter den im Retail Banking tätigen Instituten stark zugenommen. Die Gründe dazu sind von Land zu Land verschieden, lassen sich aber meist einer der folgenden Begründungskategorien zuordnen:

- Deregulierung im Preis- und Gebührenbereich,
- Implementierung neuer Technologien im Produktionsbereich,
- Durchsetzung von Kostensenkungsmaßnahmen im Vertriebsbereich,
- Ausrichtung auf „Europa 1995",
- strategische Neupositionierung des Retail-Geschäftes.

Die meisten Retail-Kunden unterhalten heute noch mit mindestens zwei, oft drei oder noch mehr Banken Kontobeziehungen. Die aktuellen Bestrebungen insbesondere der auf nationaler Ebene operierenden Großbanken konzentrieren sich zur Zeit darauf, ihre Retail-Kunden enger an sich zu binden bzw. zur einzigen Bankverbindung des jeweiligen Kunden zu avancieren. In diesem Sinne erleben wir einen eigentlichen *Kampf um jede Kundenbeziehung*, wobei ganz offensichtlich nicht in erster Linie die Gewinnung von Neukunden, sondern die stärkere und exklusivere Anbindung der bestehenden Kunden im Mittelpunkt der Bemühungen der Bank steht[8].

---

8 Angesprochen ist hierbei das sogenannte „Retention Marketing"; vgl. dazu auch den Beitrag von H.U. Keller in diesem Buch

b) Wettbewerb durch internationale Retail-Banken

Ein ganz neues Phänomen auf dem Retail-Banking-Markt ist das Auftreten erster internationaler, teilweise gar globaler Retail-Banking-Anbieter. Am bekanntesten ist wohl die CITIBANK, die seit Beginn der 90er Jahre in konsequenter Umsetzung ihrer auf globale Präsenz ausgerichteten Strategie auch das Retail-Geschäft strategisch neu auszurichten versucht. Weit weniger bekannt sind die diesbezüglichen Strategien der heute weltweit größten japanischen Institute, allen voran der „Top Five", die systematisch über ein Netz von stetig wachsenden Kooperationen und Beteiligungen den Markteintritt in einem „Vereinigten Europa" vorbereiten.

c) Wettbewerb durch Nearbanks

Retail-Banking wird heute schon sehr stark mit dem Begriff des Allfinanz-Angebotes in Beziehung gebracht. So wie Banken in zunehmendem Maße Versicherungsprodukte als Ergänzung und Abrundung ihrer Retail- und Private-Banking-Produktepalette anbieten, werden insbesondere Versicherungen Marktanteile im Retail Banking zu erobern versuchen. Man kann davon ausgehen, daß das Retail Banking und das Versicherungsgeschäft in den nächsten Jahren sehr stark zusammenwachsen werden.

Zu einem ganz großen Mitbewerber im Retail-Banking-Markt wird die Post werden. Die Bedeutung der Postbank nimmt gerade in diesem Produktesegment des Finanzdienstleistungsgeschäft laufend zu. Angesichts der Tatsache, daß künftiges Retail Banking sich schwergewichtig auf nationale und internationale elektronische Netzwerke und Medien abstützen wird, läßt sich heute schon absehen, daß *Post* und *Telecom* die großen Gewinner im Retail-Banking-Markt der Zukunft sein werden. Aber auch *Kreditkartenorganisationen* werden sich insbesondere aufgrund ihrer breiten und mit vielschichtigen Informationen gefütterten Datenbasis im künftigen Retail-Markt zu etablieren wissen.

d) Wettbewerb durch Nonbanks

Und schließlich müssen Wettbewerbsstrategien im Retail Banking davon ausgehen, daß sich in den nächsten Jahren eine immer größere Anzahl von eigentlichen *Nonbanks* im sonst schon hart umkämpften Retail-Banking-Markt zu etablieren versuchen. Dazu gehören etwa große Kaufhauskonzerne, Tankstellenorganisationen, Versandhäuser, aber auch Industriegruppen der Konsumgüterindustrie, Automobilkonzerne oder Computerkonzerne mit eigenen nationalen und internationalen Netzwerken[9].

Die Folgen dieses verstärkten Wettbewerbs für das Retail Banking werden ein weit aggressiveres Pricing, ein eigentlicher „Shake-out“ kleinerer Anbieter, die vollständige Neuorientierung der Vertriebsstrategien sowie eine Welle von Kooperationen und Übernahmen zwischen Banken, Nonbanks und Nearbanks in der zweiten Hälfte der 90er Jahre sein.

2.3 Der Retail-Kunde der Zukunft

In seinen Basisbedürfnissen wird sich der Retail-Kunde der Zukunft wohl kaum stark vom heutigen Kunden unterscheiden – haben sich diese Bedürfnisse doch kaum stark verändert seit damals, als vor bald 2000 Jahren Jesus die ersten Retail-Banker aus dem Tempel von Jerusalem verjagte. Diese finanziellen Grundbedürfnisse umfassen seit jeher die immer gleichen Bankgeschäfte: Geld beziehen und einbezahlen, fremde Währungen einwechseln, Konsumkredite beziehen und zurückzahlen, Checkverkehr, Kontoabfragen tätigen oder Transfers von einem Konto auf ein anderes durchführen. Diese Basisbedürfnisse will er durch seinen Retail-Banking-Partner einfach, schnell und kostengünstig abgedeckt sehen. Verändern werden sich in Zukunft das Verhalten des Kunden im Zusammenhang mit der Beanspruchung von Retail-Banking-Produkten sowie die Anforderungen, die er an seinen Retail-Banking-Partner stellt[10]. Eine Reihe charakteristischer Merkmale beschreiben diesen künftigen Retail-Banking-Kunden:

- *Information:* Einerseits sind die Kunden in wachsendem Maße gut bis sehr gut über das Marktangebot informiert. Sie vergleichen, unterstützt vor allem durch die Medien, Leistungen anhand sachlicher Kriterien. Das bankfachliche Wissen des Durchschnittskunden nimmt zu. Andererseits wird er durch die exponentiell anwachsende Informationsflut überfordert. Er nimmt Daten und Botschaften nur noch sehr selektiv wahr.
- *Technologieakzeptanz:* Die neue Generation von Retail Kunden wird mit einer sehr großen Technologieakzeptanz auf die Banken und die übrigen Anbieter von Retail-Banking-Leistungen zukommen. Sie werden für neue Vertriebsformen sehr offen sein, wenn es gelingt, diese auf Techno-

9 Vgl. Krumnow/Büschgen (1992) S. 29 ff
10 Vgl. Geyer (1994) S. 18 f

logie basierenden Vertriebskanäle für den Kunden einfach nutzbar zu machen.

- *Integrierte Leistungen:* Der Kunde wird vermehrt auch im Retail Banking Leistungspakete und nicht Einzelleistungen suchen. Er verlangt nach einem Produkteangebot, das im Sinne eines eigentlichen „Financial Coaching“ seine finanziellen Grundbedürfnisse, die in weiten Bereichen wechselseitig miteinander verknüpft sind, abzudecken vermag. Dazu gehören dann eben beispielsweise auch Fragen im Zusammenhang mit einfacher Steuerberatung, mit Versicherungen und Vorsorgewerken oder mit Budget- und Finanzplanung ganz allgemein.
- *Beratungsintensität:* All diese Produkte sollten so ausgestaltet sein, daß sie möglichst wenig Beratung benötigen, aber dennoch individuell auf die Bedürfnisse des jeweiligen Kunden zugeschnitten werden können.

Dazu kommen eine Reihe politischer, sozialer und demographischer Aspekte der Kundensegmentierung, die für das künftige Retail Banking von nicht minder großer Bedeutung sind – die Entstehung eines gesamteuropäischen Wirtschaftsraumes, die Verschiebungen in der Altersstruktur der Bevölkerung oder die weiter zunehmende Mobilität sind nur einige in diesem Zusammenhang zu erwähnende Stichworte.

3. Alternative strategische Denkansätze im Retail Banking

Die skizzierten künftigen Veränderungen im Umfeld des Retail Banking zeigen, daß die Strategien der Vergangenheit und Gegenwart nur sehr bedingt den Anforderungen der Zukunft gerecht zu werden vermögen. Gesucht sind *alternative strategische Denkansätze*, auf deren Grundlage zukunftsorientierte Strategien für Retail Banking entwickelt werden können.

3.1 Kernelemente einer Retail-Banking-Strategie

Die Retail-Banking-Strategie beschreibt den Weg zum für dieses Marktsegment der Bank definierten Unternehmungsziel. Sie legt die Rahmenbedingungen und Leitplanken fest, innerhalb derer dieses Ziel erreicht werden soll und anhand derer strategische Entscheidungsalternativen und -varianten zu beurteilen sind. Jede Retail-Banking-Strategie muß sich zu einigen konkreten Grundfragen äußern:

- Auf welchem *geographischen Markt* bzw. auf welchen Märkten wollen wir unsere Retail-Banking-Leistungen anbieten?
- An welche *Kundensegmente* wollen wir uns auf diesen Märkten richten?
- Welche *Produkte bzw. Produktebündel* wollen wir auf diesen Märkten welchen Kundensegmenten offerieren?
- Wie wollen wir mit dem Kunden *kommunizieren*?
- Zu welchen *Konditionen* wollen wir unsere Produkte auf den einzelnen Märkten den verschiedenen Kundensegmenten anbieten?
- Und schließlich: Wie wollen wir diese Produkte *herstellen*, und wie wollen wir sie zum Kunden bringen? Wie wollen wir uns zu diesem Zweck *organisieren*, welche *Ressourcen* wollen wir wie, wann und wo dazu einsetzen?

Auf diese strategischen Grundfragen des Retail Banking gibt es keine allgemeingültigen Antworten. Jeder Anbieter von Retail-Banking-Leistungen wird seine individuelle Antwort aufgrund seiner spezifischen Rahmenbedingungen zu definieren haben. Dennoch stehen eine Reihe von Denkansätzen zur Diskussion, die in den Prozeß der Strategiedefinition einbezogen werden sollten.

a) Geographische Alternativen

Sollen Retail Banking Produkte regional, national oder gar international angeboten werden? Die Beantwortung dieser Frage hing bisher zumindest im nationalen Bereich in erster Linie von der Größe der Bank bzw. den Möglichkeiten zum Aufbau und Unterhalt eines geographisch mehr oder weniger stark diversifizierten Distributionsnetzes zusammen. Retail Banking war und ist bis heute noch eine primär nationale Angelegenheit. Die denkbare Expansion über die eigenen Landesgrenzen hinaus wurde bisher auch von den Großbanken mit Zurückhaltung betrachtet. Man ging davon aus, daß Retail Banking ein sehr stark lokal verankertes Geschäftsfeld ist, und daß die Verdrängung der in den lokalen Märkten seit langem etablierten Konkurrenten durch den Aufbau einer eigenen Vertriebsorganisation mit einem nicht zu rechtfertigenden Aufwand verbunden sein würde[11]. Die Aus-

11 Vgl. dazu Smith/Walter (1990) S. 282 ff

nahme, welche die Regel bestätigte, war die amerikanische CITIBANK. Erst in jüngster Zeit zeigen sich Ansätze zu einer geographischen Diversifizierung sowohl schweizerischer wie auch deutscher Großbanken.

Die sich verändernden Rahmenbedingungen für das Retail Banking eröffnen erstmals klare Perspektiven für eine *geographische Expansion* über die traditionellen Marktgrenzen hinaus:

- Die *Technologie* erlaubt die Ausdehnung der elektronischen Vertriebsnetze mit im Vergleich zu den bisherigen Filialkonzeptionen nur marginalen Grenzkosten.
- Gleichzeitig sinkt die *Loyalität* des Kunden zu „seiner" Bank. Die Tradition der Kundenbeziehung spielt eine immer geringere Rolle. Die kommende Generation von Retail-Banking-Kunden wird an eine durch die Automatenbanken weitgehend *entpersonalisierte Beziehung* zur Bank gewöhnt sein. Entsprechend schneller wird sich der Bankkunde von besseren Konkurrenzofferten und -produkten überzeugen lassen.
- Das finanzwirtschaftliche Verhalten der Kunden in einzelnen Ländern gleicht sich an. Zahlungsgewohnheiten, Sparverhalten oder Kreditgebaren werden zunehmend international, kulturbedingte Unterschiede werden nivelliert. Damit *fallen Marktbarrieren*, die durch nationale Mentalitätsunterschiede aufgebaut wurden.

Wir können davon ausgehen, daß Retail-Banking-Produkte künftig international angeboten werden. Das strategische Instrument dazu werden Kooperationen unter Banken aus einzelnen Ländern sein, aber auch solche zwischen Banken und anderen im Retail Banking verankerten Organisationen wie der Post, Kreditkartenorganisationen oder international operierenden Netzwerkbetreibern oder Handelsorganisationen.

b) Alternative Segmentierungsstrategien

Die sorgfältige Segmentierung der Kunden gehört zu den wichtigsten strategischen Aufgabenstellungen im Retail Banking der Zukunft. Aus der Vielzahl möglicher Segmentierungsansätze[12], welche die Marketingtheorie dem Praktiker zur Verfügung stellt, ist letztlich nur ein einziger Ansatz wirklich brauchbar als grundlegender Raster zur Segmentierung der aktuellen und potentiellen Kunden: Die streng *bedürfnisorientierte* Klassifizierung, die danach fragt, was der Kunde will, und was er nicht will.

---

12 Vgl. auch Gehrig (1993)

Darüber, was der Retail-Kunde will, herrscht weitgehend Einigkeit unter den Anbietern von Retail-Banking-Leistungen – er will Produkte, die

- einfach und schnell zu beziehen sind,
- zuverlässig sind,
- sicher sind,
- billig sind,
- umfassend sind,
- für ihn maßgeschneidert erscheinen (und letztlich auch sind).

Genauso wichtig ist die Erkenntnis, was der Kunde im Retail Banking nicht will, bzw. für was er nicht eine Zusatzprämie zu bezahlen bereit ist, nämlich individuelle Beratung, persönlichen Service und eine Qualität des Services, die über die oben erwähnten Anforderungen an die Zuverlässigkeit, Sicherheit und Schnelligkeit hinausgehen.

Drei grundsätzlich verschiedene Denkansätze zur Segmentierung des Retail-Banking-Marktes sind Ausdruck unterschiedlicher Annäherungen der Bank an den Retail-Banking-Markt:

- *der quantitative Ansatz,*
- *der „All-in" Ansatz,*
- *der sozio-demographische Ansatz.*

Der quantitative Ansatz: Der im Retail Banking übliche Segmentierungsansatz orientiert sich ausschließlich an quantitativen Kriterien – im Mittelpunkt stehen Vermögenswerte, allenfalls Vermögenspotentiale. Kunden bis zu einem bestimmten Vermögenswert (bzw. -potential) werden als Retail-Banking-Kunden bezeichnet; wer über größere Vermögenswerte verfügt, wird einem anderen Kundensegment zugeordnet[13].

Der „All-in"-Ansatz: Dieser Denkansatz geht von der Annahme aus, daß es zwar wohl Retail-Banking-Produkte, aber keine typischen Retail-Banking-Kunden gibt. Anders gesagt: Alle Kunden sind Retail-Banking-Kunden – weil Retail-Banking-Produkte die eigentlichen Grundbedürfnisse bezüglich Bankdienstleistungen eines jeden Bankkunden abdecken. Natürlich gibt es in einer jeden Bank eine Vielzahl von Kunden, die darüber hinaus weitergehende Ansprüche an die Bank stellen; aber auch der Millionär braucht eine Kreditkarte, löst Checks ein, nimmt Zahlungen vor oder wechselt Bankno-

13 So segmentieren beispielsweise die schweizerischen Großbanken ihre Kunden primär nach diesem Ansatz

ten von einer Währung in die andere. Retail Banking wird damit als das eigentliche Kerngeschäft einer Universalbank definiert. Fast alle Bankprodukte haben eine Retail-Komponente.

Der sozio-demographische Ansatz: Während der quantitative Ansatz in einer sozusagen horizontalen Segmentierung die Kunden anhand eines oder mehrerer quantitativer Kriterien den einzelnen Segmenten zuordnet, geht dieser Ansatz von einer vertikalen Segmentierung der Kunden anhand einer Anzahl meist qualitativer Kriterien wie Alter, Status, Tätigkeit usw. beziehungsweise der aus diesen Kriterien abzuleitenden segmentspezifischen Bedürfnisse aus.

Selbstverständlich können diese drei grundlegenden Denkansätze der Kundensegmentierung im Retail-Banking-Geschäft in manigfaltiger Weise miteinander kombiniert werden.

c) Alternative Produktstrategien

Ausgehend von der detaillierten Kundensegmentierung stehen dem Retail-Banker einige alternative Produktstrategien zur Auswahl. Die drei grundlegenden Denkansätze können anhand der folgenden Bezeichnungen charakterisiert werden:

- *Einzelprodukt-Strategie*,
- *Baukasten-Strategie*,
- *LEGO-Strategie*.

Im Rahmen der *Einzelprodukt-Strategie* bietet die Bank eine Anzahl voneinander weitestgehend unabhängige Retail-Produkte an. Die Produkte können zwar addiert werden, können allenfalls in beliebiger Kombination bezogen werden, weisen untereinander aber eine sehr geringe Vernetzung auf. So kann eine Versicherung am Bankschalter abgeschlossen werden, ohne daß man eine Kontobeziehung unterhält, oder man kann Checks einlösen, ohne Kunde der Bank zu sein. Wohl wichtigster positiver Aspekt dieser Strategie ist, daß mit dem so definierten Produkteangebot im Sinne eines Gemischtwarenladens eine sehr breite und heterogene Kundenschicht angesprochen werden kann. Auf der anderen Seite kann auf dieser Basis kaum eine einheitliche, auf klar abgegrenzte Kundensegmente ausgerichtete Marketingstrategie realisiert werden.

Von einem anderen Ansatz geht die *Baukasten-Strategie* aus. Hier stehen nicht einzelne Bausteine aus dem Retail-Sortiment, sondern imaginäre Produktpakete im Mittelpunkt der Strategie. Der Kunde kann, entweder nach einem Puzzle-Ansatz oder nach einem Bottom-up-Ansatz aus einzelnen Bausteinen immer komplexere Produktbündel zusammensetzen. Bestimmte Bausteine können nur auf der Grundlage bestimmter anderer bzw. in bestimmten Kombinationen bezogen werden. Einzelne Kombinationen sind dabei auf einzelne Kundensegmente ausgerichtet.

Noch einen Schritt weiter geht die *LEGO-Strategie*. Aus einer begrenzten Zahl uniformer Basiselemente werden letztlich eine sehr große Menge individueller Lösungen zusammengesetzt. Wo liegt der große analytische Unterschied zum Baukastenprinzip? LEGO verkauft, analytisch betrachtet, kein fertiges Produkt, sondern die Elemente, aus denen ein Produkt entstehen kann. LEGO verkauft kein Haus – weil jeder Kunde sich unter seinem Traumhaus etwas anderes vorstellt. Aber aus wenigen Grundbausteinen kann man hundert individuelle Häuser bauen – alle aus den gleichen paar Basiselementen aufgebaut, und doch alle verschieden. Anders gesagt: Der Kunde definiert sein Produkt selbst. Anstatt dem Kunden fertige Produkte und deren Variationen anzubieten, gilt es sich im Rahmen dieses Denkansatzes zu überlegen, wie man die Bankleistungen so weit in Grundkomponenten zerlegen kann, daß der Kunde sich selbst ein auf seine Bedürfnisse maßgeschneidertes Retail-Produkt zusammenstellen kann – eine *Retail-Bar* sozusagen, an der man sich ein aus einigen Grundkomponenten zusammengestelltes Menü kreieren kann.

Alle drei Produktstrategien können sowohl für bestimmte Nischen im Markt wie auch zur Abdeckung eines Gesamtmarktes angewendet werden.

d) Alternative Distributionsstrategien

Die klassischen Filialbank-Systeme sind kaum mehr geeignet, den vielfältigen Anforderungen moderner Retail-Banking-Distribution gerecht zu werden[14]. Die Bankfiliale, als kleine Universalbank und Spiegelbild der großen Mutterbank konzipiert, war lange Jahrzehnte hindurch das Rückgrat der bankbetrieblichen Verkaufsorganisation. Eine Vielzahl von Untersuchungen zeigen, daß dem klassischen Filialsystem keine große Zukunft mehr vorausgesagt werden kann. Filialen als kostenintensive Verkaufsstützpunkte werden insbesondere im Retail Banking immer mehr durch andere, billigere und bedürfnisorientiertere Verkaufssysteme ersetzt werden. Insbeson-

14 Eine Darstellung möglicher Vertriebswege gibt Werder (1994) S. 44 ff

dere die technologische Entwicklung, aber auch der Trend hin zu Allfinanzkonzepten im Rahmen des Retail Banking werden den Banken neue Absatzwege und -kanäle erschließen.

Für die Universalbank gilt es, sich möglichst frühzeitig mit den neuen, alternativen Vertriebskanälen auseinanderzusetzen. Versicherungen, Warenhauskonzerne, Kreditkartenorganisationen, aber auch Netzwerkanbieter, Hardware-Hersteller oder Post, Telecom, Beratungsfirmen, Strukturvertriebe, Fluggesellschaften oder Reiseveranstalter sind nur Beispiele von solchen neuen, bisher für Retail-Banking-Produkte verschloßenen Distributionskanälen. Den Banken eröffnen sich mit der rasch wachsenden Konkurrenz aus dem Nonbank-Bereich heraus nicht nur Gefahren und Risiken, sondern auch Chancen im Vertriebsbereich, die es zu erkennen und zu nutzen gilt.

e) Alternative Produktionsstrategien

Die Forderung, Retail-Produkte zwecks rationeller und kostengünstiger Produktion standardisiert auszugestalten, steht im Widerspruch zur Erkenntnis, daß Retail-Produkte möglichst bedürfnisorientiert und damit individualisiert anzubieten sind. Für die Retail-Bank stellt sich damit das Problem, Produkte so zu produzieren und im Markt zu positionieren, daß sie

- zwar weitestgehend standardisiert sind, aber dennoch
- individualisiert dargestellt werden können.

Eine mögliche Antwort zur Auflösung dieses Dilemmas könnte das Prinzip der *individualisierten Massenfertigung* sein[15].

Banken haben sich lange Zeit hindurch darauf konzentriert, Retail-Produkte nach den Standards der industriellen Massenfertigung herzustellen. In Übertragung der einst von Henry Ford im Automobilbau umgesetzten Logik, daß Massenfertigung zu höherem Absatz, größerer Absatz zu tieferen Preisen und diese wiederum zu noch größerem Absatz eines Produktes führen, wurden und werden noch die Banken zu eigentlichen Produktionsfabriken für Retail-Produkte wie Zahlungsverkehr, Checkverarbeitung, automatisierte Schalterterminals oder standardisierte Wertschriftenverarbeitung. Oberste Zielsetzung ist die Kostenführerschaft. Es gilt, Produkte zu Transaktionskosten herzustellen und anzubieten, die für den Kunden ersichtlich billiger sind.

---

15 Vgl. dazu die Ausführungen bei Pine (1994)

Die alternative Philosophie der maßgeschneiderten Massenfertigung geht von einem anderen Denkansatz aus. Immer breiter aufgesplitterte Märkte, heterogene Kundensegmente, kürzere Lebenszyklen von Produktinnovationen und die Anforderung, jedem Kunden möglichst maßgeschneiderte Produkte anbieten zu können verlangen nach einer Produktionsstrategie, bei der Flexibilität, rasche Reaktion auf Marktveränderungen und Produktevielfalt die obersten organisatorischen Leitlinien sind[16]. Dabei steht nicht die Frage der Kostenführerschaft im Vordergrund, sondern die Aufgabe, Retail-Banking-Produkte in einer so großen Vielfalt produzieren zu können, daß letztlich jeder Kunde genau die Leistungskombination findet, die seinen spezifischen Bedürfnissen entspricht.

4. Vision: Retail Banking der Zukunft

Das Retail-Banking-Geschäft ist im Umbruch begriffen. Wir stehen jedoch erst ganz am Anfang einer grundlegenden inhaltlichen, technologischen, organisatorischen und damit letztlich strategischen *Neupositionierung* des Retail-Banking-Geschäftes.

Im Bereich der Retail-Produkte werden wir eine sich noch stärker akzentuierende *Standardisierung* und *Uniformierung* erleben. Dieser Trend wird sich noch einige Zeit fortsetzen – und nach einer wohl nicht allzu langen Phase der vordergründigen produktbezogenen Differenzierung werden wir wieder dort ankommen, wo die Banken die letzten zweihundert Jahre hindurch schon waren: Beim mehr oder weniger *uniformen Angebot* einiger finanzbezogener Basisdienstleistungen zur Befriedigung einiger finanzbezogener Basisbedürfnisse der Kunden. Die produktorientierte Differenzierung wird sich weniger im Endprodukt als in der Möglichkeit flexibler, auf individuelle Kundenbedürfnisse ausgerichteter Kombination von Basisleistungen manifestieren.

Der Wettbewerb wird sich rasch von der Originalität zum *Preis* verlagern. Wir werden in den nächsten Jahren im Retail Banking einen eigentlichen *Preiskampf* erleben. Die *Technologie* wird die Bedeutung physischer Distributionsstützpunkte rasch reduzieren. Filialstrategien werden grundlegend neu überdacht werden müssen – die Distributionsnetze der Zukunft werden

---

16 Vgl. Deutsch (1990), S. 19

sich grundlegend von den heutigen unterscheiden. *Elektronische Netzwerke* werden Filialen, aber auch Automatenbanken ersetzen. Die Bank wird via Digital-Telefonie direkt zum Kunden gehen – rund um die Uhr, sieben Tage in der Woche, mit einem umfassenden Dienstleistungs-, ja selbst Beratungsangebot.

Branchenfremde Anbieter und Netzwerkbetreiber werden dafür sorgen, daß die Produktionskosten für viele Retail-Produkte *rasch und nachhaltig fallen.* Dies wiederum führt zu einer strategisch äußerst wichtigen Erkenntnis. Die Aussage, daß kleine und mittlere Banken längerfristig infolge ihrer zwangsweise höheren Transaktionskosten im Retail Banking nicht mit den Großen konkurrieren können, ist falsch. In einem weitestgehend standardisierten und damit produktionstechnisch automatisierten Retail-Banking-Transaktionsprozeß werden die variablen Stückkosten bestimmt durch die zwei Elemente Produktion und Distribution, wobei der Distribution der überwiegende Kostenanteil zuzurechnen ist. In einem elektronischen Netz beispielsweise fallen Produktion und Distribution zusammen. Damit aber werden die Spieße großer und kleiner Organisationen wieder einigermaßen gleich lang – wenn jeder, vielleicht sogar der Konsument selbst – die bankunabhängigen Netze nutzen kann, dann nähern sich die Stückkosten einer Großbank und die einer Raiffeisenkasse automatisch wieder einem gemeinsamen Grenzwert. Mit anderen Worten: Economies of Scale spielen im Retail Banking nur in einer – historisch gesehen – sehr kurzen Übergangsperiode eine Rolle. Sie waren in der Vergangenheit nicht so wichtig (aufgrund der Regulierung und Kartellierung im Bankenmarkt), und sie werden in der absehbaren Zukunft nicht mehr wichtig sein (aufgrund der Entwicklungen in der Telematik).

Die gerngestellte Frage „Warum sind Sie Kunde dieser Bank?" wandelt sich zur Frage „Warum sind Sie überhaupt Kunde einer Bank?" – weil nämlich die Basisbedürfnisse des Bankkunden immer mehr durch *bankfremde Institutionen* abgedeckt werden. Wenn jeder Kassenterminal eines Großverteilers, jeder Postschalter, jede SB-Tankstelle oder jedes Reisebüro oder gar jeder Telefonapparat zu einem Retail-Bankencenter umfunktioniert ist, reduzieren sich die Wettbewerbsvorteile einer Bank auf einige wenige Grundfunktionen eines Bankensystems – die Funktionen aber, bei denen die größte Wertschöpfung liegt, werden die Banken gegen eine immer mächtigere Konkurrenz aus dem Nichtbanken-Sektor verteidigen müssen. Da der Retail-Banking-Markt als Ganzes jedoch stagniert, werden die Banken – auch die Großen – die in der ersten Hälfte der 90er Jahre gewonnenen Marktanteile wieder *verlieren.*

Wir brauchen damit eine *Retail-Strategie*, die nicht einfach die Vergangenheit in die Zukunft fortschreibt. Wir brauchen eine *Kundensegmentierung*, die auf der Erkenntnis aufbaut, daß letztlich alle Kunden Retail-Kunden sind. Wir brauchen eine neue Sicht der *Retail-Produkte* – weg von vielzitierten Bundling und der Paketisierung, hin zur eigentlichen „Atomisierung" der Retail-Leistungen. Wir brauchen ein radikal neues *Vertriebskonzept*, das Produktion und Distribution von Retail-Leistungen zusammenfaßt. Vor allem aber brauchen wir entsprechende *Informatikunterstützung* – wir müssen die aktuellen Technotrends – als Beispiel seien hier nur Workflow-Management, Optische Speicher, Breitbandnetze oder Smart Cards genannt – und deren Schlußfolgerungen für das Retail Banking erkennen. Und wir müssen auch bereit sein zu akzeptieren, was das für den einzelnen Mitarbeiter, für die Organisation und Führung bedeutet, wenn Retail Banking wirklich nur noch aus standardisierten, elektronisch produzierten und verteilten Leistungen ohne nennenswerte Beratungskomponenten, mit einheitlich hohem Qualitätsniveau und genau definiertem und vom Kunden erkanntem Nutzen besteht.

Wir werden ein *neues Spiel* spielen im Retail Banking der Zukunft. Retail-Produkte werden als eigenständige Bankprodukte an Bedeutung verlieren – sie werden zu einem„Added-value-Faktor" für das Kerngeschäft wie dem Kauf eines Autos mit verbundenem Konsumkredit, der Ferienbuchung mit verbundener Devisentransfer oder Kreditkarte, dem Einkauf im Kaufhaus mit verbundener Direktabbuchung ab Kontokorrent, der Kreditkarte mit verbundenem Sparkonto und integriertem Cashmanagement usw. Es wird auch *neue Spielregeln* geben im Retail Banking der Zukunft. Die wichtigste Spielregel wird heißen: *Alles überall für jedermann zu jeder Zeit.* Bargeld wird an Bedeutung verlieren – neue Smart Cards werden es ablösen, um die herum eine ganz neue Retail-Infrastruktur entstehen wird. Es werden neue Mitspieler im Retail-Markt auftreten: Versandhäuser, Kaufhauskonzerne, Netzwerkanbieter, die Post, private Zahlungsverkehrsorganisationen, Kartenorganisationen, Versicherungen, um nur einige Beispiele zu nennen. Und schließlich wird das Spielfeld neu definiert: nicht Filialnetze, Home oder Electronic Banking, nicht Automatenbanken, sondern Telefon-Banking in unterschiedlichsten Spielarten wird den Retail-Markt dominieren.

Angesichts der großen Investitionen, die in diesem Bereich anstehen – in Menschen, in Technologie, in Infrastruktur – lohnt es sich, den Blick über die nächsten zwei, drei Jahre hinaus auf einen etwas ferneren Horizont zu richten. Retail-Strategien dürfen nicht primär auf eine Verbesserung und Optimierung des heutigen Vertriebs- und Produktionssystems ausgerichtet sein. Wir sind es gewohnt, die Zukunft als eine Wirkung zu verstehen, deren Ursache in unserem heutigen Entscheiden und Handeln liegt. Für das Retail Banking wäre angesichts der sich abzeichnenden Technologiesprünge eine einfache Extrapolation der Entwicklungen der vergangenen Jahre der falsche strategische Ansatz. Wir müssen umgekehrt denken: Die *Zukunft* ist die *Ursache*, und unser heutiges Entscheiden und Handeln muß die *Wirkung* sein, die aus der Analyse dieser Ursache resultiert.

Positionierung des Retail Banking im Strukturwandel des Finanzsektors

Ernst Kilgus

1. Strukturveränderungen im Bankensektor

Im Sommer 1990 wurde in der Zeitschrift „Economist" ein Artikel veröffentlicht, welcher in der Aussage gipfelte, innerhalb der nächsten fünf Jahre würden in der Schweiz über die Hälfte der 631 Banken fusionieren oder schließen. Wenig später, im September 1990, wurde ich von der Zeitschrift „Bilanz" im Rahmen eines Interviews gebeten, zu der These des „Economist" Stellung zu nehmen[1]. Aufgrund verschiedenster Analysen und Beobachtungen bei Schweizer Banken kam ich zur Folgerung, *bis zum Jahre 2000* würden gegen *100 Schweizer Banken* ihre *wirtschaftliche Unabhängigkeit* aufgeben, eine Aussage, die wenig später auch in der Zeitschrift „Cash" zur Schlagzeile führte[2]. Ein Jahr später schließlich, im November 1991, habe ich, wiederum im Rahmen eines Interviews mit dem Schweizer Magazin „Politik und Wirtschaft", diese Beurteilung zum Bankensterben bestätigt und dabei auch meiner Meinung Ausdruck gegeben, etwa die Hälfte der schweizerischen Kantonalbanken würden nicht über jene *Betriebsgröße* verfügen, welche heute einfach notwendig sei, um wirtschaftlich selbständig überleben zu können[3].

Diese Aussagen haben damals beunruhigt und in Kreisen der *Kantonalbanken* und *Regionalbanken* teils Verärgerung, teils Entrüstung ausgelöst. *Christoph Brunner*, Assistent am Institut für schweizerisches Bankwesen der Universität Zürich, beauftragt, im Rahmen eines Dissertationsprojektes dem gegenwärtigen Strukturwandel im Banken- und Finanzsektor der Schweiz mit wissenschaftlich gesicherten Methoden nachzugehen, hat mit aller Deutlichkeit aufgezeigt, wie seit dem eingangs erwähnten Spätsom-

1 Vgl. Conradi (1990) S. 20 – 21

2 Vgl. Cash (1990)

3 Vgl. Zanoni (1991) S. 58

mer 1990 *über 110 Schweizer Banken* entweder fusioniert oder in Übernahmeverfahren ihre wirtschaftliche Unabhängigkeit aufgegeben haben, häufig, um das Gesicht zu wahren, unter Beibehaltung ihrer *rechtlichen Selbständigkeit*[4]. Da liegen überall unwiderlegbare Fakten vor, so daß sich lange Diskussionen um *Fusionen, Übernahmen* und *Formen der Kooperation* eigentlich erübrigen. Zwei Hinweise sind allerdings angebracht:

In bezug auf die derzeitige Lage einiger *Kantonalbanken* stehen verschiedene Möglichkeiten der Finanzhilfe zur Diskussion. Zwar figurieren in der offiziellen Bankenstatistik der Schweizerischen Nationalbank nach wie vor die bekannten 28 Institute, so, als ob sich im Strukturellen nichts bewegen würde. Fest steht aber, daß die Kantonalbanken in großem Umfang verschiedenartigste Formen der Kooperation pflegen oder doch anstreben, um mit ihren offensichtlichen Markt- und Betriebsgrössenproblemen fertig zu werden. Und in jüngster Zeit war eine kantonale Regierung gar gezwungen, parlamentarische Vorstöße auf Liquidation des staatlichen Instituts möglichst glaubwürdig zu bekämpfen. Auch bleibt abzuwarten, was die Begriffe Privatisierung und Teilprivatisierung einer Kantonalbank beinhalten werden, wenn beispielsweise Großbanken erhebliche Aktienpakete übernehmen sollten.

Im Bereiche der Regionalbanken ist ein sogenanntes „RB-Zukunftskonzept" entwickelt worden, welches dazu beitragen soll, die Zusammenarbeit unter den Regionalbanken ganz entscheidend zu fördern. Im Zeitpunkt der Niederschrift dieses Textes kann über den Erfolg dieser Aktion noch nichts Entscheidendes ausgesagt werden.

2. Strukturveränderungen und Retail Banking

Es gibt, wie immer bei solch komplexen Wandlungen innerhalb eines Wirtschaftszweiges, mancherlei Gründe, welche Strukturveränderungen in der schweizerischen Bankenlandschaft erklärbar machen. Eine erschöpfende *Ursachenanalyse* vorzunehmen, wäre im Rahmen dieses Aufsatzes zu umfangreich. Auf unser Thema bezogen aber ist eines auffallend: Regionalbanken und Sparkassen, welche fusioniert haben oder übernommen worden sind, haben im Überlebenskampf ihr Glück in erheblichem Maße auch im

4 Vgl. Brunner (1994)

Retail Banking gesucht, den Kontakt mit der Massenkundschaft gefördert und dabei, renditemäßig betrachtet, offensichtlich nicht reüßiert. In Bankfachkreisen wird von *Überkapazitäten* und von *betriebsgrößenbedingten Produktionsdefiziten* gesprochen und von einem Retail-Banking-Fehlbetrag in der Bankbranche als Ganzes von etwa 3,4 Mrd. Franken für das Jahr 1990. Ähnliches ist zur Lage der Kantonalbanken zu sagen: Auch sie suchen in ihrem Marktgebiet den kleinen und mittelständischen Kunden und offerieren zu diesem Zweck Produkte- und Servicepakete, welche der Sparte „Retail Banking" zuzuordnen sind. Gesetze, Statuten und Leitbilder zwingen sie oft dazu, „die Bedürfnisse des kleinen und mittleren Grundbesitzes, der Arbeitnehmer, des Gewerbes, der Landwirtschaft und der öffentlich-rechtlichen Körperschaften" besonders zu berücksichtigen, wie dies etwa in § 2 des „Gesetzes über die Zürcher Kantonalbank" nachzulesen ist. Daß sich auch für sie, durch die Betriebs- und Umsatzgrößen bedingt, wirtschaftliche Probleme ergeben müssen, ist wohl unbestritten. Und wenn wir schließlich von den Großbanken sprechen, wird wohl niemand behaupten wollen, die ausgewiesenen Jahresgewinne seien u.a. im „Retail Banking" geschaffen worden. Da sprechen *Kostenrechnung* und *Kalkulation* eine klare Sprache.

Jedermann, der die Sparte „Retail Banking" ins Sortiment seiner strategischen Geschäftsfelder oder Erfolgspositionen aufnimmt, wird beim Einstieg zunächst nur von den höheren Kosten als Folge neuer Investitionen sprechen, von den Kosten für Konzeptentwicklung, Hardware-Beschaffung, Software-Applikationen und den Aufbau einer neuen Personalkategorie, jener der „Vertreiber", der „Verkäufer", der „Retail-Frontberater". Alle haben das Ziel, Retail Banking *kostendeckend* zu betreiben, d.h. die anfallenden Kosten verursachergerecht auf die *Kundenrechnungen* umzulegen. In Wirklichkeit erfolgen Mischkalkulationen, das Retail Banking profitiert vom Erfolg anderer Sparten wie Kommerzkredite Schweiz, Kommerzkredite Ausland, Primär- und Sekundärmarkt-Geschäfte im Investment Banking, vom Erfolg der Geldmarkttransaktionen, der Anlageberatung und Vermögensverwaltung mit Einschluß des Asset Management und der Portefeuille-Optimierung, vom Trust Banking und der damit verbundenen Schaffung und Verwaltung von Sitz- und Trusteegesellschaften. Vielleicht werden mit der fortschreitenden Realisierung der Allfinanz-Idee und damit mit der gewollten Verbindung von Bank- und Versicherungsgeschäft dem Retail Banking neue Flügel wachsen. Derzeit allerdings sind die *Geschäftsvolumen* fast überall *zu klein*, der Vertriebsapparat und damit auch der *Filial-*

apparat zu umfangreich und *zu teuer*. Ob es da noch einmal neuer Strukturveränderungen in der Branche bedarf, ist eine immer wieder gestellte Frage, wobei ja auch immer wieder Übernahmen oder Kooperationen im Großbanken- und Versicherungsbereich zur Diskussion stehen.

Dies alles sind Fragen, welche die Bank im Zuge der Überarbeitung der strategischen Planung jährlich zu beantworten hat. Aufgrund der Chancen und Risiken in der Umwelt, mit Einschluß der Finanzmärkte und der bankeigenen Stärken und Schwächen, sind Leitbild und Zielsystem den veränderten Strukturen und Prozessen anzupassen. Hier zeigt sich denn auch, daß das Retail Banking als strategisches Geschäftsfeld behandelt werden muß, so wie sich ein Bankmanagement auf andern Gebieten zu entscheiden hat, ob es das Kreditgeschäft oder die Vermögensverwaltung pflegen und weiter ausbauen wird. Strategische Geschäftsfelder kennen ihre Kosten, zumindest ihre Deckungsbeiträge und ihren Beitrag zum Nutzen, zum Profit. Ob da die Banken immer rational abgesichert wissen, was sie tun, ist zumindest eine offene Frage.

Nach den Ausführungen zu planerischen Zusammenhängen ist nun das Retail Banking als strategisches Geschäftsfeld näher zu betrachten.

3. Wesen und Begriff des Retail Banking

Als Einleitung einige Hinweise um Begriff des Retail Banking an sich. Sowohl im Umgang mit Bankfachleuten wie mit bankfachlichen Laien stellt man fest, daß derzeit zwei Begriffe oder Schlagworte, wenn man so will, die Szene maßgeblich charakterisieren, die Begriffe *"Electronic Banking"* und *"Retail Banking"*. Und weil man ihnen in guten Treuen verschiedenen Inhalt geben kann, ist eine Klarstellung wohl notwendig.

Im *engeren Sinne* des Wortes werden mit dem Begriff des *"Electronic Banking"* all jene Dienstleistungen bezeichnet, „bei denen der Kontakt zwischen Kunde und Bank mittels EDV oder EDV-Unterstützung hergestellt wird"[5]. Die Dienstleistungen können dabei auch in der rein organisatorischen und technischen *Beratung* im Zusammenhang mit dem Electronic-Banking-Einsatz bestehen.

5 Vgl. Stüssi (1993) S. 2

Im weiteren Sinne des Wortes umfaßt der Begriff des Electronic Banking schlechterdings alles, was in der Bank mit Elektronik zu tun hat. Das ist, wie wir alle wissen, enorm viel. Fast alle Bankdienstleistungen, welche heute angeboten werden, sind – mehr oder minder stark – immer auch Dienstleistungen des Electronic Banking. So gesehen ist „Retail Banking" über weiteste Strecken immer auch „Electronic Banking". Die Schweizer Banken investieren nach zuverlässigen Schätzungen pro Jahr zwischen 3 und 4 Mrd. Franken in die Informatik, die Salärkosten für die personelle Unterstützung miteingeschlossen. Man will mit diesen Investitionen einen lange anhaltenden *Wettbewerbsvorsprung* gewinnen und *Bedürfnisse* der heutigen und der kommenden *Kunden* befriedigen, Kommerzkunden, Privatkunden, institutionelle Kunden und öffentlich-rechtliche Körperschaften. Man will über das Electronic Banking *neue Dienstleistungen* anbieten und mit der Differenzierung der eigenen Dienstleistung ein eigenständiges Firmenprofil und eine Verbesserung des Kundenservice schaffen. Die Mitarbeiter sollen von Routinearbeiten entlastet und zugunsten der Kundenberatung eingesetzt werden. Zu diesem Zweck werden auch *standardisierte Produkte* geschaffen, welche die *individuelle Dienstleistung* zu ergänzen haben. Die Neugestaltung des *Bankstellennetzes*, wie sie heute fast überall erfolgt, spiegelt diesen Trend deutlich ab. Schließlich soll die Informatik-Infrastruktur optimal genutzt und die Wirtschaftlichkeit des Betriebs erhöht werden, indem relativ teure Arbeiten wie etwa die *Datenerfassung* direkt vom Bankkunden erledigt werden. Diese Vorgehensweise führt bei den Banken selbst zum mancherorts zu beobachtendem massiven Stellenabbau.

All diese *Merkmale* zur Charakteristik des Electronic Banking sind weitestgehend auch für das *Retail Banking* gültig. Wir verstehen unter dem *Begriff des Retail Banking* das relativ breit ausgerichtete Geschäft mit Privatkunden, Selbständigerwerbenden und Kleinfirmen, welche mit standardisierten, einheitlich gestalteten und wenig erklärungsbedürftigen und rationell zu verarbeitenden Produkten und Dienstleistungen versorgt werden sollen[6]. Diese Umschreibung wirft einige ergänzende Fragen auf, die kurz anzugehen sind.

---

6 Vgl. Tissi (1993) S. 2

4. Zur Umschreibung von Kundensegment und Produktepalette

Da ist einmal von Produkten und Dienstleistungen die Rede. Wer begrifflich diese Unterscheidung vornimmt, versteht unter *Produkten* in der Regel *standardisierte*, nicht veränderbare Leistungen, welche vom Kunden in der angebotenen Form zu akzeptieren sind. *Dienstleistungen* dagegen sind grundsätzlich individuell auf den Kunden ausgerichtete, *maßgeschneiderte* Leistungen, welche auch Sonderwünschen gerecht zu werden vermögen. Ob für sie im Retail Banking überhaupt Platz ist, muß bezweifelt werden, wenn man den Begriff des Retail sehr restriktiv handhabt. Es sollen ja ausdrücklich nicht-erklärungsbedürftige *Massenleistungen* dominieren.

Dann ist auch vom *Kundensegment* zu sprechen: Privatkunden, Selbständigerwerbende, Kleinfirmen stehen im Zentrum. Scheinbar eine klare und leicht faßbare Gruppierung. Aber da gibt es Privatkunden, welche vermöglich sind und andere. Der Retail Banker denkt eher an die bescheidenen. Er sucht den Massenkunden, sogar auch den Passanten, der kein dauerndes Kundenverhältnis begründen kann und möchte. Für manche Banken sind Massenkunden im Privatkunden-Bereich Personen mit Vermögen bis Fr. 100.000,– für andere bis Fr. 250.000,–, wieder für andere bis Fr. 1 Mio. Da hat also jede Bank arbiträr zu entscheiden, wem die Qualifikation „Retail-Kunde" zuteil werden soll.

Auch bei der Definition der Selbständigerwerbenden und der Kleinfirmen ist das Bankmanagement gehalten, Kriterien für eine Einstufung aufzustellen. Der Selbständigerwerbende kann im Handelsregister eingetragener Kaufmann sein, vielleicht aber auch Künstler oder Sportler. Statistiker verstehen unter *"Kleinfirmen"* Unternehmen bis 10 Beschäftigte. Der gewerbliche Kunde wird da im Zentrum stehen, auch wenn heute Gewerbebetriebe mit 40, 50, ja 100 Beschäftigten durchaus keine Seltenheit sind, man denke etwa an das Baugewerbe. Die Bank ist auch hier gezwungen, ihre Kundensegmente klar zu umschreiben, wobei sie sich an eine Vorstellung vom *"normalen Retail-Kunden"* halten wird. Sie löst dabei kein theoretisches, sondern ein eminent praktisches Problem. Wenn nämlich eine Großbank heute erklärt, sie möchte ihr Geschäftsstellennetz neu strukturieren und zu diesem Zweck drei Filialkategorien schaffen, denen im Rahmen des Retail Banking unterschiedliche Geschäftsarten zugeordnet werden, dann stehen ja hinter einem solchen Entscheid Überlegungen zur Bedürfnis- und Verhaltensstruktur eines modellähnlichen „Normalkunden". Wehe, wenn der so definierte Normenmensch einmal die Fesseln sprengen sollte. Die vorhin angesprochene Großbank hat festgestellt, von ihren bisherigen 280 Inlandsfilialen könnten volle 200 mit nur *einem Produktebündel* über die Runden kommen, einem sogenannten *Basispaket*, während lediglich 80 Geschäftsstellen über zwei oder mehrere Produktegruppen verfügen müßten. So wird die Umschreibung des Basispaketes zum zentralen Anliegen. Fest steht eigentlich nur, daß vermögende private Anleger mit Depots in der Schweiz und im Ausland sowie die Mega-Private-Banking-Kunden und dann natürlich die große Firmenkundschaft nicht über das Basispaket betreut werden können.

5. Basispaket und Filialtypologie

Zum Verhältnis zwischen Basispaket und Filialtypologie schreibt der *Schweizerische Bankverein* in seiner Zeitschrift „Der Monat in Wirtschaft und Finanz" unter dem Titel „Neuer Marktauftritt" das folgende[7]:

> Der Schweizerische Bankverein richtet sein Geschäftsstellennetz noch konsequenter auf die veränderten Kundenbedürfnisse aus. Im Vordergrund stehen dabei eine umfassende Beratung und Betreuung der verschiedenen Kundengruppen sowie ein maßgeschneidertes Produkteangebot. Kernstück der strategischen Neuausrichtung im Inland ist das Projekt „proFIL", welches der Bank zu einem kunden- und nicht mehr rein produkteorientierten Marktauftritt verhelfen will. Mit dem Aufbau eines eigenständigen Geschäftsbereichs Retail unterstreicht der Bankverein die Bedeutung, die er dem Mengengeschäft beimißt. Die Bank wird künftig am Markt mit drei neuen *Geschäftstellentypen* auftreten, die sich durch ihren Produktemix resp. Spezialisierungsgrad unterscheiden. Rund 2/3 der jetzigen Filialen werden als Retail-Geschäftsstellen und 1/3, d.h. ca. 90, als Individual- bzw. Universalgeschäftsstellen operieren. *Produkte des täglichen Bedarfs* werden auch in Zukunft an allen Geschäftsstellen angeboten. 90% der Kundenbedürfnisse werden mit dem sog. *Retail-Paket* abgedeckt. Neu ist die standardisierte Produktelinie „Easy".

7 Vgl. Schweizerischer Bankverein (1993) S. 2

Man beachte das Innovative schon in der Formulierung „Produkte des täglichen Bedarfs". Beim Bankverein finden sich im Basispaket: „Sämtliche Kontoauszüge und -abschlüsse sowie Belastungs- und Gutschriftsanzeigen, Daueraufträge im Inland, bis zu 18 Easy-Zahlungsaufträge, Lastschriften, Bargeldbezüge an Bankverein-Cassamaten und ec-Bancomaten sowie der Video-Service 7777". Das Angebot im Home-Banking-Bereich wurde im September 1994 gesamtschweizerisch mit der Einführung von Phone-Banking erweitert. Schließlich gehören zum Retail Banking des Bankvereins Geschäfte mit Privatkunden, die über ein Vermögen von bis zu Fr. 300.000,– verfügen. Ferner sind gedeckte Kredite bis Fr. 500.000,– möglich.

Zwischen den Retail-Lösungen unserer drei Großbanken finden sich manche Parallelen. Deshalb ist auch eine gewisse Eifersucht nicht übersehbar; Eifersucht ist die Angst vor dem Vergleich.

Bei der *Schweizerischen Bankgesellschaft* heißt die Herausforderung der Zukunft „Marketing 2000". Auch hier wird das Niederlassungsnetz neu strukturiert. Die Schweiz wird in 50 Wirtschaftsräume gegliedert. Pro Wirtschaftsraum findet sich jeweils eine Niederlassung sowie eine oder mehrere Geschäftsstellen. Das Retail-Geschäft ist ähnlich konzipiert wie vorhin geschildert. Kunden allerdings, welche über ein hohes Einkommen und/oder einen Depotwert von mehr als Fr. 100.000.– verfügen, sind bereits dem Anlagekundengeschäft zugewiesen.

Die *Schweizerische Kreditanstalt* spricht in ihrem Programm vom „Service Leader Konzept". Retail-Kunden werden mit einem Vermögen ab Fr. 200.000.– dem Private Banking zugewiesen. Auch hier wird das Niederlassungsnetz neu konzipiert, als Folge des Zusammengehens mit der Schweizerischen Volksbank natürlich mit der zusätzlichen Herausforderung in Richtung einer Straffung des Systems.

6. Organisatorische Konsequenzen

Organisationseinheiten, welche nur das Basispaket vertreiben, kleine Geschäftsstellen also, bedürfen künftig keiner eigentlichen Filialleitung. Es genügt an sich, wenn ein *Vertriebsgruppenleiter* der Einheit vorsteht, zumal die logistische Unterstützung ohnehin durch zentralisierte Back-office-Stellen erfolgt. Auch preispolitisch wird der Leiter kaum über einen Verhandlungsspielraum verfügen. Die Bank wird unter Berücksichtigung der Gesamtbeziehung des Kunden für eine verursachergerechte Kostenbelastung sorgen. Bei größeren organisatorischen Einheiten wird die Filialleitung weiter bestehen, auch wenn sie auf die Sortimentsgestaltung kaum mehr Einfluß nehmen kann, zumindest, was die standardisierten Produkte betrifft.

Mit Restrukturierungen unter dem Titel „Lean Banking" wird auf Tausende von Mitarbeitern verzichtet, dies alles im Interesse des Kunden. Ob der Kunde diese Fortschritte tatsächlich auch will und wie er sich mit den neuen Gegebenheiten auseinandersetzen wird, bleibt zunächst einmal abzuwarten. Im Grunde hat der Kunde und gerade der kleine Kunde eine liebenswürdige und aufmerksame Schalterbedienung auch bei Bagatellangelegenheiten nie verabscheut. Deshalb bleibt offen, ob und in welchem Ausmaße es ihn zur Automatenbank drängt. Es mag Maschinen geben, die denken. Niemals aber wird es Maschinen geben, die sich etwas denken. Der Kunde ist oft für seine Trägheit und sein Bestreben, Bewährtes zu bewahren, bekannt. Die Bestrebungen seiner Bank im Produktivitäts-, Wirtschaftlichkeits- und Rentabilitätsbereich berühren ihn erst, wenn sie kostenwirksam werden. Der Kunde ist aber auch für das Neue erziehbar, motivierbar, vielleicht sogar für das moderne Retail Banking begeisterbar. So wie er einst den Selbstbedienungsladen, den Supermarkt und die Billettautomaten der Verkehrsbetriebe nicht mochte und dennoch mit diesen Einrichtungen zu leben begann, wird er möglicherweise auch Fahnenträger für ein Tele- und Home Banking, unter Verzicht auf die geschulte Schaltermitarbeiterin, die ihm das Geld wechselt und den Kontostand erfragt.

7. Herausforderungen für die Bankmitarbeiter

Das Retail Banking wird *Unternehmenskultur* und *Führungsstil* einer Bank maßgeblich beeinflussen. Im Vergleich zum Geschäft mit mittleren und großen Firmenkunden, mit institutionellen Anlegern und vermögenden Anlage- und Vermögensverwaltungskunden repräsentiert das Retail Banking eine andere Kundenwelt. Retail Banker fühlen sich aus diesem Grunde da und dort gegenüber ihren Kollegen anderer Sparten etwas minderwertig. Es wird sehr entscheidend sein, daß die Vertriebsgruppenleiter in den kleinen

Geschäftsstellen die Klienten trotz der Standardisierungstendenzen anzuziehen vermögen und immer dann flexibel und geschäftsübergreifend bleiben, wenn sie im direkten Kontakt mit dem Kunden plötzlich seine individuellen Bedürfnisse zu erkennen vermögen. Erste Erfahrungen lassen darauf schließen, daß man die Sensibilität und Empfindlichkeit der sogenannten Massen- und Trottoirkunden oft unterschätzt, die nicht selten nach Anerkennung suchen und ernst genommen sein wollen.

Vertriebsfachleute sind deshalb durch Schulung auf ihre Aufgaben als Allround-Banker sorgfältig vorzubereiten, sei es auf dem Wege über besondere Seminare, sei es durch bankinterne Verfahren der Job-Rotation. Oberstes Ziel wird es bleiben müssen, auch im Retail Banking zur kundenfreundlichen Bank zu werden. Weil sich die Produkte von Bank zu Bank nur wenig unterscheiden, wird dem zwischenmenschlichen Kontakt und so der Verkaufs- und Vertriebstechnik eine zentrale Bedeutung zukommen.

Österreichs Privatkundenmarkt – Strategische Bedeutung für die Sparkassen-Finanzgruppe

Gustav Raab

1. Unternehmensphilosophie der Sparkassen im Wandel

Eingangs sei festgestellt: Die 80er und 90er Jahre werden von den Wirtschaftspolitikern, Bankaufsichtsorganen und von Verantwortlichen in den Finanzintermediären als Zeit großer struktureller Umbrüche mit großen wettbewerbspolitischen Herausforderungen qualifiziert. Spätere Autoren werden vielleicht in der rückschauenden Betrachtung diese uns sehr stürmisch erscheinende Periode nur als kleinen Zeitabschnitt in der längerfristigen Entwicklung der Finanzmärkte sehen. Eckpunkte sind die Wirkungen der Deregulierung, die Verbreiterung des Sortiments der Anbieter, große technische und organisatorische Innovationen, Veränderungen in der Eigentümerstruktur und in der grundsätzlichen geschäftspolitischen Neuausrichtung vieler Finanzdienstleister (FDL).

Kennzeichnend ist auch die *Doppelstrategie*, einerseits nach Kostenführerschaft durch innerbetriebliche Rationalisierung zu streben und andererseits durch das Suchen neuer Absatzmärkte, die Bündelung von zum Teil neuen Produkten, die Variation bestehender Produkte und ihre Anreicherung durch kundenbezogene Information, die Problemlösungskapazität im Lebenszyklus zu steigern. Diese schon jetzt typischen Elemente für Finanzdienstleister werden für die nächsten Jahre noch maßgeblicher als bisher sein.

Insgesamt wird sich ein verschärfter Wettbewerbsdruck in bezug auf das insgesamt den FDL zur Verfügung stehende *Eigenkapital* einstellen. Es ist zu erwarten, daß die bilanzwirksamen Produkte von Banken, Versicherungen und – in absehbarer Zeit – auch von Vermögensberatern und Maklern überproportional mit Eigenkapital zu unterlegen sein werden. Damit sind jene Institute, die ihr Eigenkapital bisher ausschließlich oder überwiegend durch Gewinnthesaurierung aufgebaut haben, an die Grenze des Wachstums sowohl im quantitativen wie qualitativen Risikoexposure gestoßen.

Durch Aufsichtsbehörden auferlegte oder/und bank- bzw. versicherungsbetrieblich selbst gezogene strenge Haftkapitalunterlegungsgrenzen stoßen in der Selbstfinanzierungskraft insbesondere Sparkassen, Kreditgenossenschaften, Landes-Hypothekenbanken und Versicherungsvereine auf Gegenseitigkeit an Grenzen, welche zu einer Weichenstellung für eine Eigenkapitalaufnahme von außen, wie sie traditionellerweise Aktienbanken oder Versicherungs-AGs immer schon gepflogen hatten, hinführen.

Insgesamt ist dies auch eine zentrale Frage für die österreichischen Sparkassen, weil sie in die Gefahr kommen, Gründungsideale zu verlieren und die betriebswirtschaftlichen Anforderungen der Eigenkapitalaufbringung nicht mehr im vollen Ausmaß möglich ist. Der Trend zur *Umwandlung in Aktiengesellschaften* ist daher für die großen österreichischen Sparkassen feststellbar, damit ist jedoch keinesfalls die automatische Sistierung der ursprünglichen oder der aufgrund der heutigen gesellschaftlichen Situation adaptierten Unternehmensphilosophie dieser Institute gemeint.

Es ist von eminenter Bedeutung, daß es im längeren Zeithorizont ein Nebeneinander von rein marktwirtschaftlich ausgerichteten Finanzintermediären mit Instituten geben wird, deren grundsätzliche geschäftspolitische Ausrichtung, Strategien und Maßnahmen im Tagesgeschäft daran zu erkennen sind, daß sie stark an postmateriellen Werten, an Kultur und Umwelt, am Gemeinwohl orientiert sind, und insgesamt ihre bisherigen Unternehmensphilosophie mit diesen Elementen anreichern und damit unterscheidbar und erkennbar im Konkurrenzkampf der Finanzintermediäre ihren Platz einnehmen werden.

2. Neue Zielgruppenstrategien der Sparkassen-Finanzgruppe

Das Mengengeschäft der Sparkassen und Banken, insbesondere mit Privathaushalten, ist zufolge des fast ungebrochenen Wachstums der Einkommen und der Geldvermögensbestände der privaten Haushalte in den letzten vier Dezennien zu einem fast selbstverständlichen Wachstumsmotor geworden. Zusammen mit dem gestiegenen Sachvermögen vieler Privathaushalte, das korrespondierende Sachversicherungen notwendig und sinnvoll erscheinen läßt, sind neben Lebensversicherungen auch andere Nearbank-Sparten einschließlich Realitäten im *Allfinanzspektrum Wachstumsfelder* geworden.

In den genannten vier Dekaden bestand für viele Kreditinstitute keine besondere Notwendigkeit, Kunden individuell oder zumindest segmentspezifisch zu umwerben, anzusprechen, alternative Vertriebskanäle zu benützen. Es genügte das räumliche, persönliche und sachliche Bereithalten von einem immer breiteren Sortiment von Produkten, die im Marketing gleichartig und in der Preispolitik gleichförmig jedem angeboten worden sind. Der erste größere Einbruch auf dem Weg zum Käufermarkt war gekennzeichnet durch

- die gestiegene Zinsempfindlichkeit,
- eine höhere Beratungserwartung der Kunden sowie
- eine dramatische Umschichtung

in den gewählten Sparformen, insbesondere was den Aufbau von neuem Geldkapital anlangt. In den 90er Jahren sind aber echte *Umschichtungen* auch in den Beständen des Geldvermögens eingetreten, etwa die Auflösung von niedrig(er) verzinsten Spareinlagen zugunsten hochverzinster Geldmarktzertifikate und Anlageformen, deren Zinsen sich variabel am Geld- oder Kapitalmarktzinsniveau orientieren. *Securitization*, *Private Placements, Pension Funds* sind wichtige Schlagworte, die die dramatischen Veränderungen, auch was die – geänderte und reduzierte – Rolle der Finanzinstitute auf den Finanzmärkten betrifft, dokumentieren.

Die Herausforderung der nächsten Jahre, was das Retail Banking anlangt, ist durch drei Entwicklungen zu umschreiben:

- Die Notwendigkeit von *individuellerem, zielgruppenschärferem Differenzieren* von Produktbündeln, Beratungsservice und stärker individualisierter Preis- und Gebührenpolitik beim Kunden.
- *Konzentration auf bestehende Kunden* und insbesondere die Auswertung der über den Kunden von den einzelnen Finanzdienstleistern, etwa in der Sparkassen-Finanzgruppe, insgesamt vorhandenen Daten. *Data-based-Marketing* ist eine absolute Notwendigkeit geworden, auch unter Kostengesichtspunkten, etwa beim Vergleich mit der höhere Streuverluste verursachenden, massenmedialen Werbung. *"Data driven marketing is replacing advertising"* ist eine Aussage, die in Westeuropa und Nordamerika bereits Realität ist, in Österreich unmittelbar bevorstehende Zukunft.

- Die dritte wesentliche strukturelle Verschiebung kommt aus der modernen *Kommunikations- und Informationstechnologie*. Sie erlaubt durch Auswertung der Kundendatenbank eine Produktselektion des für den Kundenwunsch im einzelnen Fall optimalen Produktebündels. Die Kommunikation Kunde-Bank, Bank-Computer, Computer-Kunde kann im Extremfall ohne Einschaltung eines Bankmitarbeiters erfolgen, im Regelfall wird jedoch – zumindest ein bildschirmpräsenter – persönlich beratender Bankmitarbeiter zwischen Kunde und Bank-Informationsspeicher eine Low-touch-Funktion erfüllen. Während diese Applikationen für Österreich im Tele-Banking erste Realisierungserfolge erzielen, wird im traditionellen Vertrieb der „Account-Manager" durch die modernen Technologien zumindest in die Lage versetzt, zielgruppengenauer und kundenindividueller – und das in kürzerer Zeit und mit niedrigeren Kosten als bisher – eine *individuelle Finanz- und Versicherungs-Statusanalyse* zu einem Soll-Bouquet an Bank- und Versicherungsdienstleistungen auszuwerten.

Wie aus den Produktnutzungsangaben der *Allfinanz-Kundendatenbank* einschließlich der zu erwartenden Finanzströme – etwa durch auslaufende Darlehensverpflichtungen und Wertpapiertilgungserlöse – für den individuellen Lebenszyklus und für die vom Kunden angegebenen Hauptziele seiner Vermögens- einschließlich Altersvorsorge-Planung ein maßgeschneidertes Anlageberatungspaket geknüpft wird, welche Produkte zu welchen Konditionen aktiv angeboten werden sollen, ist Aufgabe der einzelnen Sparkasse bzw. des individuellen Sparkassen-Kundenberaters. Die homogenisierenden Merkmale einer Kundengruppe können dabei auch anlaßbezogen sein, etwa Wohnungswechsel, Studienabschluß, Auslaufen eines Hypothekardarlehens. Vielleicht können in ferner Zukunft EDV-Programme durch Auswertung der heutigen *Produktnutzungsfrequenz jeder Kundengruppe* unter Wahrscheinlichkeitsannahmen Hinweise auf ein solches ideales (wahrscheinliches) Produktebündel gefunden werden. Für heute gilt jedenfalls eine Aussage von *Professor Ian Morison* (in einem Seminar über The Private Banking: Challenge Survival or Success): „Today's hidden and greatest banking risk is spending money on markets, people and systems that can never be recouped."

3. Marktumfeld – Status und Zukunftstrends

3.1 Marktposition der Sparkassen-Finanzgruppe

In den folgenden Abbildungen finden Sie einen Überblick über die Marktanteile bei den „Primärmitteln von inländischen Nichtbanken“ und den „Krediten an inländische Nichtbanken“ und die Veränderungen nach Sektoren in absoluten Schillingbeträgen (Vergleich 12/1992 zu 12/1993).

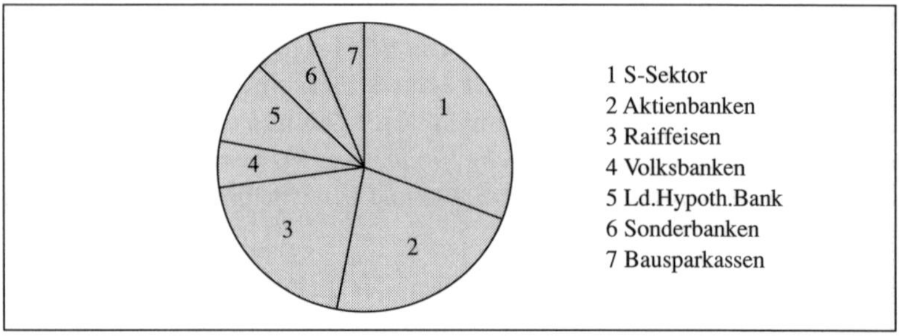

Abbildung 1: Marktanteile Primärmittel von inländischen Nichtbanken (Stand 12/93)

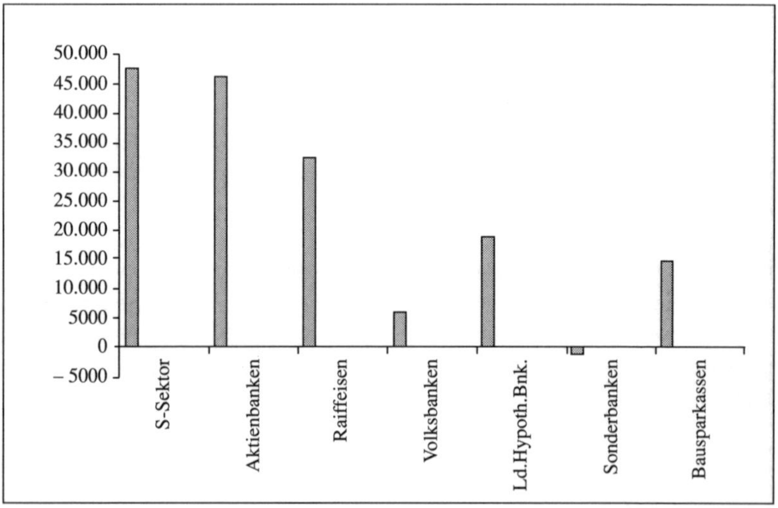

Abbildung 2: Veränderung zwischen 12/92 und 12/93 (in Mio ÖS)

Um die Marktanteile vergleichbar zu machen, wurden Fusionen zwischen den Sektoren intern bereinigt und so zurückgerechnet, als wären sie in den Vergleichszeiträumen bereits vorgelegen.

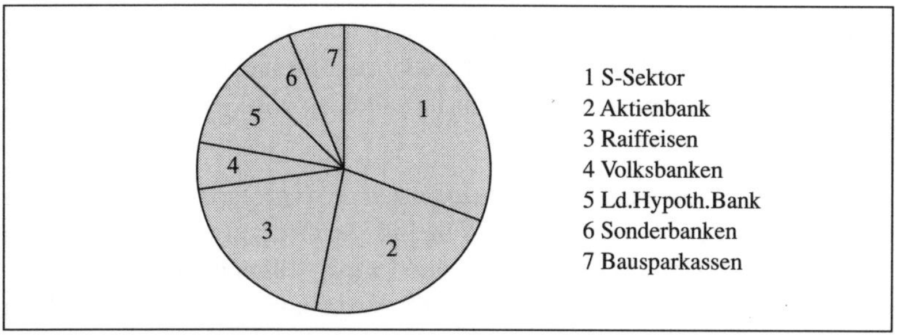

Abbildung 3: Marktanteile Kredite von inländischen Nichtbanken (Stand 12/93)

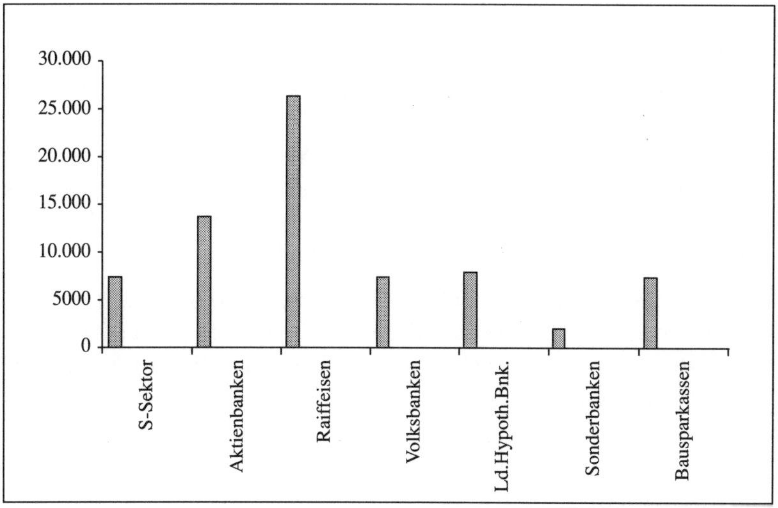

Abbildung 4: Veränderung zwischen 12/92 und 12/93 (in Mio ÖS)

3.2 Das Kundenpotential

Gemäß der aktuellen Bevölkerungsvorausschätzung wird die Bevölkerungszahl Österreichs noch bis zum Jahr 2020 wachsen. Zu diesem Zeitpunkt werden im gesamten Bundesgebiet 8,248 Mio. Einwohner leben, um 364.000 bzw. 4,6% mehr als 1992 (7,884 Mio. Einwohner). In den Folgejahren dürfte die Bevölkerungszahl infolge stark negativer Geburtenbilanzen wiederum schrumpfen.

Während Kinderzahl und -anteil sinken werden, nimmt die ältere Bevölkerung künftig stark zu: Die Absolutzahl der über 60-jährigen steigt österreichweit von 1,598 Mio. (1992) auf 2,697 Mio. im Jahr 2035. Steht derzeit noch jeder fünfte Einwohner im Pensionsalter, so wird es in 40 Jahren bereits jeder dritte sein.

Nach Bundesländern betrachtet, werden sich die einzelnen Regionen ziemlich unterschiedlich entwickeln. Während der Westen Österreichs noch deutliche Bevölkerungszuwächse erfahren wird, sollten die Einwohnerzahlen im Süden und Osten Österreichs – mit Ausnahme Wiens – sinken. Wien besitzt auch bezüglich der künftigen Entwicklung der Altersstruktur eine Sonderstellung: Während in der Bundeshauptstadt die Altersstruktur relativ konstant bleibt, nehmen in den anderen acht Bundesländern Zahl und Anteil der über 60-jährigen stark zu.

Schlußfolgerungen aus dieser demographischen Entwicklung sind:

- der Bedeutungsgewinn der Altersversorgung im Rahmen der Geldver mögensbildung,
- die Tatsache, daß sich der nachwachsende Markt verschmälert
- und daß sich daher und wegen des vererbbaren Geldvermögensbestandes für die Standardprodukte, der Geldvermögensansammlung, insbesondere Spareinlagen, ein sinkendes Marktpotential ergibt.

Der bisherige Konkurrenzkampf der FDL in bezug auf den Vermögensaufbau bei den in Frage kommenden Zielgruppen wird sich damit automatisch verschärfen und auf die *Vermögensübertragung und -sicherung* (einschließlich -versicherung) erweitern.

3.3 Volkswirtschaftliche Perspektiven

Zur Orientierung über die Chancen der – in- und ausländischen (!) – FDL in Österreich in den nächsten Jahren sei auf die wichtigsten Prognosen der österreichischen Wirtschaft für die Jahre 1994 bis 1998 verwiesen[1].

Für die nächsten fünf Jahre rechnet das Institut für Höhere Studien mit einer durchschnittlichen Wachstumsrate des *realen Brutto-Inlandsproduktes* von 2,1% in Österreich. Die bestimmenden Faktoren des mittelfristigen Wachstumspfades sind die internationale Integration Österreichs durch den Beitritt zur Europäischen Union (EU) und eine offensive Reaktion auf die Herausforderungen der Ostöffnung. Auf dieser Grundlage wird angenommen, daß es zu einer weiteren Steigerung der Außenhandelsverflechtung Österreichs kommt, welche sowohl produktivitätssteigernd als auch preisdämpfend wirken wird.

Die durchschnittliche Wachstumsrate des *realen privaten Konsums* wird mit 2,4% angenommen. Die Abschwächung des disponiblen Einkommens wird sowohl durch eine geringere Inflation, als auch durch einen, allerdings nur mehr abgeschwächten, Rückgang der Sparquote kompensiert.

Das durchschnittliche Wachstum der Verbraucherpreise wird daher auf 3,0% sinken. Die geld- und währungspolitischen Rahmenbedingungen bleiben unverändert, so daß mit weiterhin vergleichsweise niedrigen Zinsen gerechnet werden kann.

Monetäre Prognose

Der mittelfristige Ausblick für den monetären Bereich geht davon aus, daß bis 1998 noch keine Europäische Wirtschaftsunion (EWU) besteht, in die der Schilling integriert wird.

Das österreichische Zinsniveau wird kurz- und mittelfristig durch die Wechselkurspolitik der Nationalbank und der Bedingung vollständiger Freiheit des Kapitalverkehrs bestimmt. Mit der strengen Anbindung an die DM seit 1981 bewegt sich die österreichische Wechselkurspolitik im Fahrwasser der monetären Integration in Europa.

Die mittelfristige Prognose geht von der erfolgreichen Beibehaltung der Hartwährungspolitik in den nächsten Jahren aus. Die Modellprognose er-

---

1 Vgl. Österreichisches Institut für Wirtschaftsforschung und Institut für Höhere Studien, Wien.

gibt für die *Sekundärmarktrendite* i.w.S. für den Prognosezeitraum 1994 bis 1998 einen durchschnittlichen Wert von 6,2%. In Verbindung mit dem BIP-Deflator folgt daraus ein durchschnittlicher Realzins von 2,5%.

Für die nächsten Jahre wird davon ausgegangen, daß nicht zuletzt wegen der technologischen Neuerungen des Telefon Banking und der direkten Abwicklung des Zahlungsverkehrs über Personal Computer in einer deutlichen Verlangsamung des Wachstums der *Bargeldmenge* enden wird. Auch bei den *Sichteinlagen* ergibt die Modellprognose eine deutliche Beruhigung und Stabilisierung auf 4,5%. Aus der Entwicklung dieser beiden Aggregate ergibt sich ein durchschnittliches *Wachstum der Geldmenge M 1* von 3,7%. Die *Termineinlagen* werden auch mittelfristig abgebaut. Für die Jahre 1994 bis 1998 ist von einer voraussichtlichen weiteren Schrumpfung um durchschnittlich 4,5% auszugehen. Der prognostizierte Rückgang der *Sparquote* bis 1998 auf 10,2% schlägt sich auch in der mäßigen Entwicklung der *Spareinlagen* nieder. Sie werden über den Prognosezeitraum mit durchschnittlich 5,5% wachsen. Im Gegensatz dazu stabilisiert sich die *Kreditnachfrage* nach dem konjunkturbedingten Rückgang der Jahre 1993 und 1994 wieder auf dem hohen Niveau von 7,8%.

4. Relationship-Banking als Erfolgsfaktor

4.1 Kundenprofil

Das Profil des privaten Finanzdienstleistungskunden befindet sich gegenwärtig in einem Wandel:

- Der Verbraucher wird zunehmend aktiver, informierter, kompetenter, preis- und servicebewußter;
- die Bankloyalität des Kunden bröckelt ab;
- die Zahl der Privatkunden mit zwei oder mehr Bankverbindungen, wie sie im Kommerzbereich schon lange üblich ist, nimmt zu;
- der Anteil der Ausgaben für langfristige Vorsorge am Haushalts-Nettoeinkommen steigt im Vergleich zu den Ausgaben für Lebenshaltung überproportional;
- der aufgeklärte Kunde will aus einem transparenten Finanzdienstleistungsmarkt preiswert mit klaren Kosten-Nutzen-Relationen einkaufen;

- jüngere Kunden mit traditioneller Wertskala sind schon frühzeitig absicherungsorientiert;
- jüngere Kunden mit postmaterieller Grundhaltung bauen psychologische Barrieren gegen die „Finanz-Macher“ auf und bevorzugen (Berater von) Finanzinstitute(n) mit glaubhaften, nachvollziehbaren Umwelt-, Sozial- und/oder Kulturkomponenten.

Die Zukunft gehört einer individuellen Beratungsstrategie, die im Hintergrund durch Expertensysteme, in die auch die oben genannten Typologien einfließen können, gestützt wird. Das Kernstück bildet ein ausgefeiltes Kundeninformationssystem. In der Kundenberatung steht der Kunde mit seinem Einkommen, seinem Geld- und Sachvermögen, seiner Kreditstruktur und seinen Personen- und Sachversicherungen in der jeweiligen Lebenszyklusphase im Mittelpunkt.

4.2 Verkauf und Vertrieb

In der Verkaufsorientierung der Banken bedeutet dies, daß das billige und rasche Einzelproduktangebot – womöglich im aktionsmäßigen Verkauf – nur im automationsunterstützten, nicht erklärungsbedürftigen Mengengeschäft Bedeutung behält, sonst eher ins Out gerät. Auch das unreflektierte, „automatische“ Cross-selling, ausgehend von der Drehscheibe Privatkonto, verliert relativ an Bedeutung. An ihre Stelle treten individuelle Problemlösungspakete, Beratungs- und Produktpakete, z.B. zum Thema Vorsorge, Bauen und Wohnen, Existenzgründung, usw., die eine maßgeschneiderte Kombination von Bank- und Versicherungsprodukten aus allen relevanten Geschäftsbereichen, mit zunehmender Beimischung von inflationsgeschützten Immobilienanlagen, bieten.

Aufgrund der dargestellten demographischen Entwicklungen und der Marktdurchdringung wird die zukünftige Marktstrategie der Abschottung des eigenen Kundenbestandes, d.h. die Pflege und Intensivierung der bestehenden Kundenverbindung, an Bedeutung gewinnen. Neuakquisition im Verdrängungswettbewerb ist sehr teuer und auch im Privatgeschäft risikoreich.

In der Vertriebsorganisation der Finanzdienstleistungen standen noch im abgelaufenen Jahrzehnt der Zahlungsverkehr sowie Sparen und Anlegen in Einzelprodukten für den Kontakt des Kunden mit der Bank im Vordergrund. Die gegenwärtige Filialorganisation der Banken ist stark auf optimale Abwicklung des Zahlungsverkehrs ausgerichtet. Durch den bereits relativ hohen Automatisierungsgrad und elektronische Kommunikationsmedien ist der reine Zahlungsverkehr jedoch immer weniger Anlaß für den Kunden, seine Bankstelle aufzusuchen.

Um diesen Tendenzen gegenzusteuern, bedarf es in den nächsten Jahren einer beratungs- und problemlösungsorientierten Weiterentwicklung der Bankfilialorganisation. Diese beinhaltet klare – dezentralisierte – Kundenverantwortung, Spezialisierung, schnelle Abwicklung einerseits, Zeit für Beratung andererseits. Dazu kommen noch die zunehmende Bedeutung des Holgeschäftes, kundenorientierte Öffnungszeiten, eine operationale und kostengünstige Kundendatenbank, dezentrale Profitcenter-Steuerung und letztlich insgesamt unternehmerisches Handeln jedes einzelnen Mitarbeiters.

Zielgruppenstrategien und der Effizienzdruck auf veränderte Vertriebswege sind ein Muß im ausgehenden Jahrhundert. So wie heute Service-Qualität für manche, was die organisierte, geplante Durchführung und Kontrolle anlangt, ein Neuland ist, so wird dies in zehn Jahren kein Thema mehr sein, denn die Banken und Versicherungen, die Service-Qualität bis 2005 nicht geschafft haben, werden schon vom Markt verschwunden sein. Ähnlich verhält es sich meines Erachtens bei der Notwendigkeit neuer Zielgruppen- und Vertriebsstrategien.

4.3 Preisempfindlichkeit – Preisstrategie

Im folgenden noch einige Gedanken zur Preisempfindlichkeit. Durch die häufigen Bewegungen in der Zinsenlandschaft ist im Massengeschäft eine resignative Preisunempfindlichkeit eingetreten. Allein im Passivbereich kam es zwischen März 1985, seit Einführung der OPV, und April 1990 zu 19 generellen Zinssatzänderungen bei den Standardprodukten; der Eckzins schwankte zwischen 1955 und Mitte 1974 also fast 20 Jahre überhaupt nicht (3,5%), zwischen 1980 und 1990 änderte er sich insgesamt zwölfmal.

Die gehobeneren Kundenschichten und jüngere Kunden haben gelernt, über den Preis zu verhandeln – dieser Trend verstärkt sich, umso mehr als es auch um die Anlagen der „Erbengeneration“ gehen wird. Im Kreditbereich besteht ein direkter Zusammenhang zwischen Dringlichkeit des Kreditwunsches und der Preisempfindlichkeit.

Eine wichtige Rolle bei der Behandlung dieser Frage könnte die Bankkostenrechnung spielen. Bisher wurde dieses betriebswirtschaftliche Instrument erst zögernd eingesetzt – Spiegelbild dazu ist die bisher oft noch mangelnde Professionalität bei den Marktstrategien, speziell bei der oft chaotischen und selbstzerstörerischen Preispolitik. Schon aus Überlebensgründen wird die Unternehmensführung professioneller werden; Steuerungs- und Früherkennungssysteme werden klarer die Spielräume für die Geschäftspolitik aufzeigen. Damit wird das Verhältnis Kunde-Bank rationaler und bringt auf der emotionalen Ebene neue Möglichkeiten der Vertrauensbildung.

Den höchsten Stellenwert wird der Privatkunde weiterhin dem Vertrauen, das durch das persönliche Verhältnis zur Bank und seinem Berater begründet wird, einräumen. Der Privatkunde braucht keinen behördlichen Ombudsmann, sondern transparente Wettbewerber.

Kapitel 2:

Marketing

Kundenorientiertes Verkaufen im RETAIL BANKING

Peter Schmid

1. Die Bedeutung des Privatkundengeschäftes

Aufgrund einer Studie von McKinsey stellt sich die Frage, ob das Privatkundengeschäft überhaupt betrieben werden soll. McKinsey untersuchte die Profitabilität der einzelnen Geschäftsfelder des Schweizer Bankensektors und stellte fest, daß das profitabelste mit einem Gewinnbeitrag von über 4 Milliarden Franken im Jahre 1991 das Private Banking war. Ebenfalls profitabel waren der Handel, die Betreuung der Institutionellen Anleger und die Firmenkunden. Das Retail Banking befand sich mit einem negativen Gewinnbeitrag von über 2.5 Mia. Franken weit abgeschlagen am Schluß der Rangliste.[1] Obwohl die Ergebnisse dieser Studie umstritten sind, überrascht die Höhe des Verlustes im Retail Banking und es stellt sich die Frage, ob es für die langfristige Entwicklung der einzelnen Institute nicht besser wäre, das Privatkundengeschäft ganz aufzugeben oder an spezialisierte Anbieter zu übergeben. Denkbar wäre auch, alle nicht profitablen Kundenbeziehungen aufzulösen. Mehrere Gründe sprechen dagegen:

- Das Privatkundengeschäft ist der wichtigste Zubringer für das Firmen- und Anlagekundengeschäft. In der Schweiz ist der Anteil der Selbständigerwerbenden und kleiner und mittlerer Unternehmen groß: Über 500.000 Personen arbeiten in der eigenen Unternehmung und eine sehr große Zahl der Schweizer Unternehmen sind Kleinstbetriebe mit wenigen Angestellten.[2] In der Regel entscheidet der Leiter dieser Unternehmen noch selbst über die Bankverbindungen. Dabei ist oft maßgebend, welche Erfahrungen er als Jugendkunde oder Student mit einer Bank gemacht und welche Beziehungen er zu Mitarbeitern dieser Bank gebildet hat. Deshalb sollten bestehende und potentielle Kunden dann besonders

1 Vgl. Wellauer (1992)

2 Vgl. Bundesamt für Statistik. Die Angaben beziehen sich auf 1991

umworben und professionell betreut werden, wenn sie sich eigene Bankgewohnheiten aneignen: beim Studieren an der Universität/Fachhochschule, beim Beziehen ihres ersten Gehaltes, beim Bauen/Kaufen ihres ersten Eigenheimes oder bei der Niederlassung an einem neuen Ort.

- Die Beziehung zwischen Bank und Kunde kann nicht einfach als gegeben betrachtet werden: Sie gleicht einer Pflanze mit einem Wachstumspotential über ihren gesamten Lebenszyklus hinweg. Die Pflanze braucht laufend „Wasser" und ist empfindlich auf Umwelteinflüsse wie starken Wind oder Hagel. Auch der Bankkunde braucht laufend Wasser in Form von attraktiven Angeboten, guter Beratung und Kontakten in der Filiale, per Telefon oder Post. Es ist einfacher, bestehende Kunden gut zu pflegen und zu halten, als gleichviele neue Kunden mit dem gleichen Bodensatz zu gewinnen. In Anbetracht der Zunahme der pensionierten Kunden und der riesigen Gelder, die vererbt werden, lohnt es sich, die Kunden früh an die Bank zu binden und mit einem optimalen Service diese Kunden zu pflegen und profitabel zu entwickeln.

Ausländische Banken haben gezeigt, daß das Privatkundengeschäft das Potential einer eigenständigen profitablen Geschäftseinheit hat. Die Rolle des erfolgreichen Zubringers für das Firmen- und Anlagenkundengeschäft allein genügt nicht. Vielmehr gilt es, das Potential der bestehenden Kundenbeziehungen zu nutzen und mit der Akquisition von neuen Kunden zu ergänzen. Es ist viel einfacher, einen Massenkunden zu einem profitablen VIP-Kunden zu entwickeln, wenn die Kundenbedürfnisse bekannt sind und die gesamte Bank kundenorientiert agiert. Zudem müssen die richtigen Werkzeuge und Hilfsmittel für die Front und das Back-office zur Verfügung gestellt werden.

2. Veränderung der Umwelt und der Kundenanforderungen

Die Bankbranche und insbesondere das Privatkundengeschäft befindet sich in einer Phase des Umbruchs und der Veränderungen. Neben den revolutionären strukturellen Anpassungen haben sich vor allem die ökonomischen und technologischen Bedingungen stark gewandelt. Auch die Kunden haben ihre Bedürfnisse neu definiert und ihre Anforderungen an die Banken

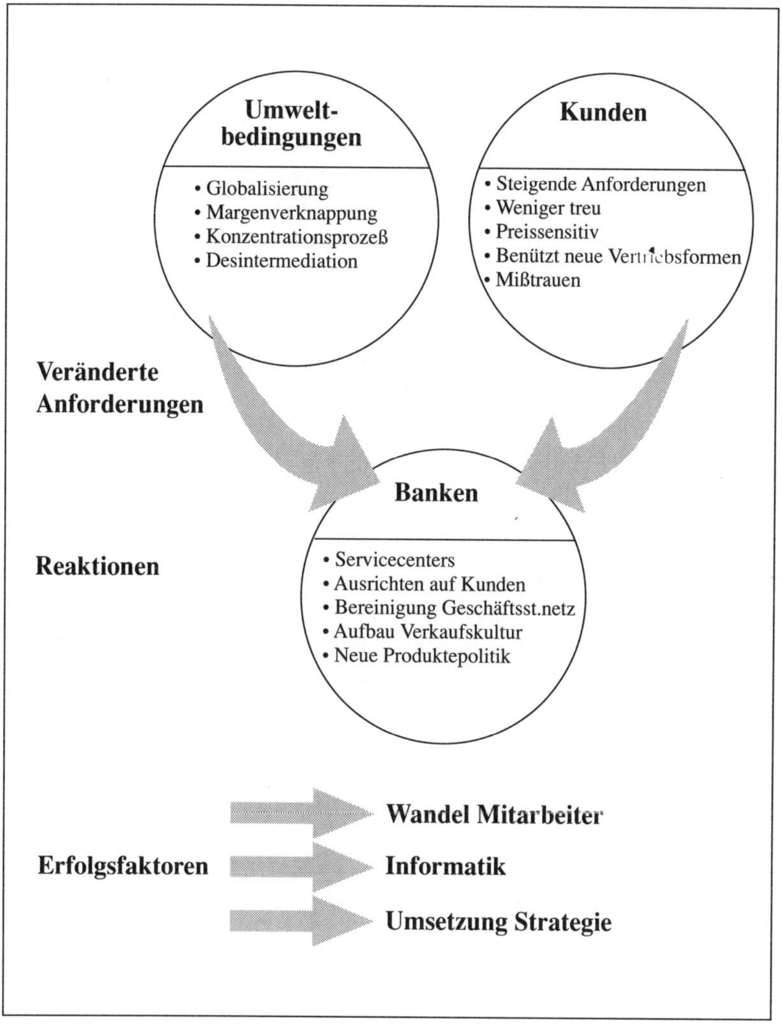

Abbildung 5: Veränderungen

stark gesteigert. Als Voraussetzung für die Diskussion der Kundenorientierung und die Definition der Rolle der Informatik in diesem Umfeld werden die wichtigsten gegenwärtigen und zukünftigen Veränderungen aufgezeigt.

2.1 Umweltbedingungen

Die Globalisierung der Märkte wird auch im Privatkundengeschäft zum Thema. Zahlreiche global tätige Bankinstitute betreiben dieses in nicht angestammten Märkten schon heute auf profitable Weise. Die *Citibank* verdient zur Zeit im Privatkundengeschäft rund eine Milliarde US$. Sie ist in acht europäischen Ländern tätig und hat in mehreren dieser Länder wie z.B. Deutschland, Spanien, Belgien und Griechenland ein eigenes Filialnetz und bietet eine ganze Produktepalette an. Gewisse Anbieter wie zum Beispiel *Visa* und *Amexco* konzentrieren sich zunehmend auf Nischenprodukte, die sie aber global vermarkten. In der Schweiz sind ausländische Anbieter im Privatkundengeschäft noch nicht stark in Erscheinung getreten.

Der zunehmende Konkurrenzdruck führte zu Margenverknappungen und dadurch zu Rentabilitätsproblemen, was neben den hohen Kreditverlusten ebenfalls dazu beigetragen hat, daß in der Schweiz ein gewaltiger Konzentrationsprozeß im Gange ist, dessen Ende noch nicht absehbar ist. Dies hat zu zahlreichen Übernahmen und Fusionen geführt, die für die übernehmenden Banken eine große Herausforderung darstellen, da der zusätzliche Ertrag nicht automatisch zu einer höheren Profitabilität führt. Im Gegenteil: Die Gefahr ist vorhanden, daß die Gemeinkosten prozentual stärker als der zusätzliche Ertrag ansteigen. Eine weitere Veränderung, die in Zukunft vermehrt an Bedeutung gewinnen dürfte, ist die Desintermediation im Privatkundengeschäft. Darunter versteht man die Lockerung der traditionellen Bindung zwischen Bank und Kunden. Es ist zu erwarten, daß die Banken, nicht zuletzt aufgrund der Gebührenpolitik, Marktanteile an Nichtbanken verlieren werden.

2.2 Kundenerwartungen

Die Kundenerwartungen an Art und Weise der Leistungserbringung, Preis, Qualität der Dienstleistungen und die zur Verfügung gestellten Informationen sind gestiegen. Der aufgrund von zahlreichen Medienberichten recht gut informierte Kunde erwartet eine vollumfassende Beratung durch seine Kontaktperson in der Bank, die zunehmend auch Fragen der Steuern, der Versicherungen und der Erbschaften beinhaltet. Dabei wird Qualität auch in der Tiefe notwendig sein, um Wettbewerber wie Versicherungsgesellschaften, Kreditkartenorganisationen, Warenhäuser und die PTT abwehren zu können. Es etablieren sich immer mehr neutrale Anbieter (wie z.B. in der

Schweiz das *Versicherungs Zentrum* oder in Deutschland der *Allgemeine Wirtschaftsdienst)*, die eine umfassende Finanzberatung anbieten und die vorgeschlagenen Produkte als Vermittlungsagenten selber verkaufen. Der Privatkunde wird zunehmend kostenbewußt: Sobald die Banken beginnen, Gebühren und Spesen für bestimmte Transaktionen im Massengeschäft verursachergerecht auf die Kunden zu überwälzen, beginnt der Kunde, die Kosten und Leistungen seines Institutes kritisch mit denjenigen der Konkurrenz zu vergleichen.

Den Banken kommt entgegen, daß der Bankkunde die Bankbeziehung zunehmend nicht mehr ausschließlich über die teure Bankfiliale pflegen möchte. Eine wachsende Bedeutung erhalten das Telefon, der Telefax, das Natel-Netz mit Faxanschluß, der Personal Computer mit Modem und Videotex. Für das gehobene Privatkundensegment dürfte auch der Besuch am Wohn- oder Arbeitsort des Kunden eine größere Bedeutung erhalten. Daß ein rasches Aufbrechen traditioneller Märkte möglich ist, hat zum Beispiel die Citibank bewiesen, die innerhalb weniger Monate die Zahl der Telefonbetreuer von 40 auf 204 erhöht und im Jahre 1993 rund 3 Millionen Anrufe abgewickelt hat.[3]

Bei der Kundenorientierung ist zu berücksichtigen, daß immer noch ein großer Teil der Bevölkerung gegenüber Banken und im speziellen Großbanken gemischte Gefühle hat. Die ausgezeichneten Geschäftsergebnisse in Zeiten der Rezession und Arbeitslosigkeit haben das Mißbehagen noch verstärkt. Wichtig ist außerdem die für die nächsten Jahre prognostizierte Veränderung der Kundenstruktur mit Erhöhung des Anteils der über 60jährigen. Diese immer wichtiger werdende Kundengruppe, die große Geldsummen aus Auszahlungen der zweiten und dritten Säule besitzt, hat ihre speziellen Bedürfnisse und Anforderungen. Ebenso wichtig ist die Tatsache, daß Kapital immer mehr durch Vererbung übertragen wird. Riesige Beträge an Geld, Grundstücken und aus ablaufenden Lebensversicherungen werden auf die folgende Generation übertragen.

3 Vgl. Schultze-Kimmle (1994)

2.3 Reaktionen der Banken

Da die Bedürfnisse der Kunden je nach Wohnort, Alter, Einkommen, Vermögen, Beruf und Wertvorstellungen unterschiedlich sind und sich laufend verändern, haben die Banken begonnen, entsprechende Kundensegmente zu bilden und diese Segmente gezielt zu bearbeiten. Diese auf repräsentativen Erhebungen basierende Segmentation bildet die Basis für Gestaltung und Zusammenfassung von Produkten und kundenorientierten Leistungen. Ein Produkt sollte nie isoliert betrachtet, sondern Bestandteil des Angebots einer Reihe integrierter Dienstleistungen der Bank an den Kunden sein, ein Paket, das für den Kunden attraktiv ist und seine emotionellen Erwartungen erfüllt.

Die Bedeutung des Marketings hat stark zugenommen und ist für die profitable Zukunft ein wichtiger Erfolgsfaktor. Ein Ausrichten auf den Kunden ist nur möglich, wenn seine Bedürfnisse bekannt sind und der Mix von Produktgestaltung, Preisgestaltung, Distribution und Kommunikation darauf ausgerichtet ist. Die Kundenorientierung, die Zunahme der Verkaufsorientierung der Bankmitarbeiter und die Entstehung einer eigentlichen Verkaufskultur[4] wird von den meisten Banken angestrebt und ist für die langfristige Profitabilität des Privatkundengeschäftes wichtig.

Um möglichst nahe beim Kunden zu sein, wurde in den letzten Jahren ein umfassendes Filialnetz aufgebaut. Für die Distribution ihrer Produkte werden die Banken in Zukunft neue Absatzkanäle einrichten. Aus diesem Grund werden sie die Struktur ihres Niederlassungsnetzes neu gestalten, wobei die Zahl der Banken und Bankfilialen abnehmen wird.[5] Bankgeschäfte wie Ein- und Auszahlungen werden zunehmend von Automaten abgewickelt und bestehende Bankfilialen vermehrt zu Verkaufsräumen umgebaut werden, was eine umfassende persönliche Beratung ermöglicht und den Produkteverkauf begünstigt.

Sevicezentren, in denen Abwicklungsdienstleistungen für ganze Regionen kostengünstig durchgeführt werden, erlauben die Senkung der Stückkosten. Die Bedeutung der Abwicklung für die Kundenzufriedenheit wird zunehmend erkannt und die entsprechenden Mitarbeiter entsprechend geschult. Es nützt nichts, wenn sich die ganze Front voll auf den Kunden ausrichtet und einen hervorragenden Service bietet, wenn der Kunde bei jeder Anfrage vom Back-office unfreundlich oder unkompetent behandelt wird.

---

4 Vgl. Bohl (1992)

5 Vgl. Andersen (1992)

Dem Controlling wird als Instrument der Steuerung und Führung der Bank eine weit höhere Bedeutung zugemessen als noch vor wenigen Jahren. Der rauhe Wind im Bankensektor, die finanziellen Schwierigkeiten einiger Institute und das als Grundlage für die Erarbeitung der Strategien im Privatkundengeschäft vorhandene schlechte Zahlenmaterial haben die Notwendigkeit klarer Entscheidungsgrundlagen und effizienter Führungsinstrumente deutlich gemacht. Nach wie vor kennen die meisten Banken die Profitabilität der einzelnen Produkte, Kunden und Kundensegmente nicht und setzen ihre Preise in Unkenntnis der Kostenstruktur fest.

Neben vielen weiteren Erfolgsfaktoren sind für die profitable Zukunft im Privatkundengeschäft der Wandel der Bankbeamten zu kundenorientierten Verkaufsberatern (Vgl. Kapitel 3) und die Informatik (Vgl. Kapitel 4) entscheidend.

3. Erfolgsfaktor Kundenorientierung

3.1 Von der Produkte- zur Kundenorientierung

Der Wandel der Frontmitarbeiter zu kundenorienten Verkaufsberatern ist für alle Banken eine große Herausforderung und wird sicherlich noch einige Zeit in Anspruch nehmen. Einerseits ist der Unterschied zwischen der Kundenorientierung und der Produktorientierung sehr subtil und andererseits ist es bekannt, daß sich die Kunden, wen wundert es, eher zu kundenorientierten Banken hingezogen fühlen. Das sind wohl die Gründe, weshalb die Retail-Verantwortlichen der meisten Schweizer Retail-Banken ihr Dienstleistungsangebot und ihre Kundenbetreuung als kundenorientiert bezeichnen, was auf eine Kluft zwischen Strategie und Stand der Umsetzung hindeutet.

Bis anhin war das Privatkundengeschäft in der Schweiz vor allem produktorientiert, was nicht erstaunt, denn die meisten Industrien arbeiten so lange produktorientiert, wie die Margen und Profite gut sind. Bei schlechterem Geschäftsgang werden sie kundenorientiert. Je härter die Konkurrenz, desto größer die Kundenorientierung. Ein klassisches Beispiel einer solchen Entwicklung ist die Informatikindustrie, die in den erfolgreichen 80er Jahren ohne die Geschäftsstrategien und -anforderungen ihrer Kunden genau zu kennen, Hard- und Software-Produkte in großen Mengen mit großen Margen verkaufte. Bei sinkenden Margen und stagnierenden Umsätzen folgte Ende der 80er Jahre der Wandel zum Lösungsverkauf und schließlich in der Krise anfangs der 90er Jahre mit sinkenden Umsätzen, riesigen Verlusten und kontinuierlichem Personalabbau der Wandel zur Kundenorientierung, wobei die Geschäftsziele der Kunden für das Anbieten von Gesamtlösungen, Hardware, Software und Dienstleistungen im Vordergrund stehen.

Woran erkennt man ein produktorientiertes Institut? In der Regel kennt es seine Produkte besser als die Kunden. Je größer eine Bank ist, desto eher ist sie produktorientiert. Dies hängt mit den internen Kontrollmechanismen zusammen, die nötig sind, um eine solche Organisation wirkungsvoll zu führen und die Risiken zu kontrollieren. Ab einer gewissen Größe bedingt die notwendige Struktur, um die ganze Bank auf die gleichen Ziele auszurichten, eher eine Zuwendung gegen innen als außen. In produktorientierten Instituten wird die Qualität der Dienstleistungen durch interne Standards gemessen und die Frontmitarbeiter haben das Gefühl, sie seien der Grund, daß die Kunden dort sind. Produktorientierte Verkaufsberater reden viel vom Verkauf von Produkten und sehen die Kunden in erster Linie als potentielle Käufer ihrer Produkte. Die Bedarfsabklärung und Analysephase ist in der Regel zu kurz und es wird versucht, das Kundeninteresse in erster Linie aufgrund der Produktevorteile zu wecken.

Kundenorientierte Institute sind über ihre Kunden mindestens gleichgut orientiert wie über ihre Produkte. Aufgrund dieser Informationen streben sie die Befriedigung der Kundenbedürfnisse an, was dann auch viel schneller zu höheren Erträgen und Profiten führt und eine längerfristige Kundenbindung sicherstellt. In kundenorientierten Banken wird die Qualität vor allem durch externe Maßstäbe bestimmt, und die Frontmitarbeiter verstehen die ihnen für den Verkauf zur Verfügung stehenden Produkte als Mittel zur Kundenbefriedigung. Sie wissen, daß die Kunden der Grund für ihre Arbeit sind. Wenn nötig und vom Kundenpotential her gerechtfertigt, begeben sie sich zu ihm nach Hause und besprechen mit ihm die Erfüllung seiner finanziellen Bedürfnisse. Kundenorientierte Verkaufsberater sind sich bewußt, daß der Kunde nicht ein Produkt oder eine Dienstleistung kauft, sondern deren Nutzen.[6]

---

6 Vgl. Bollenbacher (1993)

3.2 Kundenorientierung als Chance

Es ist klar, daß der kundenorientierte Ansatz eine Segmentierung der Kunden bedingt und alle Aufwände im Verhältnis zu den potentiellen Erträgen stehen müssen. Es ist bekannt, daß die kundenorientierten Verkaufsberater aber mehr Produkte verkaufen und bedeutend mehr langfristige Gesamtbeziehungen zu ihren Kunden haben als die produktorientierten. Die Banknoten und meistens auch die Produkte, die der Kunde in verschiedenen Banken erhält, sind die gleichen: Was den Unterschied ausmacht, sind die Mitarbeiter. Die Persönlichkeit des Betreuers spielt eine immer größere Bedeutung. Von französischen Banken stammt der Begriff „acceuil". Dabei wird ein Schwergewicht auf den Empfang des Kunden und die Freundlichkeit und Aufmerksamkeit der Bankberater gelegt.[7] Das Konzept des „acceuil" trägt abgesehen von der Methodik als Kundenleitsystem der Tatsache Rechnung, daß es nicht immer entscheidend ist, welche Bank besser ist, sondern wie der Kunde die Leistungen der Bank empfindet. John F. Welch, Vorsitzender von General Electric brachte diese Erkenntnis folgendermassen auf den Punkt: „Der Kunde vergleicht uns mit der Konkurrenz und stuft uns entweder als besser oder schlechter ein. Das geht nicht sehr wissenschaftlich vor sich, ist jedoch verheerend für den, der dabei schlechter abschneidet."

Kundenorientiert sein heißt auch Ausrichtung der Distributionskanäle auf den Lebensstil, den Ablauf des Berufsverkehrs, die Arbeitsgewohnheiten und das Kaufverhalten der Kunden. Es ist denkbar, daß das Distributionsnetz der Bank durch Partner mit etablierten Absatzsystemen für Dienstleistungen, die verkehrs- und einkaufsorientiert sind, ergänzt werden kann.[8] Die neue Herausforderung heißt dem richtigen Kunden den richtigen Service zum richtigen Preis anzubieten. Ein gezieltes Marketing stellt das Kernstück einer kundengerichteten Strategie dar. Die Banken müssen nicht nur wissen, wer ihre Hauptkunden sind, sie müssen auch Angaben über die Kundenprofitabilität und eigene Kapazität besitzen, um sicherzustellen, daß sie die verlangten Dienstleistungen zu wettbewerbsfähigen Konditionen anbieten können. Das zahlt sich aus, denn zufriedene Kunden liefern höhere Deckungsbeiträge, sind loyaler und empfehlen ihre Bank häufiger als unzufriedene.[9]

---

7 Vgl. Haltiner (1993)

8 Vgl. Hedberg (1991)

9 Vgl. Stoll (1993)

Die Erkenntnis, daß die Kundenorientierung langfristig mehr Erfolg verspricht, beeinflußt stark die Anforderungen an die Informatik, die bis anhin vor allem die Produktorientierung unterstützte, da sie in erster Linie die Aufgabe hatte, die Transaktionen möglichst schnell abzuwickeln und dadurch eine hohe Produktivität der Mitarbeiter sicherzustellen. Allenfalls ermöglicht sie heute eine Präsentation der Bankprodukte und die Simulation gewisser Szenarien. In den meisten Instituten hilft sie aber heute nicht mit, die Kunden zu segmentieren, ihre Bedürfnisse zu erfassen, Informationen über den Kunden zusammenzutragen und den Verkaufsprozeß von A bis Z zu unterstützen.

4. Erfolgsfaktor Informatik

4.1 Erweiterte Zielsetzungen

Die zukünftige Informatik muß sich vermehrt auf die Peripherie ausrichten, denn ihre Zielsetzung wird sich grundlegend verändern. Wurde sie bis dato vor allem für die schnelle und störungsfreie Abwicklung der Transaktionen und die Erhöhung der Mitarbeiterproduktivität eingesetzt, soll sie zu einem wichtigen Erfolgsfaktor im Privatkundengeschäft werden: Sie soll erstens die Aufgabe haben, die Frontmitarbeiter im Wandlungsprozeß von Bankbeamten zu Verkaufsberatern zu unterstützen und ihre Kompetenz und Effizienz zu erhöhen, wobei leistungsfähige Verkaufswerkzeuge zur Verfügung gestellt werden sollen. Zusätzlich müssen Marketingmitarbeitern wie den Produkte- und Kundensegmentmanagern Entscheidungsgrundlagen zur Verfügung gestellt, der Verkaufsprozeß unterstützt, der Arbeits- und Datenfluß in den Filialen und der Zentrale geregelt, die Dokumentenverwaltung sichergestellt und dem Bankkunden neue Kommunikationsformen wie z.B. computergesteuerte Telefonbeantwortungsgeräte zur Verfügung gestellt werden. Schließlich ist ein kundenorientiertes Verkaufen nur möglich, wenn ein Kundeninformationssystem alle relevanten Kundendaten speichert und jederzeit ergänzt z.B. durch Verkaufsvorschläge.

Heute hat die Bankinformatik nicht gerade den Ruf, die Profitabilität zu erhöhen, sondern sie gilt als träge und kostenintensiv. Oftmals verhindern oder bremsen die bestehenden Informatiklösungen die Lancierung neuer Produkte und Kundenaktionen. In Zukunft dürfte von den Informatikverantwortlichen und Lieferanten mehr gefordert werden als reine Schadensbegrenzung. Es gilt aber zu bedenken, daß der schlechte Ruf der Informatik ebenfalls mit der Unfähigkeit der Banken zusammenhängen könnte, die dank Informatik erreichte höhere Produktivität zu messen und zu quantifizieren. Es hat sich gezeigt, daß zusätzliche Informatikausgaben dann nicht optimal eingesetzt werden, wenn sie nur den Produktefokus fördern. Nur wenn die Informatik einen besseren Kundenservice ermöglicht, steigt die Chance, daß der Return-on-Investment wirklich hoch genug sein wird.

4.2 Einsatzmöglichkeiten

Der Handlungsbedarf ist groß und die Anforderungen der Front vielfältig. Es gilt aufgrund einer Informatikstrategie, welche die Integration unterschiedlicher Hard- und Software in eine moderne, die gesamte Bank umfassende Architektur gewährleistet, Prioritäten zu setzen. Wird unter Beachtung der 80/20-Regel nicht mehr die perfekte, sondern vielmehr eine pragmatische Lösung angestrebt, sind zahlreiche Verbesserungen kurzfristig möglich. In Abbildung 6 ist eine Zusammenstellung von Systemen im Privatkundengeschäft dargestellt, die die Kernfunktionen Marktanalyse, Verkaufsvorbereitung, Kundenansprache, Abschluß, Verarbeitung und Führung umfassen. Aufgrund dieser Möglichkeiten gilt es für jedes Institut,

Kernfunktionen / Systeme	Marktanalyse Produktaufbereitung	Verkaufsvorbereitung	Kundenansprache	Abschluß	Verarbeitung	Führung Controlling
Kundeninformationssystem	x	x	x			x
Marketingsystem	x	x				x
Verkaufssystem		x	x	x	x	
Finanzinformationssystem	x	x				
Telefon-Banking-System		x	x	x	x	
Office-Automation	x	x	x	x	x	x
Marketing-Terminal			x	x	x	
Lean Administration			x	x	x	
Archivierungssystem					x	
Controllingsystem	x					x

Abbildung 6: Systeme Privatkundengeschäft

die kurz-, mittel- und langfristigen Zielsetzungen zu formulieren und der zeitgerechten Realisierung größte Aufmerksamkeit zu widmen.

Marketingorientierte Kundendatenbank
Die Banken benötigen bessere Informationen über ihre Kunden. Die bestehenden Systeme basieren vielfach auf Kontennummern, was dazu führen kann, daß der gleiche Kunde möglicherweise in verschiedenen Bankfilialen auf unterschiedlichen Systemen zahlreiche Konten hat, ohne daß es die Bank weiß und den Kunden seinen Bedürfnissen entsprechend betreuen kann. Benötigt wird ein modernes Kundeninformationssystem, das im Privatkundengeschäft als Abfrage- und Informationsdrehscheibe eine filialübergreifende Gesamtsicht des Kunden und seiner Beziehungen zur Bank erlaubt.

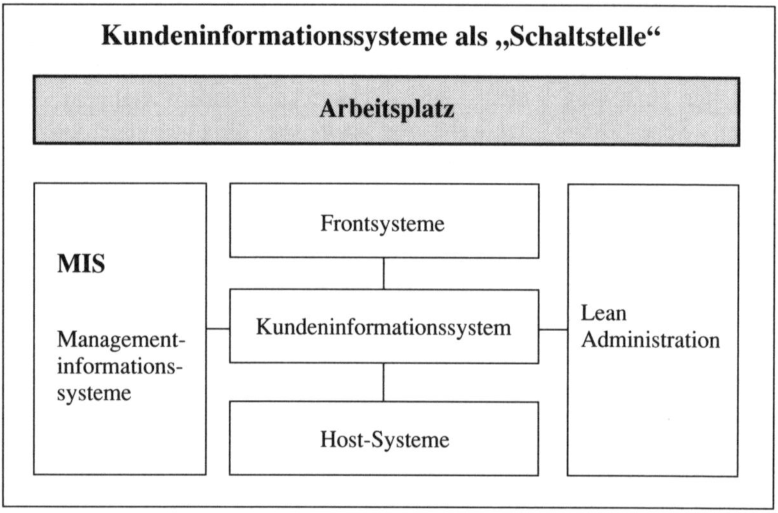

Abbildung 7: Kundeninformationssystem als Drehscheibe

Eine Gesamtsicht ist für ein kundenorientiertes Verkaufen unerläßlich. Das Kundenverhalten kann noch besser verstanden und antizipiert werden, wenn es das System ermöglicht, Kundengruppen bestehend aus ganzen Familien oder Haushalten zu bilden. Die Abschätzung der Risiken ist einfacher, wenn sämtliche Konten und Limiten auf einen Blick ersichtlich sind.

Dadurch kann auch eine allfällige Kreditbewilligung speditiver erfolgen. Aufgrund der umfassenden Kundensicht sollen Verkaufsvorschläge generiert und an das Verkaufssystem weitergegeben werden. Neu entstehende Informationen sollen vom Kundenberater in Form von Gesprächsnotizen eingegeben werden können. Diese sollen als Kundengeschichte verwaltet und für die Vorbereitung des nächsten Verkaufsschrittes zur Verfügung gestellt werden. Ein modernes Kundeninformationssystem soll eine genaue und umfassende Sicht auf die Kunden und ihre Beziehungen zur Bank erlauben und eine Abschätzung des Gesamtpotentials ermöglichen.

Verkaufssystem

In der verkaufsorientierten Filiale werden völlig neue und erweiterte Anforderungen an die Informatik gestellt: Sämtliche kundenbezogenen Aktivitäten sind auf einen Arbeitsplatz zusammenzufassen. Der Kundenberater muß von unnötigen Tätigkeiten befreit und für sämtliche Verkaufsaktivitäten vor Ort oder am Telefon unterstützt werden. Argumentarien und grafische Darstellungen sollen die auf den Abschluß ausgerichtete Verkaufsführung sowie das Cross-selling unterstützen. Um die Kundenbedürfnisse kennen und auswerten zu können, soll ein gelenktes, strukturiertes Interview zur Feinerfassung des Bedürfnismixes der bestehenden und potentiellen Kunden möglich sein, um die Erfassung der Geschäftsposition bei Konkurrenzbanken zwecks Ablösung lohnender Bankbeziehungen zu ermöglichen.

Im Laufe des Verkaufsgespräches kommt es oft zu Produktpräsentationen mit grafischen Darstellungen, Tabellen, eventuell Sequenzen mit animierten Bildern oder gar Videofilm-Ausschnitten. Der Kundenberater soll Modellrechnungen mit oder ohne Einbezug von aktuellen Kundendaten ausführen und drucken können. Während der Produktepräsentation soll jederzeit ein Abschluß ausgelöst werden können, mit automatischer Generierung, Speicherung und Weitergabe der entsprechenden Dokumente und Informationen. Jegliche Doppeleingaben und Nachbearbeitungen sind zu vermeiden. Die Beratungssitzung ist als ein in sich geschlossenes Teilelement im Verkaufsprozeß zu behandeln. Die Abgrenzung soll durch den Start oder das Ende des Prozesses erfolgen und pendente Sitzungen, welche als Pendenz terminiert und überwacht werden müssen, sollen möglich sein. Ein solches Konzept erlaubt die Teambetreuung von Kunden, da jeder Kundenberater telefonisch oder vor Ort den Verkaufsprozeß dort weiterführen kann, wo ihn ein anderer Berater unterbrochen hat. Das Verkaufssystem soll dem Kundenberater ermöglichen, möglichst effizient die angebotenen Produkte und Dienstleistungen zu verkaufen.

Marketing-System

Das Marketing-System soll die richtige Zuordnung der einzelnen Produkte und Dienstleistungen zu den bestehenden und potentiellen Kunden, respektive Kundensegmenten, ermöglichen. Aufgrund von Auswertungen soll zusammen mit dem Kundeninformations- oder Verkaufssystem dem richtigen Kunden zur richtigen Zeit das richtige Verkaufsangebot gemacht werden können. Durch ein proaktives, zielgruppenorientiertes Marketing sollen die Kundenpotentiale optimal ausgenützt werden. Zentrale und dezentrale Marketingaktionen sollen ermöglicht und schnell und kontrollierbar umgesetzt werden. Dadurch sollen der Aufwand und damit die Kosten von Marktbearbeitungsmaßnahmen bei gleichzeitiger Erhöhung der „Trefferquote" gesenkt werden.

Die Analyseverfahren eines leistungsfähigen Marketing-Systems erlauben es, mittels der verschiedenen Auswertungen, den Erfolg und die Profitabilität einer Kundenbeziehung zu ermitteln. Der erwartete Deckungsbeitrag eines Marketing-Programmes, eines Produktebündels, einer Geschäftsstrategie oder einer Werbeaktion soll im voraus ermittelt werden, die für einen Produkteverkauf qualifizierten Kunden selektiert und die erfolgversprechendste Marketingstrategie eruiert werden. Das Marketing-System soll es ermöglichen, schnell auf die sich ändernden Marktgegebenheiten zu reagieren und das „Time-to-Market" neuer Produkte und Dienstleistungen erheblich zu verkürzen.

Verkaufsorientiertes Bürokommunikationssystem

Für den modernen Büroarbeitsplatz stehen heute eine Vielzahl von Standardsoftwareprodukten zur Verfügung, die in einer heterogenen EDV-Landschaft auf Systemen von den verschiedensten Herstellern lauffähig sind. Die Daten werden von unterschiedlichen Datenbanken auf Hosts und dezentralen Servern geholt, weshalb leistungsfähige Übertragungsnetze zur Verfügung stehen müssen.

Die Office-Automation koordiniert den Zugriff auf gemeinsame Ressourcen und bringt die notwendige organisatorische Kontrolle mit persönlicher Freiheit in Einklang: Elektronische Mail-Systeme erlauben das Versenden von Daten inner- und außerhalb des Unternehmens, das Vereinbaren von

Terminen und das Durchführen von Konferenzen. Die vereinbarten Termine können direkt in elektronischen Kalendern erfaßt werden und erlauben so eine optimale Planung und ein effizientes Management der Termine.

Controlling-System
Ein Management-Informationssystem soll nicht nur die Vergangenheit bewältigen, sondern ebenfalls den strategischen Planungsprozeß unterstützen. Das Bankmanagement muß sich auf umfassende Informationen aus allen operationellen Bereichen der Bank stützen können – auf Informationen über Kunden, Produkte, Transaktionen, Kosten und Erlöse sowie über Mittel- und Leistungsströme aller Art, wobei diese laufend zur Verfügung gestellt werden sollten. Aufgrund dieser Entscheidungsgrundlagen können Tendenzen festgestellt und Sofortmaßnahmen eingeleitet werden. Es ist wichtig, daß nicht jedes System für sich alleine betrachtet und implementiert wird, sondern daß für jede Bank aufgrund der Strategie im Privatkundengeschäft aus verschiedenen Mosaiksteinen ein Gesamtbild erstellt wird.

5. Zusammenfassung

In den nächsten Jahren soll der Beitrag des Privatkundengeschäftes am Gesamtergebnis erhöht und dieses zu einer profitablen Geschäftseinheit entwickelt werden. Laufende Veränderungen der Umwelt und der Kundenanforderungen haben dazu geführt, daß die Reaktionszeiten kürzer geworden sind und dadurch das Bankmanagement mehr gefordert wird. Wichtig sind neben vielen anderen Erfolgsfaktoren die Schnelligkeit des Wandels der zentralen und dezentralen Mitarbeiter zu kundenorientierten Verkaufsberatern, die Leistungsfähigkeit der Informatik und die Konsequenz und Dynamik der Strategieumsetzung:

- Ein Ausrichten auf den Kunden ist nur möglich, wenn seine Bedürfnisse bekannt sind und der Mix von Produktgestaltung, Preisgestaltung, Distribution und Kommunikation darauf ausgerichtet ist. Die Zunahme der Kunden- und Verkaufsorientierung der Bankmitarbeiter ist so schnell wie möglich anzustreben. Grundvoraussetzung dafür sind umfassende Kenntnisse der Produkte und Prozesse. Zur Verkaufsorientierung genügt es nicht, die Kundenberater an einen Verkaufskurs zu delegieren, sondern es bedarf einer Änderung der Denkhaltung und damit der Kultur des ganzen Geschäftsfeldes, was viel Schulung und Coaching beanspruchen wird.

- Eine profitable Betreuung der Kunden ist nur möglich, wenn geeignete Controlling-Systeme die Profitabilität der einzelnen Kunden und Kundensegmente ermitteln und sicherstellen, daß die Preise in Kenntnis der Kostenstruktur und der Konkurrenzangebote festgesetzt werden können. Ein modernes, leistungsfähiges Controlling-System ermöglicht es auch, daß der Bankfiliale genügend Kompetenzen erteilt werden können, um auf die lokalen Eigenheiten reagieren zu können, ohne die Gesamtbank unnötigen Risiken auszusetzen.
- Auf der Kostenseite kommt der Logistik größte Bedeutung zu: Durch geeignete Zusammenlegungen der Back-office-Abteilungen zu Servicezentern und den Einsatz von leistungsfähigen Technologien sind die Stückkosten der einzelnen Produkte und Dienstleistungen massiv zu senken. Die Informatikinvestitionen sind auf die Bedürfnisse der Kunden und damit der Front auszurichten. Unter Berücksichtigung der 80/20-Regel sind im Rahmen der Gesamtarchitektur pragmatische Lösungen anzustreben. Diese Informatiklösungen müssen es ermöglichen, schnell auf Veränderungen der Umwelt und des Kundenverhaltens reagieren zu können. Neue Produkte und Dienstleistungen müssen schnell auf den Markt gebracht werden können.

In Zukunft garantiert auch die optimale Strategie nicht den Erfolg. Qualität und Konsequenz der Umsetzung dürften für die Profitabilität des Privatkundengeschäftes in den einzelnen Instituten verantwortlich sein.

Strategisches Kundenmanagement und Retention Marketing

Hans Ueli Keller

1. Hintergrund

Betrachtet man die Entwicklung der Bankenindustrie in den vergangenen zwei Jahrzehnten, so fallen grundlegende Änderungen auf.

Die 80er Jahre waren durch ein einseitiges Volumen- und Wachstumsstreben gekennzeichnet, bei dem die Banken darauf abzielten, schneller und mehr zu wachsen als ihre Mitbewerber. Anhand der Zuwachsraten, die z.B. in Marktanteilen oder Anzahl Kunden und Kontigemessen wurden, konnten „Gewinner und Verlierer“ ermittelt werden. Die für das Umsatzwachstum hinderlichen Kundenabwanderungen versuchte man durch die Gewinnung neuer Kunden zu kompensieren. Daher wurde das gesamte Marketinginstrumentarium in strategischer und operativer Hinsicht auf die Neukundenakquisitionen ausgerichtet, ohne den bestehenden Kundenstamm in diese Überlegungen mit einzubeziehen.

Nun hielten aber zu jener Zeit auch Methoden wie Direct Marketing und Database Marketing Einzug in die Banken, wodurch versucht werden sollte, Kunden gezielter anzusprechen und die Cross-selling-Raten zu erhöhen. Hiermit traten zum ersten Mal ernstzunehmende Hinweise auf die möglichen ertragsversprechenden Potentiale eines bereits bestehenden Kundenstammes auf.

In den 90er Jahren stehen die Banken nunmehr vor großen Herausforderungen. Während die Märkte einer starken Sättigung entgegenstreben und das Marktwachstum kleiner wird, steigt der Kostendruck. Die bisher übliche Quersubventionierung, bei der die wohlhabenden Großkunden die weniger ertragbringenden Kleinkunden finanzierten, fällt aufgrund der veränderten Marktbedingungen weg und zwingt die Banken zu vermehrtem profit- und damit auch kostenorientierteren Denken. Folgerichtig haben die Kundensegmentverantwortlichen in den Banken anhand der Untersuchungen ihrer

Kundendatenbanken festgestellt, daß ein zentraler Erfolgsfaktor des ertragsorientierten Bankenmarketings in der Kundensegmentprofitabilität liegt. Den größten Einfluß auf die Profitabilität der Banken – unabhängig von ihrer Art und Größe – hat hierbei die Kundenwanderung. In zahlreichen Untersuchungen wurde bewiesen, daß es wesentlich leichter und profitabler ist, die Beziehungen zu dem bereits existierenden Kundenstamm zu intensivieren, als Neukunden zu gewinnen. So können einige Unternehmen ihre Gewinne um ca. 60 Prozent erhöhen, wenn sie nur fünf Prozent ihrer Kunden halten können[1]. Andererseits dauert es im Durchschnitt ungefähr zwei Jahre bis ein Neukunde profitabel ist[2]. Verständlicherweise haben nun viele Banken die großen Chancen erkannt, das eigene Geschäft positiver zugestalten, wenn sie ihre Ressourcen vermehrt auf neue Strategien des Retention Marketing fokussieren.

Im Mittelpunkt des Retention-Marketing-Ansatzes steht der profitable Kunde, der der Bank einen positiven Deckungsbeitrag liefert und der mit einem umfassenden, strategischen Konzept langfristig an die Unternehmung gebunden werden soll. Im folgenden soll zunächst die praktische Umsetzung des Retention-Marketing-Konzeptes erläutert werden.

2. Segmentsanalyse für Optimierungsansätze

Um festzustellen, welche Kunden profitabel und welche eher problematisch für die Bank sind, müssen sie in einzelne untereinander homogene Segmente eingeteilt und dann entsprechend analysiert werden.

Die Schweizerische Kreditanstalt hat ihre Kunden schon seit 1986 in verschiedene Segmente nach den Kriterien Einkommen, Vermögen und Potential unterteilt. Zwischen diesen unterschiedlichen Segmenten bestehen bezüglich der Profitabilität grundlegende Unterschiede. Eine Analyse der Segmente deckte zum einen auf, daß die sogenannten Retail- oder Kleinkundensegmente den größten Handlungsbedarf aufweisen und machte zum andern mögliche Ansätze zur Optimierung des bestehenden Marketinginstrumentariums transparent.

1 Vgl. Reichheld (1993)
2 Vgl. Furlong (1993)

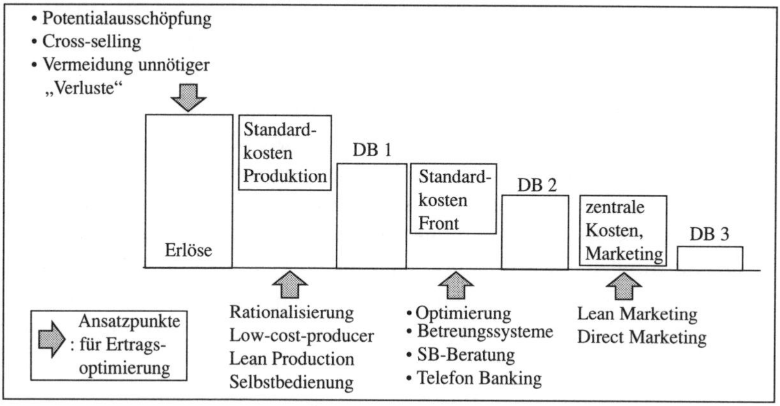

Abbildung 8: Segment-Deckungsbeiträge

Eine wichtige Basis für eine Segmentsanalyse bildet die Deckungsbeitragsrechnung, die je Segment ermittelt wird und deren Daten nur aus einem gut angelegten Controllig-System entnommen werden können. In Abbildung 8 sind die typischen DB-Unterteilungen aufgeführt.

Die gesamten Erlöse pro Segment bilden die Basis und bei Abzug der Liquiditätskosten, der Risikokosten und der Produktionsstandardkosten erhält man den Deckungsbeitrag 1. Von diesem Betrag sind noch die Standardkosten für die Frontorganisation (Betreuungskosten) abzuziehen, um zum Deckungsbeitrag 2 zu gelangen. Davon zieht man die übrigen Gemeinkosten für die Zentrale und das Marketing pro Kundensegment ab, um zum Deckungsbeitrag 3 zu kommen.

Ansatzpunkte zur Ertragsoptimierung finden sich – wie oben angezeigt – auf jeder Deckungsbeitragsstufe. Die Gemeinkosten und insbesondere die Marketingkosten können durch die bereits bekannten Methoden Lean Marketing und Direct Marketing vermindert werden. Durch die Optimierung der Betreuungssysteme anhand pragmatischer Maßnahmen wie z.B. Selbstbedienungs-Beratung oder Telefon Banking sind ebenfalls erhebliche Kostensenkungspotentiale zu realisieren. Zudem wird die Dienstleistungsproduktion durch Rationalisierung, Lean Production und Selbstbedienung zur Low-cost-production restrukturiert. Diesen Maßnahmen ist allen gemeinsam, daß sie im wesentlichen die Kostenreduzierung, d.h. die rationelle Erbringung der Leistung zum Ziel haben. Wer am günstigsten produziert und vertreibt, hat am meisten Spielraum in der Preispolitik.

Die Grundlage der Bankgeschäfte bilden aber immer noch die Erlöse je Kundensegment. Strategien zur Ausschöpfung dieses Wertschöpfungspotentiales sind z.B. die Erhöhung der Cross-selling-Raten, verursachergerechte Preispolitik usw. Hier sollte auch das Retention Marketing ansetzen, das den Fokus auf den bisherigen Kundenstamm setzt, mit dem Ziel, die profitabelsten Kunden zu halten und zufriedenzustellen und somit den Erlös pro Kunde und Segment stark zu erhöhen und die nicht profitablen Kunden ziehen zu lassen. Die kundenbezogene Deckungsbeitragsrechnung zeigt bei einer Segmentsanalyse sehr deutlich, welche Kunden welchen Profit erbringen. Neben dieser Analyse gilt es auch festzustellen, wieviele Kunden kommen und gehen, da diese einen großen Einfluß auf die Gesamtprofitabilität haben können.

Eine entsprechende Analyse zeigte bei der Schweizerischen Kreditanstalt, daß ohne Beeinflußung der Kunden durch marketingpolitische Maßnahmen über alle Segmente hinweg, ca. 10% der Kunden fluktuieren, d.h. jedes Jahr verlassen die Bank 10% und 10% neue Kunden werden hinzugewonnen. Dieses „Revolving-door-Syndrom" funktioniert wie eine Drehtür, bei der auf der einen Seite die Kunden hereinkommen und auf der anderen Seite Kunden wieder herausgehen[3].

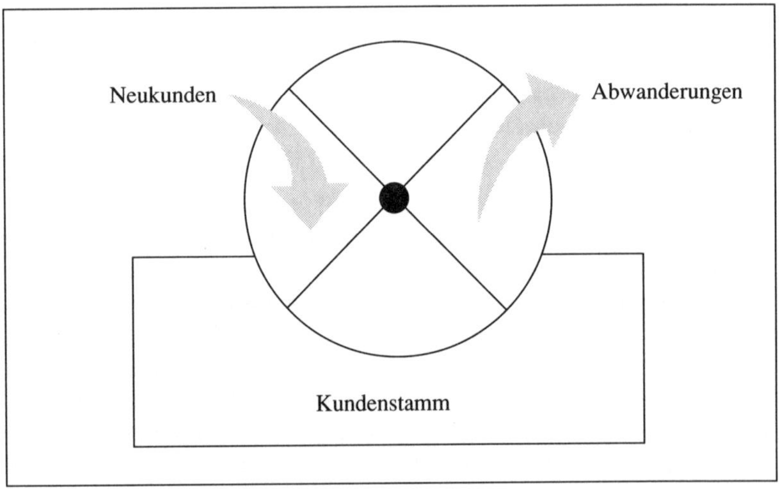

Abbildung 9: „Revolving-door-Syndrome"

3 Lubin (1993)

Die Bank muß also versuchen, ihre Ressourcen verstärkt zur Bildung der Retention-Marketing-Kultur, der Systeme und Produkte bzw. Dienstleistungen einzusetzen, um das Ergebnis zu verbessern und die guten Kunden zu halten und die schlechten gehen zu lassen.

Die Erfahrungen der Schweizerischen Kreditanstalt zeigen, daß abwandernde Kunden tendenziell mehr Erträge p.a. generierten als neue Kunden mitbringen. Diese Netto-Qualitätsminderung des Kundenstammes hat dazu geführt, daß man sich vermehrt den strategischen Fragen zur Betreuung der Stammkunden widmete.

Zusammengefaßt bedeuten diese Fragen nur eines: Die Bank muß ihre Kunden sehr genau kennen, um ein ertragsorientiertes Retention-Marketing-System aufbauen zu können.

3. Schaffung von Kundentransparenz

Die Abwanderung der falschen Kunden kann den Erfolg einer Bank stark beeinträchtigen. Gleichfalls lohnt es sich aber auch nicht, jeden bestehenden Kunden um jeden Preis zu behalten. Retention-Marketing kann deshalb nur effektiv und effizient sein, wenn man ein klares Bild der vorhandenen Kundenbasis hat. Dabei reicht es nicht, nur die Kunden zu fragen, was die Bank leisten müsse, um sie zu halten.

Gerade bei den Banken fallen vielfältigste Kundeninformationen an, die bisher nur ungenügend ausgewertet werden konnten, da die notwendigen Systeme zur Auswertung noch nicht vorhanden sind. Die Grundlage für ein professionelles Retention-Marketing ist ein entsprechendes Database-Marketing, das die vorhandenen Daten in umsetzbare Entscheidungshilfen transferiert. Mit der konventionellen Marktforschung ist zwar viel über die Kunden als Gesamtes zu erfahren, doch es müssen alle weiteren Informationsquellen ausgeschöpft werden. Besonders die Verkäufer, die in unmittelbarem Kontakt zu dem einzelnen Kunden stehen, können zahlreiche aktuelle und genaue Auskünfte erteilen. In Massensegmenten, wie dem Retail-Geschäft, könnten die Produkt- und Kundensegment-Manager ebenfalls fundierte Kenntnis der Kundenbasis haben. Durch die vorliegenden Informationen weiß theoretisch jede Bank, was, wann, wo und bei wem der Kunde kauft und wie er bezahlt. Bisher haben nur Kreditkartenunternehmen diese Vielzahl von Daten in eine auswertbare Form gebracht. Daher müssen die Banken jetzt handeln, um dem starken Marktandrang von weiteren Non- und Nearbanks wie z.B. Handelsunternehmen, Post etc. entgegenzuwirken.

Die EDV- und insbesondere die Datenbankorganisation ist aufgrund ihrer Architektur bei den meisten großen Banken nicht in der Lage, all die für Retention-Analysen benötigten Daten in geeigneter Weise zu verknüpfen und auszuwerten. Das heißt, daß zwar alle benötigten Informationen greifbar wären, aber für die Masse von großen Segmenten keinen Beitrag zur Problemlösung bieten können, da sie ohne automatische, systembasierte Analysen nicht nutzbar gemacht werden können.

4. Auswirkungen von Retention-Marketing

Das wichtigste Ziel eines Retention-Marketing-Konzeptes besteht darin:

- ⇨ Das langfristige Wachstum zu fördern. Der Fokus wird auf unausgeschöpfte sowie auf zukunftsträchtige Kunden- bzw. Teilsegmente gerichtet.
- ⇨ Die Profitabilität zu erhöhen. Hier richtet sich der Fokus auf die „wertvollsten" Kunden.

Der „Customer-value" und damit auch die Profitabilität lassen sich aus folgenden Gründen mit Retention-Marketing vergrößern[4]:

- Die Kosten zur Gewinnung eines Neukunden fallen vier bis sechsmal höher aus, als die Beziehungen zu bestehenden Kunden zu vertiefen. Eine höhere Retention-Rate impliziert daher, daß weniger Neukunden gewonnen werden müssen und somit Akquisitionskosten gespart werden können[5].
- Stammkunden tendieren dazu, mehr zu kaufen.
- Stammkunden frequentieren die Filialen häufiger. Konstantere Inanspruchnahme von Dienstleistungen führt üblicherweise zu niedrigeren Pro-Kopf-Servicekosten.

---

4 Vgl. Buchanan (1990)

5 Vgl. Reichheld und Sasser (1991)

- Zufriedene Kunden empfehlen die Bank an potentielle Neukunden weiter, ohne daß der Bank Akquisitionskosten entstehen.
- Zufriedene Kunden sind häufiger bereit, höhere Preise für eine Premium-Dienstleistung einer Bank zu bezahlen, die sie kennen und der sie vertrauen.
- Retention-Marketing erschwert den Wettbewerbern den Markteintritt oder das Gewinnen von Marktanteilen.

Auch die Schweizerische Kreditanstalt hat das Phänomen ausgenutzt, daß sich die gesamte Profitabilität markant erhöhen läßt, wenn sich die Retentionrate nur um wenige Prozente erhöht. Die neue Retail-Banking-Strategie hatte das Ziel, die Erlöse pro Kunde erheblich zu steigern und neue profitable Kunden hinzuzugewinnen. Dabei wurde wie folgt vorgegangen:

Die neue Retail-Banking-Strategie der Schweizerischen Kreditanstalt
Zunächst wurden die Retail-Kunden in Universal- und Individualkunden nach Einkommen, Vermögen und Potential segmentiert. Die 860.000 Universalkunden verfügen über ein (bei der Bank deponiertes) Anlagevermögen unter 25.000 SFr. während die 360.000 Individualkunden ein Anlagevermögen zwischen 25.000 SFr. und 200.000 SFr. besitzen. Alle Kunden mit einem Vermögen über 200.000 SFr. werden dem Private Banking zugeteilt.

Die SKA bietet schon seit Anfang 1993 den beiden Retail-Kundengruppen Servicepakete mit unterschiedlichen Produkten, unterschiedlichen Dienstleistungen und unterschiedlicher Betreuung an. Die Grundlage für das Angebot bildeten die im folgenden dargestellten und durch aufwendige Marktforschungsuntersuchungen ermittelten Bedürfnisse:

- Die Universalkunden wünschen zu ihrem Konto primär Informationen zum Saldo und zu Kontobewegungen. Sie wünschen eine Anlaufstelle der Bank, die ihnen kompetent und rasch Auskunft erteilt, und nutzen primär die Dienstleistungen im Zahlungsverkehr.
- Die Individualkunden erwarten von der Bank komplexe Transaktionen und wollen bei ihren Anlageentscheidungen unterstützt werden. Sie suchen in ihrer Bank eine Vertrauensperson, die sie bei allen Bankprodukten und Anlagemöglichkeiten gut berät.

Den unterschiedlichen Bedürfnissen der zwei Kundengruppen wird die SKA gerecht indem sie im Retail Banking zwei verschiedene Kundennutzen anbietet:

Servicepaket für Universalkunden	
Dienstleistungen	Produkte
Beratungsteam Öffnungszeiten 8-18 Uhr Auskunft über Kontosaldo und Zahlungsverkehr Hilfe bei der Verwaltung des Kontos	**SKA-Konto Universal** 2% Zins 1 Franken Kontogebühr pro Monat 20 Rappen Buchungsspesen für manuelle Transaktionen 20 Franken für ec-Karte pro Jahr
Zahlungsverkehr Abwicklung des Zahlungsverkehrs in den professionellen, zentralisierten Logistikzentren	**Sparkonto/Anlagesparkonto** 3,25%/3,5% Kontoführung gratis

Abbildung 10: Servicepaket für Universalkunden

- Kundennutzen der Gruppe *Universal:* Eine zentrale Anlaufstelle mit einem Team von Mitarbeiterinnen und Mitarbeitern, die zu großzügig bemessenen Öffnungszeiten telefonisch kompetent Auskunft erteilen. Abbildung 10 gibt einen Überblick über das Servicepaket (Dienstleistungen und Produkte) für die Universalkunden.
- Kundennutzen der Gruppe *Individual:* Jedem Kunden ist ein persönlicher Berater zugeteilt, der ihn genau kennt und auf seine spezifischen Bedürfnisse eingeht. Die Abbildung 11 zeigt das Servicepaket (Dienstleistungen und Produkte) für Individualkunden.

Das Ergebnis dieser Umstrukturierung besteht im Individualkundensegment in einem höherem durchschnittlichen Erlös pro neuem Kunde im Vergleich zu den bisherigen Kunden. Das ist u.a. darauf zurückzuführen, daß die Erhöhung der Servicequalität für Stammkunden und Neukunden erfolgreich in Profite umgesetzt werden konnte.

Servicepaket für Individualkunden	
Dienstleistungen	Produkte
Persönlicher Kundenberater Beratung über Anlagevermöglichkeiten Auskunft über Kontosaldo und Zahlungsverkehr Kreditvermittlung	**SKA-Privatkonto** 2% Zins Kontoführung*, Zahlungsverkehr (Schweizerfranken, Inland) und ec-Karte gratis
Zahlungsverkehr Abwicklung des Zahlungsverkehrs und der Wertschriftenaufträge in den professionellen, zentralisierten Logistikzentren	**Sparkonto/Anlagesparkonto** 3,25%/3,5% Kontoführung gratis
* Kunden mit Anlagevermögen unter 25.000 Franken: 10 Franken/Monat (Anlagevermögen: Summe aller Guthaben auf Konti und Heften sowie Werte im Depot)	

Abbildung 11: Servicepaket für Individualkunden

Einen wesentlichen Bestandteil an der verbesserten Erlösquote hatte hierbei das neu eingeführte CS-Firstphone, die erste Telefonbank der Schweiz. Über diesen neuen Distributionskanal wird auf dem Schweizer Markt ein Produkt- und Dienstleistungspaket angeboten, das innovativ, fortschrittlich und dynamisch zugleich ist. In der Telefonbank arbeiten erfahrene, bestausgebildete Banker, die ihre Kunden in deutsch, französisch, italienisch und englisch bedienen können. Damit ist diese Dienstleistung auch für Kunden aus dem Ausland attraktiv. Der 7 x 24-Stundenbetrieb ist für die Zielgruppe international tätiger und reisender Kunden ein hervorragender Service. Mit dieser Methode wird die Zielgruppe sehr genau angesprochen und eine entsprechende Kostenentlastung der Filialen, aufgrund des Wegfalles von teuren und zeitaufwendigen Routinetätigkeiten, wie z.B. das Entgegennehmen und Ausfüllen von Einzahlungsscheinen, erreicht.

Neben diesen bereits sehr erfolgreichen Maßnahmen gilt es aber weiterhin, das Retention-Marketing als einen ganzheitlichen Prozeß aufzufassen, dessen Umsetzung in verschiedenen Schritten vorzunehmen ist. Der gesamte Ablauf wird daher im folgenden modellhaft wiedergegeben.

5. Retention-Marketing-Cycle

Die individuellen Schritte, die für den Aufbau eines langfristigen Retention-Marketing-Systems notwendig sind, sind im einzelnen leicht durchführbar und zu beschreiben, aber sehr komplex, wenn sie zusammen ausgeführt werden sollen. Neue kreative Datenauswertungen und -analysen müssen an jede Situation individuell angepaßt werden und eine erfolgreiche Implementierung bedarf Geduld und in traditionellen Bankorganisationen einer voraussichtlichen Umsetzungszeit bis zur vollen Funktionsfähigkeit von ungefähr drei bis fünf Jahren. Folgende vier Schritte bilden die Elemente eines prozeßorientierten Retention-Marketing-Systems mit hoher Retentionrate und Profitabilität (Abbildung 12).

5.1 Vorphase

In der Vorphase müssen die Grundsteine für das gesamte Konzept gelegt werden. Die genaue Analyse der strategischen Geschäftsfelder, der Kun-

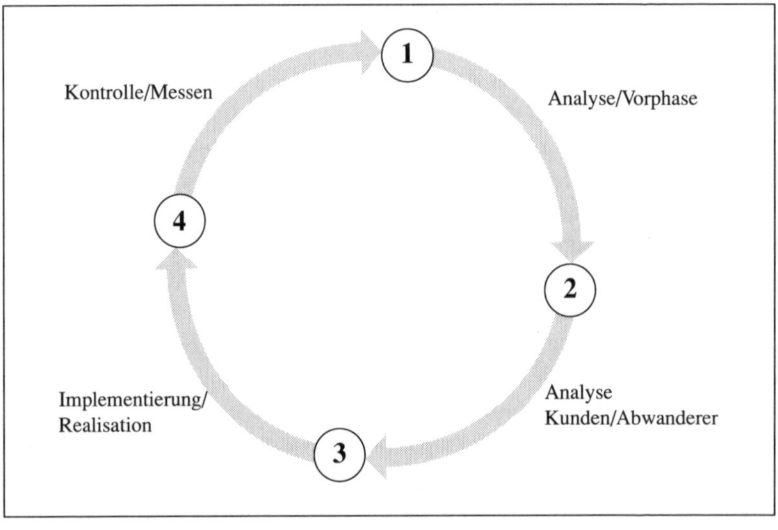

Abbildung 12: Der Retention-Marketing-Cycle[6]

6 Vgl. Spies und Fisseler (1994)

denwerte sowie die Messung der Lebenszeit-Profitabilität (lifetime profitability) stehen dabei im Vordergrund.

Kundenwert- und Geschäftsfeldanalyse
Die herkömmlichen Rechnungssysteme sind vielfach nicht auf die Messung der gesamten Kundenprofitabilität ausgerichtet. Sie messen im wesentlichen nur die periodische Profitabilität und Werte auf der Abteilungs- und Produktebene. Das macht es schwer, systematisch Daten von Stammkunden zu sammeln, die üblicherweise über mehrere Rechnungslegungsperioden hinweg verschiedene Produkte und Dienstleistungen in Anspruch nehmen und ihre Kauf- und Verhaltensgewohnheiten ständig ändern, so daß sie keinem Geschäftsfeld eindeutig zuzuordnen sind. Gerade die Geschäftsfelder, die den Customer-value erkennen sollten, haben aber Schwierigkeiten, mit Routinemessungen die genauen Werte zu ermitteln.

Die Profitabilität eines Kundensegmentes ist wichtiger als die Profitabilität der in Anspruch genommenen Produkte und Dienstleistungen. Das Bankgeschäft ist ein „Personnel-service-business"; die Art und Weise wie die Kunden die Produkte konsumieren, bestimmt stark die Produktkosten, manchmal mehr als die Produktspezifika selbst. Das heißt, jedes Segment hat verschiedene Wege und Muster, nach denen man seine Serviceangebote profitorientiert ausrichten muß. Konsequenterweise würden Überlegungen aufgrund durchschnittlicher Produktprofitabilität zu Fehlentscheidungen führen.

Messen der Lebenszeitprofitabilität nach Segmenten
Eine Bank sollte nicht versuchen, jeden Kunden um jeden Preis zu halten, da manche Kunden bleibend unprofitabel sind und man sie abwandern lassen sollte. Um die profitablen Kunden herauszufinden, genügt es nicht, nur diejenigen zu selektieren, die einen hohen Wert bezüglich Profitabilität und Breite der Produkt- und Dienstleistungsnutzung in den vergangenen Perioden aufweisen, sondern es müssen auch Berechnungen der gesamten Lebenszeit gemacht werden.

Das Beispiel einer amerikanischen Großbank verdeutlicht diese Forderung[7]:

- Detaillierte Analysen der Kundenlebenszeit-Profitabilität mit einem eigens für diesen Zweck eingerichteten Meßinstrument zeigten, daß 18 bis

7 Vgl. Aspinall und Reichheld (1993)

24jährige eine um ein Drittel höhere totale Lebenszeitprofitabilität haben als 25 bis 34jährige (beginnend ab dem vierten Jahr als Kunde). Nur wenige von diesen jüngeren Kunden blieben so lange, bis sie ihr Potential realisierten. Die unkontrollierte Abwanderungsrate dieser Gruppe war beinahe doppelt so hoch wie bei der älteren Gruppe. Folgerichtig war der gegenwärtige Aufwand zur Akquisition eines 18 bis 24jährigen ein Nettoverlust, während für die ältere Gruppe ein Nettoprofit resultierte.

Deshalb gibt es bereits Unternehmen verschiedener Branchen aus den USA, die auf dem Lebenszeitmodell aufbauen – wie z.B. IBM, Nordstrom und Home Depot – und dem Kunden vieles bieten, was er wünscht, ohne Rücksicht auf die Anfangskosten zu nehmen[8].

Nach Abschluß der Vorphase, bei der zunächst grundlegende Ergebnisse Aufschluß darüber geben sollen, inwieweit die bisherigen Kundenbeziehungen profitabel waren – aufgeteilt nach Geschäftsfeldern, Kunden und Kundenlebenszeit, müssen nun im einzelnen Stammkunden und Migranten analysiert werden.

5.2 Analyse der Stammkunden und Abwanderer

Die Implementierung eines umfassenden Retention-Marketing-Konzeptes setzt detaillierte Kenntnisse über das Verhalten der Kunden und die Gründe der Abwanderung voraus. Dazu helfen moderne Methoden der Datenauswertung, die die Strukturen der Stammkunden und Abwanderer sehr transparent darstellen können.

Modell „Wertvollster Kunde"[9]

Ausgehend von hausinternen Daten trifft man mit diesem Ansatz Vorhersagen über das Interesse aktueller Kunden auf gezielte Marketingmaßnahmen. Das heißt, das Unternehmen richtet eine Datenbank ein und ermittelt damit die „besten" Kunden. Darauf aufbauend erstellt man ein Modell der Merkmale bester Kunden. Dieses wendet man auf die gesamte Datenbank an, die man so in der Reihenfolge des voraussichtlichen Kundeninteresses ordnen kann.

8 Vgl. Treacy und Wiersema (1993)

9 Vgl. Clancy und Shulman (1993)

Die Datenbasis sollte immer wieder periodisch mit EDV-Unterstützung (mit leistungsfähigen Rechnern und entsprechenden Datenbankmodellen) nach Verhaltensmustern abgesucht werden, um mögliche Veränderungen zu identifizieren.

Diese Methode hat zwei Schwachstellen, die es zu beachten gilt. Zum einen ist die Datenliste begrenzt, und zum anderen könnten die aktuellen Kunden für ein neues Produkt die allerschlechtesten Kunden bezüglich Gesamtprofitabilität sein.

Lapser-Modell[10]

Daher müssen die Analysen auch in umgekehrter Richtung durchgeführt werden. Die Beantwortung der Frage, warum ein Kunde abgewandert ist und welches Profil ihn auszeichnet, ist sehr wichtig, um neue Techniken zur Rückgewinnung und zum Halten der Kunden einzusetzen. Die Ereignisse und Gründe, die den Kunden zum Verlassen der Bank veranlaßt haben, gilt es aufzudecken. Die Abwanderer – auch *defectors* genannt – müssen ebenso wie die Stammkunden charakterisiert werden. Die häufigsten Gründe, die Kunden zum Verlassen der Banken bewegen, liegen in falschen Serviceleistungen, Produkt- und Dienstleistungsangeboten, schlechter persönlicher Betreuung, Konzentration der Bankverbindungen bei einer anderen Bank u.a.m.

Die häufig genannte und erhobene Kundenzufriedenheit ist dabei kein genügender Indikator für Kundentreue. Es mag zwar auf den ersten Blick so aussehen, daß wachsende Kundenzufriedenheit ihre Treue und damit auch die Profitabilität erhöht, aber das folgende Beispiel widerspricht dem[11]: Ungefähr 65 bis 85 Prozent der Migranten einer Bank sind der Meinung, daß sie mit ihrem früheren Partner durchaus zufrieden oder gar sehr zufrieden gewesen sind. Daher ist gegenwärtig davon abzuraten, ausschließlich mit den traditionellen Meßinstrumenten zur Kundenzufriedenheit auch Rückschlüsse auf die Kundentreue zu ziehen.

Mit all den anderen Angaben kann man aber eine aussagekräftige Merkmalsliste der typischen Abwanderer erstellen. So ist man in der Lage, die potentiellen Abgänger schon früher anhand des vorgegebenen Rasters zu identifizieren und entweder die Migration zu verhindern oder sie gehen zu lassen, weil sie unrentabel sind. Diese *Lapser-Analysen* setzen aber auch

10 Vgl. Oggenfuss und Lacher (1994)

11 Vgl. Reichheld (1993)

entsprechende Instrumente wie z.B. Controllingsysteme, Führungsinformationssysteme und Kundenrentabilitätsrechnungen voraus.

Neben der Abwanderertypologie interessiert auch, wohin die Kunden wechseln. Es ist wichtig, die Mitbewerber und ihre Strategien genau zu kennen. Eine Befragung der Abgänger bringt sehr schnell zum Vorschein, warum die Kunden wechseln und welcher Mitkonkurrent davon profitiert. Somit ist man in der Lage, entsprechende Gegenmaßnahmen einzuleiten.

5.3 Implementierung und Realisation

Auf der Basis der geschilderten Analyse kann nun ein Retention-Marketing-System mit hoher Profitabilität und Kundentreue realisiert und implementiert werden. Das Verständnis für die Kunden und ihre Bedürfnisse, die Konkurrenten und ihre Absichten sowie die eigenen Fähigkeiten in Relation zu Kunden und Konkurrenten sollten zusammen in diesem System berücksichtigt und integriert werden.

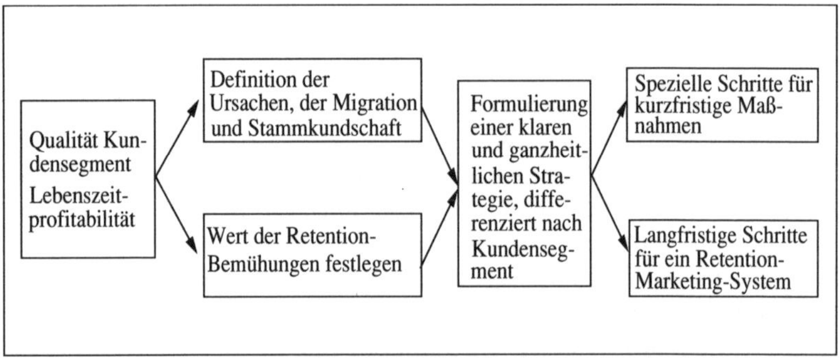

Abbildung 13: Implementierung und Realisation eines Retention-Marketing-Konzeptes

Es wird nicht sehr leicht sein, die neuen Produkte für die 90er Jahre zu konzipieren. Der Erfolg wird davon abhängen, inwieweit man das Kerngeschäft versteht und die Fähig keit zum Aufbau einer lernenden Organisation bis herunter zur einzelnen Filiale besitzt, die sich schnell an sich verändernde Bedürfnisse der Kunden anpassen kann. Die erfolgreichen Banken werden Gewinne durch höhere Kundentreue erzielen, wenn sie ihre Strategie klar formulieren, Segmente mit hohen Kundenwerten ansprechen und das gesamte Filialsystem restrukturieren.

Dabei dürfen aber nicht nur kurzfristige Maßnahmen ergriffen werden. Das amerikanische Kreditkartenunternehmen *MBNA America* hat beispielsweise eine schnelle Eingreiftruppe gebildet, um abgewanderte Kunden wieder zurückzugewinnen. Einige der besten Telefonverkäufer des Unternehmens versuchen, die Kunden, die ihre Kreditkarten zurückgegeben haben, davon zu überzeugen, sie doch wieder zu benutzen. In 50 Prozent aller Fälle konnte die verlorengegangene Kundenbeziehung wiedergewonnen werden. Kurzfristig hatte man Erfolg, doch ohne weitere Maßnahmen würde diese Aktion einer Bekämpfung der Symptome und nicht der Ursachen gleichkommen[12].

Ein Retention-Marketing-Konzept darf demzufolge nicht nur aus einem Bündel taktischer Maßnahmen bestehen, sondern der Realisationsprozeß muß ganzheitlich strategisch umgesetzt werden, wenn das Ziel der dauernden Verbesserung der Kundenrentabilität erreicht werden soll.

5.4 Kontrolle und Messung

Ist ein Retention-Marketing-System erfolgreich eingesetzt, müssen Ressourcen zur Kontrolle und Messung des Erfolges eingerichtet werden. Gegenwärtige und vergangene Kundenmessungen können der Bank helfen, eine Systematik zu errichten, die von den Zielen Profitabilität je Segment – gemessen nach Perioden, Lebenszeiten und Breite der Produkte- und Dienstleistungsnutzung – sowie langfristigem Wachstum abhängt.

Permanente Informationen darüber, warum Kunden abwandern oder bleiben, sollten in Datenbanken festgehalten werden und immer wieder auf Plausibilität geprüft werden. Innerhalb der Kundenzufriedenheits- und Servicequalitätsmessung sollten neue Modelle zur Ermittlung der Retentionrate, der Migration u.a.m. eingesetzt werden und es sollte immer nach dem Leitsatz gehandelt werden: „If you can't measure it, you can't manage it". Wenn wir konstante Verbesserung als Oberziel verfolgen, muß sich auch unser Meßsystem dauernd verbessern und als „Lernendes System" ausgestattet werden.

---

12 Vgl. Reichheld und Sasser (1991)

Die folgenden Daten sollen ein Beispiel für die Zahlengrundlagen sein, die bei Durchführung eines Retention-Marketing-Kontrollprogrammes erhoben wurden und repräsentative Bedeutung haben.

- Zu jeder Zeit sind ein Viertel (25 Prozent) aller Kunden dazu bereit, zu einer anderen Unternehmung zu wechseln, wenn es eine begründete Alternative gibt.
- Die Unternehmung hört nur von vier Prozent der Abwanderer, daß sie unzufrieden sind. 96 Prozent verlassen die Unternehmung kommentarlos.
- 91 Prozent der unzufriedenen Kunden kehren nie wieder.
- Ein unzufriedener Kunde erzählt es acht bis zehn weiteren potentiellen Kunden, daß er mit der verlassenen Unternehmung unzufrieden war.
- Sieben von zehn Kunden wollen die Beziehung wieder aufnehmen, wenn ihre Probleme gelöst werden.
- 95 Prozent wollen bei der Unternehmung bleiben, wenn ihre Probleme ad hoc gelöst werden.
- Eine typische Geschäftsanbahnung mit einem Neukunden dauert durchschnittlich sechsmal länger als mit einem Stammkunden.

Die zentralen Fragestellungen bei der Gewinnung von Neukunden lautet:

⇨ Wie hoch sind die Aufwendungen (Marketing Spendings) für den Neukunden?

⇨ Werden die richtigen Kunden gewonnen?

⇨ Wie ändert sich die durchschnittliche Qualität des Kundenstammes durch die „natürliche" Fluktuation?

Hinsichtlich der abwandernden Kunden interessiert:

⇨ Wie sieht die Fluktuation bislang aus?

⇨ Aus welchen Gründen verlassen Kunden die Bank?

⇨ Verlieren wir die richtigen Kunden?

⇨ Wie sieht das Einkaufs- und Verhaltensmuster der Abwanderer aus?

Abbildung 14: Rentention-Marketing-Statistiken[13]

13 Vgl. o.V. (1993)

6. Mitarbeiter-Retention

Bisher wurde nur auf die Kunden-Retention eingegangen. Das Bankgeschäft umfaßt aber primär eine Dienstleistung, die sich dadurch auszeichnet, daß sie zwischen Kunde und Mitarbeiter abläuft. Eine hohe Kunden-Retentionrate kann nur mit einer ebenfalls hohen Mitarbeiter-Retentionrate erreicht werden. In Banken mit hohen Fluktuationsraten, so ergab eine amerikanische Untersuchung, wurden signifikant geringe Kunden-Retentionraten festgestellt (72 Prozent). Die Banken mit großer Mitarbeitertreue konnten sich demgegenüber über eine entsprechend hohe Kundentreuerate freuen (91 Prozent)[14].

Langjährige Mitarbeiter verfügen oftmals über eine sehr enge Kundenbindung und sorgen für eine höhere Profitabilität, da sie Kunden besser bedienen können als Neulinge und die Einarbeitungs- und Weiterbildungskosten weg- oder niedriger ausfallen. Gerade in großen Banken dominiert das häufig zu beobachtende Phänomen des ständigen Wechsels der Berater in den Filialen.

7. Erfolgreicher durch Retention-Marketing

Nach der Neuorientierung zum Retention-Marketing bleibt eines festzuhalten. Eine gezielte Kundenbindung (Retention) sichert die Erlöse der profitablen Kunden, erhöht die Erlöse potentialstarker Kunden, bringt insgesamt mehr Erträge und vermindert gleichzeitig die Marketingausgaben für die Akquisition von Neukunden.

All diese Ziele erreichen zu wollen, setzt ein radikales Umdenken in vielen Banken voraus. Vom volumenorientierten Denken ausgehend muß eine Veränderung hin zum Kundenprofitabilitätsdenken stattfinden. Hierzu muß die gesamte Marketingphilosophie einer Bank auf die Retention-Haltung ausgerichtet werden. Nur wenn jeder Mitarbeiter der Bank immer wieder Problemlösungen für seinen Kunden sucht und ihm nicht mehr nur „alles verkaufen“ will, kann ein funktionierendes Retention-Marketing-System eingesetzt werden.

---

14 Vgl. Aspinall und Reichheld (1993

Das oberste Ziel liegt neben der Profitabilität darin, über die unmittelbaren Bedürfnisse des Kunden hinaus innovative und dynamische Dienstleistungen und Produkte anzubieten, die für den Kunden einen echten Vorteil darstellen. Die Benchmark im Retention für Banken gilt es erst noch zu definieren; so wird die Diskussion im Retail Banking denn auch dieses Thema sehr bald besetzen.

Kundenorientierung durch Betriebstypenprofilierung

Hans-Joachim Schleif/Elmar Frey

Mit der Stärkung des Vertriebsgedankens und der Differenzierung der Angebotsformen findet die Bankenbranche den Anschluß an eine Entwicklung, die beispielsweise im Einzelhandel schon längst vollzogen ist. Die Zeit war reif für Betriebsformen, die neue Wege aus der Profillosigkeit der Finanzdienstleistung aufzeigen.

Was sich im Einzelhandel bereits vor Jahren vollzogen hat, ist nun auch im Bankgewerbe Wirklichkeit geworden. Mit zunehmendem Wettbewerbsdruck etablieren sich neue Angebotsformen, die maßgeschneiderte Problemlösungen für verschiedenste Ansprüche ermöglichen.

Die künftige Entwicklung läßt sich unschwer vorhersehen. Ein Seitenblick auf die Entwicklung im Einzelhandel zeigt, daß die Erfolge im Bankgeschäft in der *Umsetzungsqualität* weitgehend austauschbarer Leistungsangebote liegen. Kurz: in der Implementierung eines Qualitätsvorsprungs im täglichen Umgang mit dem Kunden.

1. Die Dynamik der Betriebstypen: Zuerst im Handel – nun bei den Banken

Bei der Typologisierung möglicher Bankbetriebstypen zeigen sich zahlreiche Parallelen zum Einzelhandel. Mit der Profilierung neuer Bankbetriebstypen gerät die traditionelle Universalbank in Bedrängnis. Wie im stationären Handel führen Trading-up und die Ausweitung von Leistungen bis hin zur Allfinanz-Kompetenz nur mittelfristig zu Zusatzerträgen. Im stationären Einzelhandel spricht man in diesem Zusammenhang vom „Verlust der Mitte", der mit der Polarisierung der Märkte einhergeht.

Möglicherweise muß hier eine wenig erfreuliche Parallele zum Handel gezogen werden. Während sich die Fachgeschäfte immer mehr Anteile sicherten, waren die Warenhäuser damit beschäftigt, über Personalabbau das durch Trading-up angewachsene Kostenniveau wieder in den Griff zu bekommen. Der Kunde quittierte den schlechteren Service durch Abwanderung zum Fachgeschäft mit vergleichbarem Preisniveau, aber kompetenterer Beratung.

Auf der anderen Seite nutzten diskontierende Betriebsformen auf der grünen Wiese ihre Chance, bei ähnlicher Leistung wesentlich billiger anbieten zu können als die Warenhäuser. Leistungsstarke, profilierte Fachsortimenter (z.B. Douglas Parfümerien, C&A Textilien, Fielmann Optik) und Fachmärkte (z.B. OBI Baumärkte, Fuchs Drogeriemärkte, montanus Bücher, Media Markt Unterhaltungselektronik) haben nachhaltig Marktanteile gewonnen.

Bei den vielen Parallelen in der Entwicklung von Betriebstypen bei Banken und Handel steht schon heute fest: Die Einheits-Bankfiliale hat ausgedient.

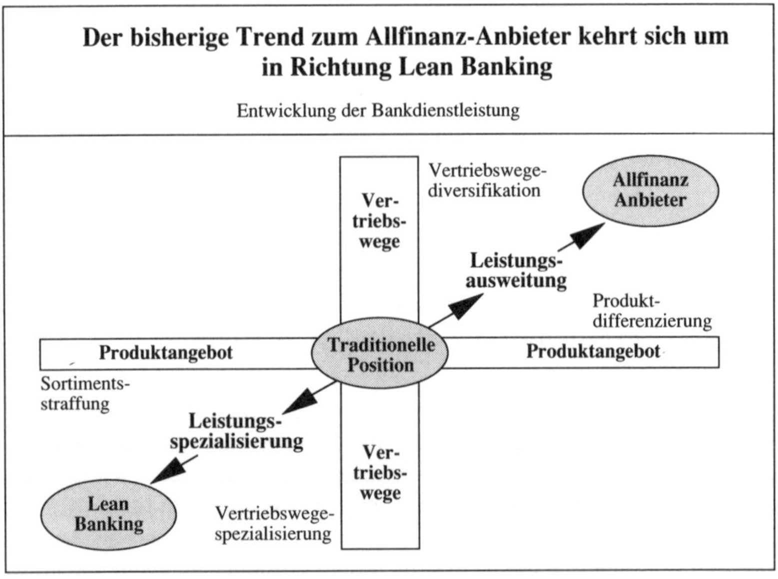

Abbildung 15: Vom Allfinanz-Anbieter zum Lean Banking

Im Zuge einer allgemeinen Wachstumseuphorie und Besetzung von Märkten beobachten wir insgesamt eine zunehmende Diversifizierung, einerseits durch die Ausweitung der Bankdienstleistung sowie andererseits durch die Differenzierung der Vertriebswege.

Doch was für die Branche gilt, ist längst nicht zwingend für die einzelne Bankfiliale. Vielmehr ist neben dem scheinbaren Automatismus von Trading-up und Marktausweitung heute auf Filialebene eher die Umkehrung, nämlich zunehmende Standardisierung und Spezialisierung der Vertriebsform, eine erfolgversprechende Trendwende.

2. Profilierungsdimensionen für Banken: Zwischen Spezialisierung und Standardisierung

Bei Banken ist Betriebstypenprofilierung noch die Ausnahme. Bei der Suche nach den „Gesetzen" für Betriebstypenbildung bei Banken brauchen wir geeignete Profilierungsdimensionen. Die beiden Dimensionen

- Spezialisierungsgrad und
- Standardisierungsgrad

stehen für die Trennung der Bankdienstleistung in das sogenannte Mengengeschäft bzw. das „qualifizierte" Geschäft.

Die *Spezialisierung* wurde notwendig aufgrund des wachsenden Beratungsbedarfes bei komplexen Finanzdienstleistungen, der damit verbundenen höheren Akzeptanz beim Kunden, insbesondere im gehobenen Anlagegeschäft. Andererseits machte das verstärkte Engagement von Nonbanks und Nearbanks die Offensive in ertragreichere, teilweise bankfremde Marktsegmente notwendig.

Die *Standardisierung* von Finanzdienstleistungen erfolgt unter dem Druck von Kostenorientierung und Effizienz. Durch die Substitution der Alleskönner durch „schlanke Problemlöser" wird der Dienstleistungs-Overhead im wachsenden Filialnetz zum kritischen Faktor und damit zum Wettbewerbsnachteil Nummer 1.

Der Gesamtmarkt stellt sich in der 4-Felder-Matrix schematisch wie folgt dar:

Die Bankdienstleistung trennen sich in das „qualifizierte" und in das Mengengeschäft

Standardisierung und Spezialisierung führen zu zwei getrennten Märkten

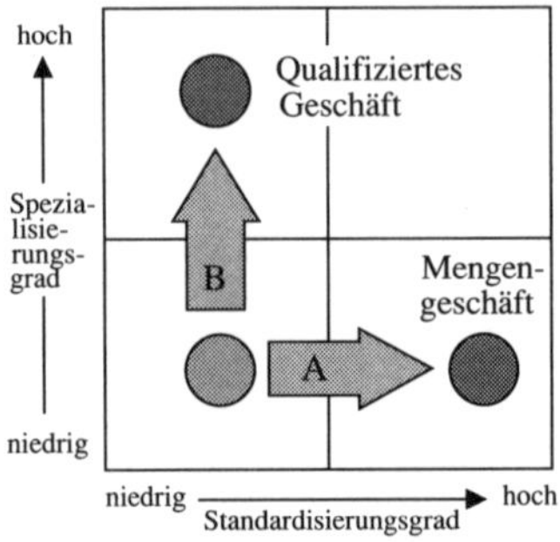

B	Qualifiziertes Geschäft	– Erhöhung der Beratungskapazität – Kundenbindung – „Mensch im Mittelpunkt"
A	Mengen-geschäft	– Zielgruppenausweitung – Produkte vereinfachen – Aufwände reduzieren

Abbildung 16: Spezialisierung versus Standardisierung

Für einen Bankenkonzern wie zum Beispiel die HYPO-BANK ergeben sich folgende Anpassungsstrategien:

2.1 Anpassung auf Konzernebene durch Diversifizierung selbständiger Unternehmen

Die Abbildung 17 zeigt die Positionierung der Tochtergesellschaften im Portfolio.

Darstellung des HYPO-Bank-Konzerns anhand zweier Profilierungsdimensionen

1st-Portfolio

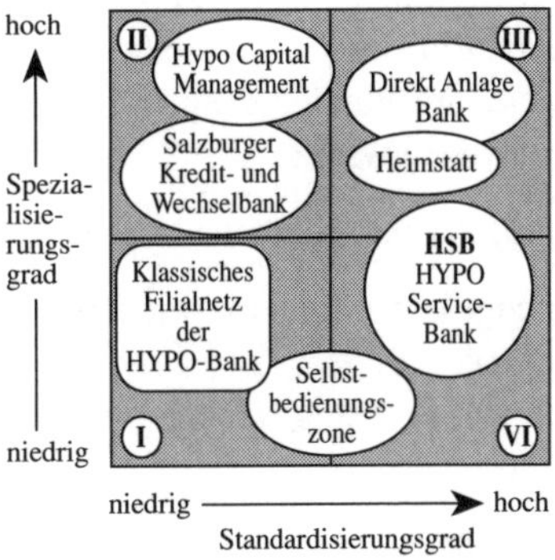

Feld I: Traditionelle Universalbank, hohe Kostenstruktur

Feld II: Exklusive Nischenanbieter für gehobene Finanzdienstleistungen

Feld III: Selektive Nischenanbieter mit problemlosen Finanzdienstleistungen

Feld VI: Moderne Verbraucherbank mit hohem SB-Anteil; Kostenführerschaft

Abbildung 17: Zuordnung der Produkte der Hypo-Bank

2.2 Anpassung auf Unternehmensebene durch Differenzierung der Filialen

Je nach Filialgröße und Kundenstruktur werden sich die Filialen der HYPO BANK immer weniger gleichen. Der Kunde wird nicht mehr jede Bankdienstleistung in jeder Filiale finden (Firmenkundengeschäft; Baufinanzierung; Anlageberatung).

2.3 Anpassung auf Filialebene durch selektive Serviceleistungen

Die sogenannte „vertriebstypenheterogene Andienungsform" meint – übertragen auf einzelne Bankfilialen – den je nach Sortimentsteil abweichenden Service innerhalb desselben Outlets (z.B. nach der Erklärungsbedürftigkeit des Produktes, mit SB-Zone, Service-Plätzen oder Diskretionszonen).

3. Anstelle von Zwei-Klassen-Banking: Neue Qualitätsstandards schaffen !

Die Veränderung von gewohnten Bankdienstleistungen ist umso problematischer, je halbherziger der Kunde dies erlebt. Ein Beispiel ist die bei vielen Banken leider noch gängige Schmuddelecke am Filialeingang mit wenig einladenden Geräten, die dann „SB-Zone“ genannt wird.

Das Ergebnis: die Bankdienstleistung zerfällt in zwei Qualitätsklassen:

- Das „qualifizierte Geschäft“ mit den hochgelobten Benefits wie Kompetenz, Kreativität und Mensch im Mittelpunkt.
- Das „Mengengeschäft“ mit derzeit noch viel zu wenig Bekenntnis zu einer eigenständigen Leistung und Qualität.

In der Erwartung des Kunden ist Standardisierung nicht zwingend mit einem Verlust an Leistung verbunden. Die Transparenz von Bankprodukten, die problemlose Handhabung und Verfügbarkeit von SB-Geräten sind Leistungsmerkmale, die für den Kunden ebenso bedeutend sind wie der damit verbundene Kostenvorteil.

Das Privatgeschäft ist heute anspruchsvoller und differenzierter denn je. Ein Großteil der täglichen Bankdienstleistungen ist nicht mehr erklärungsbedürftig, die Hälfte aller Kunden erwartet deshalb hohe technische Standards für eine möglichst problemlose, bequeme Abwicklung. Umgekehrt steigen gerade bei privaten Anlage- und Finanzierungsfragen die Anforderungen an eine kompetente und individuelle Beratung, die dem gewachsenen Selbstbewußtsein des Kunden gegenüber der Bank auch gerecht wird.

Anders gesagt: Wo früher unterschiedlichste Kunden durch dieselbe klassische Bankfiliale „versorgt“ wurden, gibt es heute eine Trennung von Mengengeschäft und beratungsintensiven Leistungen auch im privaten Bereich.

Für die Bank besonders interessant ist sicherlich das immer ausgeprägtere Verlangen nach „Persönlichkeitsstatus“. Dies geht einher mit der zunehmenden Gefahr der Entwertung des Mengengeschäftes

- vor allem durch die Austauschbarkeit von Bankdienstleistungen,
- durch die Reduzierung des persönlichen Kontaktes auf Grund von Automatisierung und
- durch mehr Standardisierung statt Individualität.

4. Mehr Profil im Preissegment: Mit Erlebnis zum Erfolg

Wiederum aus dem Einzelhandel wissen wir, daß sich Profil und Preiswürdigkeit nicht ausschließen.

Im Gegenteil, denn gerade bei der Analyse strategischer Erfolgsfaktoren in der Positionierung von Handelsunternehmen zeigt sich überdeutlich, wer neben den klassischen Discountern die Gewinner im Markt sind: Klar profilierte Filialisten mit ausgeprägter Erlebnisorientierung – auch und gerade im Preiswettbewerb.

Die HSB profiliert sich im Mengengeschäft über „neue“ Erfolgsdimensionen

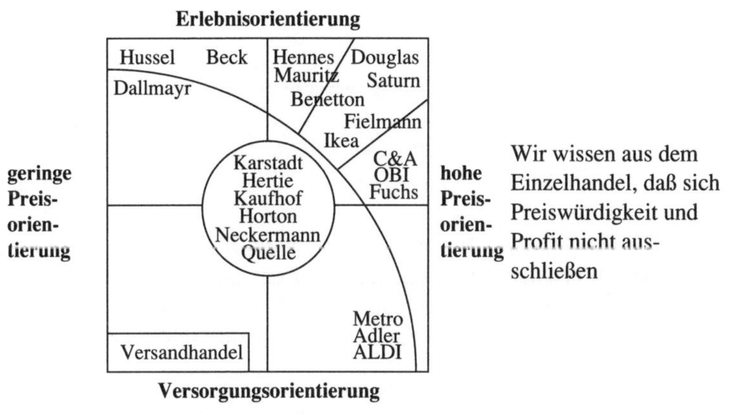

Abbildung 18: Positionierung der SEP von Handelsunternehmen im Raum der Erfolgsdimensionen (nach Patt)

Dasselbe Portfolio sähe heute für die Bankenlandschaft etwa wie folgt aus.

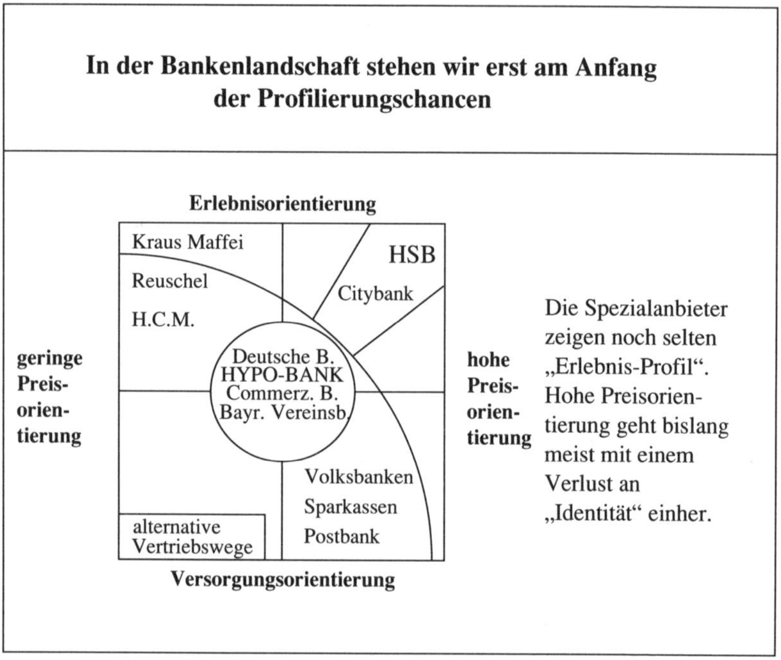

Abbildung 19: Positionierung der SEP von Banken im Raum der Erfolgsdimensionen

Das für Bankbetriebstypen noch wenig besetzte Feld von Preiswürdigkeit und Erlebnis hebt auch im Mengengeschäft das „Qualitäts-Lag“ zwischen Kundenanspruch und Bankdienstleistung auf. Voraussetzung ist – ebenso wie im Einzelhandel – ein glaubhaftes, in sich schlüssiges Konzept.

Der vergleichsweise hohe Einsatz für den Aufbau eines neuen Betriebstyps ist der Umstrukturierung bereits gut eingeführter Bankfilialen oftmals überlegen. Das liegt an der differenzierten Erwartungshaltung des Bankkunden. Während bei bestehenden Filialen die Verlagerung von der persönlichen Dienstleistung zu mehr Automatisierung womöglich als schlechter Service erlebt wird, bieten die Neuen vom Start weg Leistungen, die der Kunde als in sich stimmiges Angebot mit großer Akzeptanz belohnt.

Der Nachteil der „Alten“ ist der Vorteil der „Neuen“. Wenn bei bestehenden Betriebstypen statt „Trading-up“ und Angebotserweiterung die Bereinigung des Dienstleistungs-Overheads ansteht, wird der gewachsene Standard zum kommunikativen Problem. Denn Leistungsdifferenzierung durch Trading-down hieße eben auch weniger „Sonder"-Produkte, weniger „Sonder"-Konditionen, weniger „Sonder"-Behandlung. Mögliche Folge: Vertrauensverlust und weniger Kompetenz für „Sonderfragen". Der Kunde seinerseits reagiert mit Verweigerung. Denn jede „aufgezwungene" Verhaltensänderung verletzt seinen Kundenstatus, zum Beispiel die Einführung einer SB-Zone in „seiner" Filiale .

5. Die Idee der HSB: Vom Start weg anders

Die Änderung und die damit häufig einhergehende *Verwässerung* eines ursprünglich stimmigen Vertriebskonzeptes wird in der Handelsliteratur als *Store-erosion* bezeichnet und geht zurück auf die von Nieschlag beschriebene „Dynamik der Betriebsformen" im Lebenszyklusmodell.

Neue Angebotsformen entstehen gewöhnlich, weil sich jemand viele Gedanken über seine Kunden gemacht hat. Denn nur aus der Kenntnis neuer Kundenbedürfnisse läßt sich ein Systemvorteil entwickeln.

Mit der HYPO Service-Bank sollte sich einiges ändern, um den Ansprüchen des Privatkunden gerecht zu werden – obwohl oder gerade weil sich die Banken durch immer mehr Technik in der Handlingphase scheinbar zunehmend von ihren Kunden verabschieden. Die HYPO Service-Bank ist eine hochmoderne Bank für den privaten Kunden zur kostengünstigen und bequemen Abwicklung von 90% der üblichen Bankgeschäfte. Ihr Erfolg liegt im Serviceverständnis, auch und gerade im Mengengeschäft.

Kundennähe sind bei der HSB nachvollziehbare Benefits:

- Die Bank *ohne* Barriere, das heißt: keine Schwellenangst.
- Die Bank *ohne* Papierkram, das heißt: keine unnötige Bürokratie.
- Die Bank *ohne* Ladenschluß, das heißt: immer verfügbar.
- Die Bank *ohne* Zinsnachteile, das heißt: gleich gute Konditionen für alle Kunden.

Ein neues Bankkonzept braucht natürlich Vertrauen – und das ganz besonders in der damaligen Umbruchstimmung in den neuen Bundesländern. Vom Start weg hohe Akzeptanz erreichte die HSB

- durch die Weitergabe des Kostenvorteils an den Kunden,
- durch einfaches Handling der Geräte,
- durch ein freundliches Erscheinungsbild der Filialen,
- durch eine ebenso klare wie offene Sprache,
- durch Transparenz in der Produkt- und Preispolitik,
- und vor allem durch Mitarbeiter, die aus dem nachbarschaftlichen Umfeld ihrer Kunden kommen.

6. Qualitätsmanagement bei der HSB: Zwischen Dienstleistung und Handel

Hinter dem Erfolg der HSB steht ein Qualitätsmanagement, das dazu beiträgt, den Anspruch Tag für Tag und bei jedem Einzelnen neu zu beleben. Das Qualitätsmanagement bei der HSB resultiert aus dem veränderten Verständnis von *Dienstleistung*. Hierzu ein kurzer Exkurs in die Theorie:

Das Wesen der *Dienstleistung* im klassischen Sinne ist ihre Immaterialität, das heißt, sie ist weder lagerbar noch vorher sichtbar. Der Kunde kauft sozusagen ein „Versprechen". Eine Bank mit im Durchschnitt 200 unterschiedlichen Produkten ist eigentlich gar kein Dienstleister – wenn sich auch Generationen von Bankfachleuten in der Rolle des „Imaginären" recht wohl zu fühlen schienen.

Damit ist aber eine Bankfiliale als Mittler zwischen Angebot und Nachfrage funktional und institutional ein ganz normaler Händler. Ähnlich wie im stationären Einzelhandel, dessen Gegenpart der Direktvertrieb ist, muß deshalb auch die *Filialbank* ihre „Existenzberechtigung" tagtäglich neu beweisen – zum Beispiel gegenüber dem Telefon, Btx oder dem Briefkasten an der Ecke.

Paradoxerweise orientiert sich das Qualitätsmanagement im Handel stark an der Dienstleistung, wenn es darum geht, sich durch besseren Service einen Wettbewerbsvorsprung zu erarbeiten. Umgekehrt scheint es erfolgversprechend, die Besonderheiten des Handels auf das Bankgeschäft zu übertragen und so für mehr Kundennähe und Qualität zu sorgen.

Die erste Erkenntnis zum Filialsystem ist der relativ geringe Gestaltungsspielraum bei Produkten, Standort und Bedienungsform – insbesondere bei *bestehenden* Filialen oder Filialsystemen (Stichwort: Store-erosion). Außerdem bieten – und das ist die zweite Erkenntnis aus dem Handel – Innovationen bei Filialsystemen in der Regel keinen nachhaltigen Wettbewerbsvorteil. Ursache dafür ist die bei Einzelhandel wie Banken systemimmanente Offenheit und Zugänglichkeit beinahe aller Funktionsbereiche: Alles ist nachvollziehbar, selbst die Leistungs*bereitschaft* ist jederzeit für jedermann erkennbar.

In den Führungsleitlinien der HSB wurde so manches über Bord geworfen, was sich in einer traditionellen Großbank bestens bewähren mag, und vieles aufgenommen, was die Autonomie, Eigeninitiative und Flexibilität bringt, die im Qualitätsverständnis des „Retail-Bankers" vonnöten ist.

7. Das operative Geschäft am Point-of-Sale: Erfolg beginnt am Detail

Der Bankstratege kann zwar zentral alle Systeme und Voraussetzungen schaffen, doch erfolgreich ist er nur draußen am Point-of-Sale. Das operative Geschäft wird damit zum zentralen strategischen Erfolgsfaktor.

Für Banken gilt wie im Einzelhandel: „Retail is detail". Betriebstypen-Profilierung heißt Detailoptimierung. Es wäre ein Trugschluß zu glauben, der Verzicht auf besonders erklärungsbedürftige Produkte bedeute einen Verlust an Qualität. Im Gegenteil: je einfacher eine Dienstleistung ist, umso wichtiger wird deren perfekte Umsetzung, um einen Wettbewerbsvorsprung und die gewünschte Kundenbindung zu erreichen.

Dies gilt ebenso für die persönlich erbrachte Beratungsleistung des Bankers wie für den Bereich der automatisierten Dienstleistungen, bei denen der Kunde jede nur mögliche Bequemlichkeit und Atmosphäre erwartet und findet. Nur durch die Summe der vielen, vielen Kleinigkeiten kann der Retail-Banker seine „Einzigartigkeit" herbeiführen. Und für diese Herausforderung braucht er Menschen, die zwei Wesensmerkmale in sich vereinen: den Glauben in eine Idee und eine unendliche Liebe zum Detail.

Bankdienstleistung unter Berücksichtigung von Handelslogik steht in einem zweifachen Spannungsfeld: die Wahrung von Kontinuität versus hoher Flexibilität, sowie der Nutzung von Systemvorteilen versus der Orientierung an lokalen Begebenheiten.

Das zwangsläufige „Sichtbarmachen" von Wettbewerbsvorteilen zwingt den Händler und den Bänker gleichermaßen zum schnellen Erfolg. Ziel ist es, immer neue, oftmals nur kleine Wettbewerbsvorteile im operativen Geschäft zu erlangen.

8. Interne und externe Kommunikation: Erfolg braucht Selbstbewußtsein

Kunden fühlen sich wohl, wenn sich die Mitarbeiter wohlfühlen. In der HSB wird jeder Mensch, der die Filiale betritt, als Gast begrüßt und behandelt. Die Mitarbeiter werden diesem hohen Anspruch gerecht, wenn sie dank ihrer sozialen Kompetenz einen guten Kontakt zu Kunden und Kollegen aufbauen können. Das gilt auch für das aktive Verkaufen. – Für eine Bank vielleicht noch ungewöhnlich, für den Einzelhandel schon immer selbstverständlich.

Integrative Unternehmenskommunikation als Ansatz zur Qualitätssicherung bei der HSB

Das Modell zeigt die wechselseitigen Kommunikationsprozesse zwischen allen Beteiligten am Marktbearbeitungssystem

Adressat / **Absender**	Management	Mitarbeiter	Kunde
Management	GL-Sitzung Jour fixe	Jour fixe Leipzig und München Führungsbrief	PR Werbung HSB im Gespräch
Mitarbeiter	Jour fixe Leipzig und München	Teamleiterrunde Filialrunde Hausbrief	Beratungsgespräch
Kunde	Infosäule „Ein offenes Wort" Filialbesuche	Beratungsgespräch	Infosäule „Kurz & Fündig" Veranstaltungen

Abbildung 20: Beispiele aus dem Kommunikationsplan der HSB (nach Bruhn)

Die HSB entwickelt das Selbstbewußtsein ihrer Vertriebsmannschaft durch eine ebenso selbstbewußte Kommunikation, nach innen wie nach draußen. Interne Kommunikation bedeutet in der HSB nicht einseitige Information, sondern den Dialog zwischen gleichberechtigten Partnern. An Stelle von Disziplin und Gehorsam treten neue Werte wie Selbständigkeit, Partizipation und Teamgeist. Und anstelle von Titeln treten emotionale Faktoren wie Vertrauen und Vorbild. Alle Entscheidungen sind Teil eines transparenten Kommunikationsprozesses, unabhängig von Hierarchie oder Verantwortungsbereich. Im Idealfall vertreten alle Kommunikationspartner am Ende eine gemeinsame Überzeugung. Und genauso sollte es ja auch in der Mitarbeiter-Kunde-Beziehung sein!

Die Kommunikation der HSB nach draußen hat relativ wenig mit traditioneller Bankenwerbung zu tun. Die HSB-Werbung steht für eine klare Botschaft ebenso klarer Produktvorteile. Die Sprache ist ebenso deutlich wie die Mehrleistung. Die Transparenz des HSB-Angebotes findet sich in der Kundenansprache wieder. Das gilt für das Erscheinungsbild am Point-of-Sale ebenso wie für die klassische Werbung. Das HSB-Prinzip, daß Vertrauen durch Dialog wächst, gilt nicht nur für das Beratungsgespräch in der Filiale.

In der Dienstleistungsliteratur umfaßt Integrierte Kommunikation neben dem Dialog die Vernetzung aller Kommunikationswege für die Qualitätssicherung. Die HSB nutzt dieses Instrument auf allen Ebenen.

Da Überlegenheit keinen Vergleich scheut, aktiviert die HSB ihre Kunden und Nichtkunden, wo und wann immer möglich: durch aggressive Service- und Konditionenwerbung oder mit bunten Straßenfesten und Aufmerksamkeiten.

Die HSB trägt eben nicht zufällig einen Claim, der an alle Facetten der Handelswerbung erinnert: *Die Bank mit den frischen Ideen.*

Kapitel 3:

Produkte und Märkte

Retailprodukte auf dem Weg zum Kunden: das Beispiel „Liberty“

Gabriele Hauser-Payer

Retail-Produkte sollen kundennah, einfach kommunizierbar, standardisiert produzierbar und wirtschaftlich sein. Was heißt das, und wieso ist diese Forderung so neu? Sind das nicht Selbstverständlichkeiten? Daß dem nicht so ist, zeigt sich an ganz verschiedenen Punkten im Retail-Geschäft der Banken. Die wichtigsten sollen einleitend kurz skizziert werden, ebenso wer der eigentliche Retail-Kunde ist. Die Frage, welche Retail-Produkte zu entwickeln sind und wie Kundennähe umgesetzt werden kann, ist danach besser zu beantworten. Mit dem nötigen Praxisbezug wird vor allem das Kontopaket „Liberty“ der Schweizerischen Bankgesellschaft (in der Folge SBG genannt) Thema der Ausführungen zu den neuen kundenorientierten Produkteansätzen im Retail Banking sein.

1. Spannungsfeld Retail Banking

Das Retail-Geschäft ist das Mengen- oder auch Massengeschäft, und die wohl wichtigste – schon fast sprichwörtliche – Eigenschaft der Masse ist ihr Drang zu wachsen. Wie soll und kann aber das Massengeschäft der SBG Schweiz wachsen, wenn sich folgende Ausgangslage präsentiert: Von rund 7 Millionen Einwohnern unterhält fast jeder vierte, nämlich 23% der Bevölkerung, eine SBG-Bankbeziehung. Einen ähnlichen Wert, nämlich 24%, erreichen die Kreditanstalt und die Volksbank. Für den Bankverein nennt die Marktforschung 18%.[1] 77% aller Einwohner unterhalten eine Verbindung mit einer Kantonal- und/oder Regionalbank. Der schnelle Rechner addiert diese Werte zur Summe von knapp 150%, d.h. daß statistisch jeder Einwohner bei durchschnittlich 1,5 Banken Kunde ist. Zudem wissen wir, daß circa ein Drittel der Bevölkerung ein Postcheckkonto führt.

1 Vgl. SBG Marktforschung (1993)

Retail-Bankprodukte sind einfach und (noch) beständig. Der typische Retail-Kunde hat ein Privatkonto, ein bis zwei Sparkonten, allenfalls noch eine Hypothek ... und zwar fürs Leben. Was heißt hier im Sinne des Massengeschäfts wachsen? Vielleicht in den Saldi? Die Schweizer Steuerstatistik gibt wenig Anlaß zu Euphorie, besagt sie doch, daß verhältnismäßig nur wenige gut bis sehr gut verdienen und ebenfalls nur wenige über ein Reinvermögen von über Fr. 10.000.– oder gar über Fr. 20.000.– verfügen. Die fast klassische Regel vom Verhältnis 80/20 der Mittelverteilung trifft auch hier zu.

Angesichts dieser Fakten stellt sich die Frage: Wo sind die Grenzen des Wachstums, kapitalmäßig, nationenweit? Haben wir sie etwa schon erreicht? Dabei sind wir doch im Mengengeschäft beinahe zum Wachstum gezwungen! Welche Produkt-/Preispolitik brauchen wir also?

Die Retail-Politik ist in einem spannungsgeladenen Umfeld zu formulieren:

- Die kritische Kundenmenge ist ein Spannungsfeld, die richtige Zusammensetzung der Kunden ein zweites. Es gilt mehr oder weniger der klassische Split 80/20 sowohl im Verhältnis der Kunden, die einerseits einen Großteil der Gelder bringen, wie auch andererseits für häufige Benutzer von teuren Dienstleistungen. Das ergibt einen Handlungsbedarf sowohl auf der Ausschöpfungsseite als auch auf der Kostenseite der Bankdienstleistungen.
- Ein drittes Spannungsfeld stellen mit Sicherheit die Fragen des Vertriebssystems dar: Was soll wie über welchen Kanal, in welcher Menge und zu welchem Preis an welche Kunden vertrieben werden? Hier beginnen erst langsam alternative Vertriebskanäle das klassische Geschäftsstellennetz zu ergänzen oder gar abzulösen.

Weiter kurz zu erwähnen sind noch folgende drei Spannungsfelder:

- Die Vereinfachung der Abläufe, eine retailgerechte EDV und vor allem ein neues Verhältnis von Back-office zu Front-office, wo wir noch lange nicht in die Nähe einer Citibank kommen. Dort arbeiten 83% der Leute an der Front und nur 17% in rückwärtigen Diensten.[2] Bei uns ist das Verhältnis bestenfalls 50/50.
- Die Kommunikation für Retail-Produkte ist noch großenteils Neuland für uns, wir lernen erst sehr langsam, wie ein Kunde auf unsere Produkte

---

2 Vgl. Tages-Anzeiger (1992)

ansprechbar ist. Außerdem muß der Umgang mit Kommunikation in der „Nach-Konvenien-Zeit" noch gelernt werden.

- Hochspannend und spannungsgeladen wird Retail Banking aber im Bereich der Mitarbeiter: In der SBG arbeiten über 2000 Mitarbeiter ohne eigentliche Retail-Tradition. Hier fallen neben dem technologischen Bereich wichtige Entscheide in naher Zukunft.

1.1 Der Kunde

Retail-Produkte müssen kundengerecht sein. Für welchen Kunden aber sind unsere Produkte bestimmt und welche Beziehung besteht zwischen Kunde und Bank? Etwas gewagt, aber sicher nicht grundsätzlich falsch, läßt sich das Verhältnis Kunde zu Bank mit einer Art „Haßliebe" umschreiben. In einer im Frühling 1994 durchgeführten Kundenbefragung der SBG zum Thema „Kundenzufriedenheit"[3] kommt dies verschiedentlich zum Ausdruck (z.B. fällt es schwer, die guten Gewinne der Banken von 1993 zu verstehen). Anders als in anderen Wirschaftszweigen fordert man hier direkt eine Weitergabe des Gewinns an den Kunden. Wenn ein Unternehmen der Maschinenindustrie vergleichbare Gewinnquoten erzielt, käme kaum jemand auf eine solche Idee. Weiter ist praktisch jeder überzeugt, daß Banken notwendig sind und daß sie Dienstleister sind. Viele Kunden erkennen jedoch nicht an, daß die Dienstleistungen, die sie beziehen (z.B. Vergütungsaufträge), der Bank zunächst einmal Kosten verursachen. Die Meinung, indem man der Bank Geld zur Verzinsung gibt und damit nicht nur Anrecht auf hohe „Erträge", sondern auch alle Aufwendungen beglichen hat, ist weit verbreitet.

In der Regel weiß der Kunde, daß gewisse Leistungen verrechnet werden. Welche das sind und wie teuer sie im einzelnen sind, weiß er aber nicht. Auch kennt er meist die Zinssätze und Tarife nicht (vielleicht noch nicht). Ist dies auf fehlende Transparenz oder doch auf eine geringe Preissensibilität zurückzuführen? Oder denkt der Kunde, daß es sich sowieso bei allen Banken gleich verhält? Die Frage läßt sich nicht eindeutig beantworten, entsprechende Vorsicht bei Tarifierungen ist deshalb angezeigt.

Zufälliges mag die Bankwahl bestimmen, z.B. die Nähe einer Geschäftsstelle, die Bankbeziehung der Eltern oder des Arbeitgebers, Preise und

3 Vgl. SBG Marktforschung (1994)

Konditionen. Die Verteilung der Gelder auf mehrere Banken ist nach wie vor üblich. Eine Zusammenlegung der Beziehungen ist zwar allmählich häufiger, aber nachdrücklich abhängig von Vertrauen, Beratung, Transparenz und ehrlicher, guter Leistung. Wenn es darum geht, den Kunden kommunikativ aufmerksam zu machen und ihn zu einem allfälligen Wechsel der Bankbeziehung zu befragen, merkt man, daß wir es mit einem „Low-interest"-Produkt zu tun haben. Denn solange alles einigermassen reibungslos abläuft, interessiert der Kunde sich meist kaum für neue Bankprodukte. Den Kunden von der Zusammenlegung mehrerer Beziehungen zu überzeugen, ist deshalb doppelt schwierig, wird aber aus Sicht der Banken klar angestrebt.

Auch die Automatenbenutzung ist insgesamt für den Kunden noch eine zwiespältige Angelegenheit. Die einen schätzen die Flexibiliät und Geschwindigkeit bei Bancomaten, die andern fürchten eine wachsende Anonymität. Dennoch sind Automaten und EFT/POS im Vormarsch, gepaart mit einer gleichzeitig noch langsam sich abzeichnenden Abnahme des Bargeldvolumens.

1.2 Die Produkte

Aus der Überzeugung, daß ihre Leistungen, deren Qualität und das Sortiment der Produkte auf dem Weg zu einer besseren Profitabilität ein entscheidender Erfolgsfaktor sind, hat sich die SBG intensiv mit ihrem Angebot auseinandergesetzt. Die Produktestrategie wird dabei von drei Faktoren – dem Kundennutzen, der Einfachheit/Transparenz (der Kommunizierbarkeit) und der Wirtschaftlichkeit – bestimmt. Ausgangspunkt aller Überlegungen sind der Kunde und seine Bedürfnisse. Die Bedürfnisse werden systematisiert und in drei Gruppen eingeteilt: Nämlich das Abwickeln von Zahlungen, die kreditmäßige Überbrückung eines finanziellen Engpasses bis hin zur Finanzierung eines Eigenheimes und schließlich das Bedürfnis nach Sparen beziehungsweise nach Anlegen.

Damit verbundene Produkte und Dienstleistungen werden in einem Produktebaum zusammengefaßt. Dieser Baum soll ein gradliniger sein, ohne störendes Buschwerk, dafür aber mit ertragsstarken Zweigen. Die zahllosen Verästelungen müssen zurückgeschnitten werden. Etwas weniger bildlich gesprochen heißt das, der Produktebaum soll künftig zehn klar definierte

Produktelösungen anbieten. Wenige Produkte dienen einerseits dem Anspruch der Kunden nach Transparenz, auf der anderen Seite erlauben sie den Produktionsbetrieb schlank und wirtschaftlich zu halten (weniger Administration, Formulare und Papier; weniger kommunikative Aufwände; weniger Ausbildung, tiefere Personalkosten; Flexibilität der Vertriebskanäle).

Jede Produktelösung kennt eine begrenzte Anzahl von wählbaren Optionen, die vom Kunden gewählt werden können und seine Bedürfnisse weitgehend abdecken. Der Verkauf von Produkten ist aber nicht einziges Ziel. Von mindestens gleicher Bedeutung ist die Produktenutzung. Dabei stehen sowohl Cross-selling, erhöhte Ausschöpfung, Pooling von Bankbeziehungen, aber auch kostengünstige Produktnutzung (z.B. über elektronische Medien) im Vordergrund. Nicht zuletzt stellt sich die Frage von Produktebündelungen und Servicepaketen.

2. Produktebündelung oder das SBG-Kontopaket „Liberty"

Sind die Produkte als Paket gebündelt, erzielt der Kunde im Paket den größten Nutzen, er kann aber alle Produkte auch einzeln haben. Mit anderen Worten stellt man die Bankbeziehung – vom Kunden selbst definiert – und nicht ein einzelnes Konto in den Mittelpunkt. Freie Wahl für den Kunden und ein Pooling der Verbindungen für die Bank sind Schlüsselfaktoren. Generell gilt: Individuell soll die Beziehung für den Kunden sein, automatisiert und standardisiert soll sie aber für die Bank produzierbar sein. Das im Juni 1994 von der SBG lancierte Kontopaket Liberty erfüllt diese Anforderungen und deckt sowohl Zahlungsverkehr wie auch Kredit- und Sparbedürfnisse ab. Die im Paket angebotenen Leistungen können für 50-60% der Kunden deren Bankbeziehung abschließend regeln.

Die strategischen Zielsetzungen von Liberty sind erstens ein vermehrtes Pooling, d.h. ein Zusammenlegen von Bankbeziehungen zugunsten der SBG, zweitens eine maßgebliche Verbesserung in der Effizienz der Abläufe dank der Optimierung der Bankbeziehungen und drittens ein neuer Kommunikationsstil.

Ein *Pooling* wird über klare Vorteile im Paket gegenüber Einzelprodukten angestrebt. So sind etwa die Liberty-Sparkonten die höchstverzinsten Sparkonten und nur im Paket erhältlich. Dieser *Spar-Vorzugszins* stößt auf gute Akzeptanz.

Das Kontopaket „Liberty“		
Kreditbedürfnis	**Zahlungsverkehrsbedürfnis**	**Sparbedürfnis**
Überzugslimite	Privatkonto ↗ Stückkostenvariante → Pauschalvariante ↘ Elektronische Variante → ec-Karte → Vergütungen ♦ Dauerauftrag fix ♦ einfacher Vergütungsauftrag	Bis zu 3 Sparkonten mit Bonus
→ monatlicher Kontoauszug/-status → eine Kundenkarte für alle Liberty-Konten ✆ einfacher Telefonservice rund um die Uhr		

Abbildung 21: Das Kontopaket „Liberty“

Unterstützend für den Pooling-Gedanken wirkt sich sicher auch die im Retail-Geschäft sehr wichtige Kreditmöglichkeit aus, die bei Liberty in Form einer *persönlichen Überzugslimite* angeboten wird. Finanzielle Engpässe können damit schnell, unbürokratisch und diskret überbrückt werden. Die vereinbarte, persönliche Überzugslimite wird übrigens jeden Monat auf dem Kontoauszug ausgewiesen.

Zum Thema *Effizienz* und vermehrter Kundennutzen: Beispielsweise wollen rund 60% der Kunden, die Ende des Monats anrufen, immer die gleichen zwei Fragen beantwortet haben: „Wie hoch ist mein Saldo?“

Und/oder: „Welches sind meine letzten Buchungen?“ Bei Liberty können diese Fragen mit einem computergestützten Telefonservice, der *Liberty-Line*, automatisiert, einfach und 24 Stunden täglich geklärt werden. Der Telefon-Service ist ein wichtiger Bestandteil des Liberty-Paketes. Nicht nur automatisiert kann der Kunde Kontakt mit der SBG aufnehmen, sondern bei Bedarf auch an ein Betreuerteam weiterverbunden werden. Die telefonischen Dienstleistungen werden – auch angesichts der hohen Nutzung – mit Sicherheit noch stark ausgebaut werden.

Sowohl hinsichtlich der Kunden-Convenience wie auch der ablaufmäßigen Vereinfachung sind insbesondere noch zwei Verbesserungen mit Liberty zu erwähnen: die Kundenkarte und der neue Kontoauszug. Bei Liberty kann mit einer einzigen Karte, eben der *Liberty-Kundenkarte*, auf alle Liberty-Konten zugegriffen werden. Die SBG-Contomaten lassen den Kunden wählen, welches Konto er ansprechen möchte, d.h. ab welchem Konto er Transaktionen oder Informationsabfragen tätigen möchte.

Der *Liberty-Kontoauszug* verschafft mehr Information auf weniger Papier. Da das Liberty-Privatkonto monatlich abgeschlossen wird, werden Zinsen, Dienstleistungspreise und Verrechnungssteuer jeden Monat gutgeschrieben bzw. belastet. Zudem fallen die einzelnen Gutschrifts- und Belastungsanzeigen weg, denn sie werden in den Kontoauszug integriert. Das spart nicht nur Porto, sondern ist auch ökologisch sinnvoller. Ein weiterer Vorteil des neuen Kontoauszuges ist die Zusammenfassung über das Liberty-Privatkonto: Diese zeigt auf einen Blick den alten Kontostand, das Total der Gutschriften, das Total der Belastungen, den neuen Kontostand und, je nach Bedarf, die Überzugslimite. Neu ist ein Feld, das Platz läßt für individuelle Mitteilungen. Mehr Überblick bietet auch die monatliche Liberty-Übersicht: Darin sind nicht nur die Saldi des Liberty-Privatkontos und -Sparkontos, sondern auch allfällig gebührenpflichtige Bankgeschäfte, die via Liberty-Sparkonto ausgeführt werden. Ende Jahr erhalten alle Liberty-Kunden die Zinsen- und Kapitalbescheinigung. Diese Zusammenstellung von Zinsen, Verrechnungssteuer, Dienstleistungspreisen und Kontostand erleichtert das Ausfüllen des Verrechnungantrags für die Steuererklärung.

Nach solchen Service- und Nutzenaspekten für den Kunden stellt sicht natürlich auch die Frage nach den Preisen und Konditionen. Bei Liberty gilt in der Preisgestaltung ebenfalls die dem Paket eigene Wahlfreiheit. Beispielsweise kann der Kunde zwischen Pauschalgebühren und verursachergerechten Stückkosten aussuchen. Oder er entscheidet sich einfach für den

„Do-it-yourself-Weg" und fährt kostenlos auf die elektronische Art. Neben sehr klaren Informationen, was die einzelnen Dienstleistungen kosten, besteht auch die Möglichkeit der Befreiung von Preisen. Bei der elektronischen Variante ist dies ohnehin der Fall. Ansonsten kann sich der Kunde bei einem Mindestsaldo von Fr. 3.000.– auf einer monatlichen Basis (so wird ja auch verrechnet) von Dienstleistungspreisen befreien. Das ist transparent und nachvollziehbar und kann jeden Monat so eingeteilt werden. Anhand des Kontoauszuges läßt sich sehr gut verdeutlichen, daß dem Bedürfnis nach Transparenz mit Liberty eine vorrangige Bedeutung zukommt. Zum einfacheren Bargeldbezug für den Kunden und zur günstigeren Handhabung für die Bank wird die ec-Karte im Liberty-Paket kostenlos abgegeben.

3. Liberty: kommunikativ unterwegs zum Kunden

Die Kommunikation und der Verkauf der Retail-Produkte ändern und werden sich noch stark ändern. Die SBG will die treffendste, eigendynamischste und damit langfristig wirtschaftlichste Identität nicht nur für ein neues Produkt, sondern auch für eine neue Art, ihre Produkte anzubieten. Gelingt ihr das, hofft sie, einen bisher kaum gekannten immateriellen Vorteil im Wettbewerbsumfeld zu erzielen. Produkte werden in eigentliche „emotionale" Welten gesetzt werden. Wichtig ist dabei die Einheit des Produktes hinsichtlich Name, Botschaft und Umsetzung. Zu den primär materiell orientierten Kundenerwartungen soll ein höchstmögliches immaterielles Gegengewicht geschaffen werden. Selbstverständlich ist, daß dabei einige Aspekte (wie die Lesbarkeit eines Kontoauszugs) eine neue Gewichtung erhalten. Ebenfalls ist nicht erstaunlich, daß eine neue Vorstellung von Bankdienstleistungen, ganzheitlichen Beziehungen und neuer Kundenansprache andere Verkaufsformen bedingt. Neben neuen Vertriebsformen ist vor allem auch der Verkauf über den PC am POS, wo Kunde und Betreuer am selben Gerät die Bedürfnisabklärung und den Verkauf abwickeln, im Vormarsch. Retail-Kommunikation ist für die Schweizer Banken noch eher Neuland. Wie kam man also dazu, ein Produktebündel im Stil von „Liberty" zu vermarkten? Welche Kommunikationsansätze stehen dahinter und weshalb wurde gerade der Name „Liberty" gewählt?

3.1 Marketingzielsetzung und kommunikatives Leitmotiv

Die SBG Retail-Zielsetzung ist eindeutig: *"Wir wollen die Bank sein, die am nächsten beim Kunden ist"* (nicht zwingend physisch). Damit man Nähe erzielt, müssen einerseits die Bedürfnisse gut erkannt und anschließend richtig abgedeckt werden, andererseits sollte man emotional dem Kunden nahe sein. Das hat wenig mit „Gefühlsduselei" zu tun, sondern vielmehr mit Menschlichkeit, Sympathie und ganzheitlichem Verhalten. Kurz, die SBG soll in Sachen Retail neu positioniert werden. „Liberty" gibt mit seiner Farbigkeit und Konzepttreue hinsichtlich dem Eingehen auf Kundenbedürfnisse eine gute Antwort.

3.2 Die kommunikative Lösung heißt Markenbildung

Mit dem Marktauftritt wurde – für die Bankbranche noch unüblich – eine richtige Marke eingeführt. Was sind die Gründe? Die Marke steht nicht nur für das Produkt, sondern auch für die Beziehung des Kunden zur SBG, sie vereinfacht und wird Träger des Mengengeschäfts.

Gesucht: Eine eigenständige, dynamische, aussagekräftige, gar programmatische Formel für ein neuartiges Produktebündel im Massenmarkt, das sich weder inhaltlich noch qualitativ noch ästhetisch allzuweit von seinem Hersteller entfernt, welcher daneben seinen ertrags- und imagemäßigen Schwerpunkt mit Individualdienstleistungen erbringt.

Die gesuchte Formel muß neben generellen Anforderungen an eine Marke – wie etwa mehrsprachig verwendbar, gute Rufeigenschaften, keine Unsicherheiten in der Aussprache – vor allem auch die wichtigsten Produktekomponenten wiedergeben: Transparenz und die freie Wahlmöglichkeit für den Kunden, sowohl in bezug auf die Zusammenstellung seiner Bankbeziehung wie auch hinsichtlich der wählbaren Gebührenverrechnungsvariante.

Die neue Retail-Kommunikation soll Nähe schaffen und Produkte kundennah und einfach kommunizieren. Die SBG hat deshalb eine Produktmarke gesucht, die das kann und mit alledem eine ganze „Welt" darstellt. Wichtig ist dabei die Einheit von Name, Botschaft und Umsetzung. Begründung: vom Marktführer werden primär nur „Klassiker" akzeptiert, Einheit beschleunigt Durchsetzung und die Umsetzung soll ein größtmögliches Gegengewicht zu den primär materiell orientierten Kundenerwartungen schaffen. Ganz nach klaßischem Vorbild hat man dabei den Helden und die Welt definiert:

⇨ *Das Konto ist der Held, der Baukasten die Welt.*

Die Welt orientiert sich also am Baukastenprinzip, weil der Baukasten die Möglichkeiten des Dienstleistungbündels am besten reflektiert. So etwa liest sich die dazugehörige Argumentation, ein Plädoyer für Kundennähe:

„Seit meiner Kindheit (mit Lego, als Bub mit Fischer-Technik oder Meccano, als Mädchen mit Barbie-Puppen) verstehe und mag ich, daß viele wesentliche Betätigungsformen dann attraktiv sind, wenn sie wie ein Baukasten funktionieren. Ich schätze es, daß so die Zahl der Teile gemäß meiner Geduld und Intelligenz zwar begrenzt und überschaubar, die Zahl der Ausdrucksformen gemäß meiner Individualität aber fast unbegrenzt ist. Ich will das Maß gewohnheitsmäßiger Abläufe und neuer Akzente selbst bestimmen. Einen Baukasten finde ich deshalb ein ehrliches Angebot. Der Dumme braucht halt mehr und teurere Steine, bis etwas daraus wird, der Genügsame kann sich mit wenigen Teilen ein raffiniertes Ganzes erstellen. Ich kann mir eigentlich verschloßene Welten (ein Haus, eine Familie, etc.) durch die Simplifizierung des Baukastens realer machen. Der Baukasten baut Berührungsängste vor komplexen Dingen ab. Ich verbinde die Welt des Baukastens mit der Ambivalenz der Realität: Beschränkte Möglichkeiten, unbegrenzte Phantasie.“[4]

Einfache Einzelteile sind beim Baukasten je nach Wunsch kombinierbar. Die sieben wichtigsten Komponenten werden auf farbige Teile umgelegt. Durch die Farben kommt eine sehr lebendige, modische und menschliche Note ins Produkt. In Sachen Geld kauft man also künftig quasi in einer Boutique ein, welche allen die Freiheit gibt, ihren persönlichen Stil zu leben.

⇨ *Die Boutique heißt deshalb „Liberty“.*

4 Eberhardt (1994)

4. Die Liberty-Ausbildung oder der interne Verkauf

Am Anfang stand der mentale „Turnaround". So etwa läßt sich der Anfang der Liberty-Ausbildung formulieren, denn Liberty ist nicht nur ein neues Produkt, es steht für eine neue Art, Dienstleistungen zu konzipieren, zu verpacken und zu verkaufen. Mit über 2.000 Retail-Mitarbeitern an der Front ist das schon eine Herausforderung. Nun, der Schritt von der „Bedienungskultur" zur „Verkaufskultur" wurde vollzogen, die Erfolgszahlen reden eine klare Sprache.

4.1 Coaching

Der wohl kritischste Faktor an der ganzen Ausbildung war der Zeitfaktor. Nicht nur daß die Produktespezifikationen erst spät endgültig fixiert waren, sondern auch daß die technischen Arbeitsgeräte erst kurz vor der eigentlichen Lancierung ausbreitungsreif waren, erschwerte die Schulung. Und wie sollen nun gut 2.000 Front-Mitarbeiter innerhalb von ein bis zwei Monaten Liberty verkaufen lernen? Die Lösung heißt Coaching und Einsatz von interaktiven PC-Lernprogrammen. In einer Art Schneeballeffekt wurden zuerst rund 330 Coaches in den drei Sprachregionen ausgebildet. Diese gaben dann ihr Know-how an die ganze Breite der Front-Mitarbeiter weiter, begleitet von PC-Lerndisketten und sogenannten Quality-Journals (schriftlichen, detaillierten Nachschlagewerken).

4.2 Der Verkaufsarbeitsplatz

Ein großer Sprung war in der Art und Weise des Verkaufs eines Bankproduktes zu machen. Mit Liberty geht es darum, die Beziehung auszuschöpfen und zu optimieren. Das bedeutet, daß Kundengespräche sorgfältig geführt (es soll nichts vergessen, aber auch nicht übermäßig Zeit verwendet werden) und möglichst standardisiert werden müssen. Eine konstante Qualität über die ganze Schweiz ist anzustreben. Bei Liberty verkauft man deshalb nicht mehr – zumindest wenn es wirklich um die ganze Kundenbeziehung geht – mit Bleistift und Papier, sondern mit Hilfe eines Computers: dem Verkaufsarbeitsplatz, kurz VKAP genannt. Der dazugehörende Bildschirm ist sowohl seitens des Kunden wie auch des Betreuers einsehbar.

Die Dateneingabe und -informationen sind für den Kunden vollends transparent. Damit ein Gespräch jedoch jetzt nicht einfach „technisch“ geführt wird, d.h. man nicht am Bildschirm „klebt“, braucht es eine einwandfreie Beherrschung des Gerätes vom Betreuer sowie das nötige Flair, die Beratung am PC unterstützend und nicht dominierend werden zu lassen. Diesem Aspekt wurde und wird sehr große Bedeutung in der Ausbildung beigemessen. Die Aufmachung und Präsentation des Verkaufsarbeitsplatzes ist sehr ansprechend und einfach. Kurze Filmsequenzen, etwa um den Ton der Liberty-Line zu veranschaulichen, beinhalten Elemente der Multimedia-Technik.

Der Verkaufsarbeitsplatz wird nicht nur für Liberty im Einsatz stehen, sondern für zahlreiche weitere Produkte und Dienstleistungen. Mit ihm wurde eine Entwicklung begonnen, die generell auf dem Vormarsch ist und auch anderswo, in den USA beispielsweise, eine gute Akzeptanz erfährt.

4.3 Event

Um die kurze Zeit der Schulung optimal zu unterstützen und vor allem, um die Mitarbeiter zu motivieren, wurde knapp einen Monat vor der Lancierung von Liberty ein sogenannter Liberty-Event veranstaltet. Mit Informationen zum Produkt, zum Marketing, zur Führung und zur Ausbildung wurden zum einen Kenntnisse vermittelt, zum andern wurde aber auch – wie das eigentlich vielleicht eher in der Automobilbranche bei Händlertagungen üblich ist – die Tagung als Motivationskick präsentiert. Die farbige und sympathische Liberty-Welt, die in voller Ausprägung am Event erstmals vorgestellt wurde, eignete sich diesbezüglich gut. Bunte Luftballons und bunte „lebende und tanzende“ Schaufensterpuppen nebst allerlei sonstigen Einfällen zeigten den über 200 geladenen Geschäftsstellenleitern, daß der Aufbruch in eine neue Ära, eben in die Retail-Ära, endgültig stattgefunden hat.

4.4 Incentives

Im Rahmen der Ausbildung, des internen Verkaufs und der Führung darf ein Incentive-Programm nicht fehlen. Was andernorts, wo verkauft wird, längst üblich ist, die leistungsbezogene Honorierung, ist im Schweizer Retail-Geschäft noch Neuland. Auch die SBG tastet sich erst zögernd an dieses Thema heran. Bei Liberty wurden vor allem die Teamleistungen ausgezeichnet. Alle Retail-Mitarbeiter sind in solche Teams aufgeteilt, und die Kunden sind jeweils auf Teams zugeordnet. Gemessen wurden, wieder konform zu den Liberty-Zielsetzungen, einerseits die Umwandlungen bestehender Privatkontoinhaber auf Liberty (je mehr Kunden sich überzeugen lassen und in Liberty umwandeln, desto besser unsere Effizienz) und andererseits die Ausschöpfungsresultate pro Kunde, sei es auf der Spar- oder auf der Privatkontoseite (zwecks Pooling). Zusammenfassend darf man festhalten, daß die Liberty-Ausbildung und die daraus folgenden Begegnungen mit den Kunden – in einem großartigen Einsatz der Mitarbeiter – die Verkaufskultur im SBG Retail-Geschäft definitiv eingeleitet haben.

5. Der Marktauftritt/Verkauf von Liberty

Liberty ist eine neue Art von Kommunikation zwischen Kunde und Bank und von Dienstleistungsverkauf in diesem Sektor. Marktauftritt und Verkauf nehmen deshalb eine wichtige Stelle ein. Dabei sind auch die Öffentlichkeitsarbeit und der Umgang mit der Frage der Gebühren und Konditionen von großer Bedeutung.

5.1 Liberty für Kunden

Seit dem 1. Juli 1994 haben alle Kunden (oder potentiellen Kunden) der SBG die Möglichkeit, ihr Privatkonto in ein Liberty-Privatkonto umzuwandeln. Dasselbe gilt für allfällige Sparkonten. Eine Kontoauszugsbeilage, die Ende Mai 1994 verschickt wurde, machte dem Kunden diese Umwandlung schmackhaft und stellte gleichzeitig Liberty als Kontopaket mit all seinen Vorteilen vor. Wer schnell reagierte, also sich noch vor einem gewissen Stichtag für Liberty entschied, hatte zudem die Chance, eine Reise nach New York mit Besuch der Liberty-Statue zu gewinnen. Ganz im Verständnis, daß die Mitarbeiter die ersten Kunden sind, wurden diese mit einem Schreiben noch vor der Kontoauszugsbeilage hinsichtlich Liberty informiert und auf Umwandlungen angesprochen.

5.2 Die nationale Liberty-Kampagne

Die Einführung von Liberty wurde mit einer nationalen Werbekampagne unterstützt. In einer ersten Phase waren in der ganzen Schweiz Plakate zu sehen, die auf Liberty neugierig machten, dabei aber weder das Produkt noch den Absender verrieten, eine sogenannte „Teaser-Phase“.

Abbildung 22: Teaser-Plakat

Zwei Wochen später wurde das Geheimnis um Liberty gelüftet: präzise Headlines – ebenfalls auf Plakatwänden – spielten mit Farben und informierten so über das Produkt Liberty und den Produktnutzen.

Abbildung 23: Auflösungs-Plakat

Gleichzeitig wurden im Schweizer Fernsehen fünf verschiedene TV-Spots ausgestrahlt, die emotionale, fröhliche und originelle Liberty-Geschichten erzählten. Selbstverständlich wurden auch alle SBG-Niederlassungen im Liberty-Look ausstaffiert: Das ging vom informativen Produktsteller bis zum eleganten Seidenfoulard respektive zur Seidenkrawatte für die Betreuungsteams der SBG.

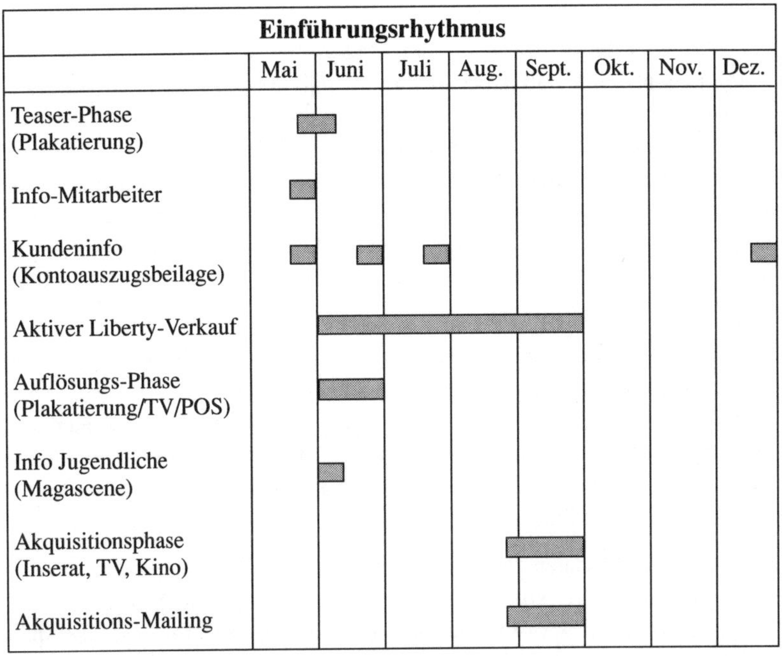

Abbildung 24: Einführungsrhythmus

5.3 Die Fortsetzung

Liberty findet mit Sicherheit nicht nur eine Fortsetzung, sondern wird sich zu einer eigentlichen Fortsetzungsserie entwickeln. Am Markt zeigte sich dies im Herbst 94 mit einer breit angelegten Akquisitionskampagne (über Mailing, Inserate, TV- und Kinospots). Im Dezember wurden vor allem die „Nur-Sparkunden“ auf das Kontopaket angesprochen. Daneben wird produkteseitig ständig an einzelnen Elementen sowie an Ergänzungen zu Liberty gearbeitet, sei dies am Telefonservice, am Kontoauszug oder an Spar-/Anlageprodukten. Die Serie erstreckt sich auf verschiedene Bereiche und auf verschiedene Kunden innerhalb des Retail-Geschäftes.

6. Liberty: Eckwerte und erste Verkaufszahlen

Das Projekt Liberty wurde in sehr kurzer Zeit konzipiert und realisiert. Wenn man bedenkt, daß dabei sowohl mental, konzeptionell und vor allem auch technisch große Hürden zu überwinden waren, ist der Zeitplan erstaunlich, umso mehr als sich das alles in einem Großunternehmen abspielte. Ist ein solches Unternehmen aber erst einmal lanciert, nehmen auch die Auswirkungen große Dimensionen an. Im Sommer 1993 wurde das Projekt initiert, präsentiert und genehmigt. Von der Idee bis zur Ausbreitung dauerte es dann nur noch bescheidene zehn Monate. Seit 1. Juni 1994 wird Liberty aktiv im Markt angeboten.

Liberty soll Pooling und Effizienzsteigerung bewirken. Das gelingt primär durch möglichst viele Umwandlungen auf Liberty und möglichst große Akquisitionen von zusätzlichen Geldern. Einige konkrete Zielsetzungen und Wirtschaftlichkeitsüberlegungen reichen ins Jahr 1995 und sind dann erst zuverlässig zu beurteilen. Es soll deshalb hier nur auf die klar zu beurteilenden ersten Umwandlungsraten eingegangen werden.

Nach nur vier Monaten aktiven Verkaufs wurde eine Wandlungsquote dieser Kontos in Liberty von fast 80% erreicht, wobei gut die Hälfte der Kunden neben dem Liberty-Privatkonto auch ein oder mehrere Liberty-Sparkonten eröffnet haben! Wohlgemerkt, diese Kunden wurden aktiv, d.h. persönlich, per Telefon oder per Brief auf Liberty hingewiesen und führten anschließend zum Verkauf. Eine großartige Verkaufsleistung und auch ein Beweis für die hohe Marktakzeptanz von Liberty! Auch der Verkauf von Zusatzdienstleistungen wie PIN-Code, ec-Karte, Bevollmächtigten-Neuregelungen weist erfreuliche Ergebnisse aus. Per Ende 1994 gab es bereits weit über 600.000 Liberty-Kunden und das Wachstumsende ist noch nicht abzusehen.

Neben den Privatkonto-Inhabern wurde auch Sparkunden das Paket verkauft, und zudem wurden SBG-Neukunden geworben. Erste Resultate dieser jedoch mittelfristig angesetzten Zielsetzungen stimmten positiv.

7. Liberty – auf dem Weg zum Kunden?

Ist Liberty unterwegs zum Kunden? Wir meinen ja. Angefangen bei den Konzept- und Kommunikationsideen, wurde stets versucht, sich den Kunden vorzustellen. Intensive Kundenbefragungen waren deshalb ständige Begleiter des Projektes. Liberty ist kein Zufall, weder inhaltlich noch kommunikativ noch der Name selbst, sondern Liberty hat eine klare und kundenorientierte Identität mit einem guten, reellen Produkt dahinter.

Liberty ist aber eindeutig und bewußt auch ein Design-Produkt. Dies mag etwas erstaunlich anmuten, geht es doch hier um Dienstleistungen, die eigentlich selten physisch sichtbar, geschweige denn greifbar sind, wie z.B. Autos oder Lampen, Möbel. Bei Liberty ist dennoch die ganze Kommunikation – angefangen vom Werbe- und Promotionsmaterial bis zur Kundenkarte – sehr design-orientiert. Damit erfaßt man einen Trend der neunziger Jahre: „Immer breitere Bevölkerungsschichten werden design-bewußt und orientieren sich bei ihren Kaufentscheiden an der guten Form beziehungsweise am Outfit. Im Rahmen der fundamentalen Demokratisierung des Konsums ist gutes Design schon längst nicht mehr den sogenannten „besseren“ Leuten vorbehalten. In vielen Konsumbereichen wird Design zum ausschlaggebenden Kauf- und Entscheidungskriterium.“[5] Wir gehen einen Schritt weiter und sagen: Im Retail-Segment gilt die Formel „Geld = Konsum“. Der Lohnempfänger mit keiner oder nur sehr kleiner Kapitaldecke überlegt oft nach der Devise „Wie kann ich Konsumwünsche verwirklichen/finanzieren?“[6] Konsum, Emotionalität und Design liegen auch im Bankgeschäft, insbesondere im Retail, sehr eng zusammen. Mit der Umsetzung dieser Kenntnisse beginnt die Annäherung an den Kunden. Liberty tut das sehr bewußt.

Damit Liberty immer näher zum Kunden kommt, muß aber beständig daran gearbeitet werden. Außerdem darf die damit neu gewonnene Einstellung zum Kunden nicht nur eine momentane Laune sein: Liberty ist ein Versprechen in die Zukunft, eben eine Fortsetzungsserie, sowohl auf der Seite des Dienstleistungsangebotes wie auch bei jedem Kundenkontakt. Der Beweis muß jeden Tag neu angetreten werden, und zwar intern und extern. Das erst ist wahre Kundennähe!

---

5 Vgl. Doebeli (1992)

6 In Anlehnung an eine Trendsetter-Tagung, SBG und Doebeli, H.P., Dichter Institut Zürich, am 19. Mai 1994

Neue Ansätze zum Product-Engineering im Retail-Geschäft der Banken

Reinhold Hölscher

1. Strategien bankbetrieblicher Produktentwicklung

1.1 Produktentwicklung bei Dienstleistungen

Will ein Unternehmen langfristig am Markt bestehen, ist es gezwungen, regelmäßig eine Erneuerung des Angebotsprogramms zu realisieren, d.h. neue Produkte in sein Angebot aufzunehmen und bestehende Produkte an die Veränderungen der Markt- und Kundenanforderungen anzupassen. Während sich industrielle Produkte ganz natürlich in einem permanenten Entwicklungsprozeß befinden und auch in einer Reihe von Untersuchungen und Literaturbeiträgen die Bedeutung der Produktentwicklung für den Unternehmenserfolg herausgearbeitet, zahlreiche Muster und Verfahren für einen erfolgsversprechenden Entwicklungsablauf ermittelt und Schlüsselfaktoren, die für Erfolg oder Mißerfolg der Produkte verantwortlich sind, identifiziert wurden, wurde der Produktentwicklung bei *Dienstleistungen* bisher keine vergleichbare Beachtung geschenkt[1].

Besonders im Bereich der Finanzdienstleistungen ist dies in der Beschaffenheit der Produkte begründet. Finanzprodukte sind durch *Immaterialität* (Abstraktheit), *Transparenz* und eine vergleichsweise große *Homogenität* gekennzeichnet. Sie werden über *Verträge* geformt und können mangels Patentschutz von der Konkurrenz *schnell nachgeahmt* werden[2].

Die Möglichkeiten der Produktentwicklung sind vor diesem Hintergrund begrenzt. Geht man von den Grundbedürfnissen, nämlich Geld aufzunehmen, Geld anzulegen oder Mittel zu transportieren aus, ist es kaum möglich, vollständig neue Produkte zu entwickeln. Der hohe Nachahmungsgrad

1 Vgl. Brentani/Cooper (1992) S. 232
2 Vgl. Süchting (1987) S. 24 und 382

und ein fehlender Produktschutz verhindern zudem, daß sich zusätzliche Anstrengungen auf der Produktebene dauerhaft als Wettbewerbsvorteile und damit im Erfolg niederschlagen[3].

Es besteht daher die Notwendigkeit, sich *über weiche Faktoren* wie z.B.

- Beratung (kompetente, breite und kontinuierliche Betreuung des Kunden) und
- Service (Betriebsbereitschaft, Bequemlichkeit und Schnelligkeit) sowie einer
- Sortimentspolitik, die es erlaubt, in einer qualitativ über die bisherigen Konzepte hinausgehenden Weise jeweils ganz konkrete finanzielle Bedürfnisse zu befriedigen (Allfinanz)[4],

zu profilieren.

Bereits diese Betrachtung macht deutlich, daß im Rahmen der Produktentwicklung im Retail-Geschäft der traditionelle, für Produkte der industriellen und handwerklichen Fertigung geltende *enge Produktbegriff weiter zu fassen* ist. Produktentwicklung liegt nicht nur dann vor, wenn eine substantiell neue Geldanlageform oder eine neue Kreditvariante mit z.B. innovativen Tilgungsmodalitäten entwickelt wird, von Produktentwicklung ist vielmehr auch dann zu sprechen, wenn ein an sich altes Kernprodukt technisch eleganter, wesentlich kostengünstiger oder bedienungsfreundlicher angeboten und auf diesem Weg eine höhere Kundenzufriedenheit hergestellt wird.

1.2 Simultaneous-Engineering in Bankbetrieben

Die Erkenntnis, daß sich das Product-Engineering nicht nur auf Produkte im Sinne von Erzeugnissen beschränken darf, legt den Schluß nahe, eine eigentlich für klassische Produktionsunternehmen zugeschnittene Entwicklungsstrategie auf Bankbetriebe anzuwenden, nämlich das Simultaneous-Engineering.

Wie bei anderen der inzwischen auch im Bereich der Dienstleistungen eingesetzten Konzepten – z.B. Total Quality Management oder Lean Production bzw. das Lean Banking – sollen auch beim Simultaneous-Engineering

3 Vgl. Rehm/Simmert (1991) S. 11

4 Vgl. Krümmel (1991) S. 35

(SE) Methoden und Erfahrungen aus der Industrie, die mit dem Problem der Kosten-Nutzen- bzw. Kunden-Nutzen-Optimierung früher konfrontiert wurden als das Dienstleistungsgewerbe, auf den Bankbetrieb übertragen und angewendet werden.

Das Simultaneous-Engineering läßt sich zunächst beschreiben als die integrierte und zeitparallele Abwicklung der Produkt- und Prozeßgestaltung[5].

Diese Definition ist auf industrielle Produktionsbetriebe gemünzt. Ihr liegt zum einen eine enge Produktbetrachtungsweise zugrunde, zum anderen ist mit Prozeßgestaltung in diesem Fall die Planung und Gestaltung des technischen Fertigungsprozesses gemeint. Für eine Anwendung bei Banken sind die beiden Begriffe Produkt und Prozeß geeignet zu modifizieren und zu spezifizieren, darauf wird später noch genauer eingegangen.

Der *Grundgedanke* des Simultaneous-Engineering aber ist durchaus direkt auf Banken anwendbar. Er betont *Kooperativität und Umsicht* bei der Planung, der Organisation und der Einführung eines neues Produktes und bezieht sich nicht nur auf die reine Produktentwicklung im engeren Sinne, sondern erstreckt sich auch auf die übergreifenden Aufgaben, d.h. also auch auf die sonst mit der (geplanten) Einführung eines neuen Produktes verbundenen Probleme[6]. Es geht damit also im SE um *die frühzeitige Einbindung aller am Produktentstehungs- und -vertriebsprozeß beteiligten Stellen.*

Nach der Begründung des Einsatzes von Simultaneous-Engineering können nun die Ziele des Einsatzes dieses Konzepts betrachtet werden (vgl. Abbildung 25). Bei der Umsetzung der Methodik des Simultaneous-Engineering werden folgende *Ziele* verfolgt[7]:

- Zunächst soll die Frist „time-to-market“ von der Produktidee bis zur Einführung des Produktes verkürzt werden. Bei einer Sukzessiventwicklung entsteht über die Feststellung eines Kundenbedürfnisses, die Erarbeitung einer Produktidee, die betriebswirtschaftliche Produktentwicklung im engeren Sinn, die Entwicklung der Technologie, die Abklärung des rechtlichen Umfeldes, die Werbung, und die Schulung der Mitarbeiter ein erheblich größerer Zeitaufwand.

5 Vgl. Eversheim/Laufenberg/Marczinski (1993) S. 4

6 Vgl. Volger (1990) S. 13

7 Vgl. Eversheim/Laufenberg/Marczinski (1993) S. 4

- Ferner geht es darum, die Entwicklungs- und Herstellungskosten zu verringern. Jede Zeitverzögerung verursacht Opportunitätskosten, Rückkopplungen und Änderungswünsche zusätzliche Entwicklungskosten. In der Industrie ist in diesem Zusammenhang ein Steigerungsfaktor der Kosten von 10 festgestellt worden, je nachdem ob Änderungen in der Entwicklung, der Konstruktion oder der Produktion vorgenommen wurden[8].
- Schließlich soll die Produktqualität in dem umfassenden Sinn des „Total Quality Managements" verbessert werden. Das Produkt wird nicht am grünen Tisch entwickelt, vielmehr werden alle Know-how-Bereiche beteiligt und können ihre spezifische Sichtweise einbringen. Bereits im Entwicklungsprozeß fließen z.B. die Vorstellungen der Mitarbeiter, die das Produkt verkaufen oder die für das Produkt werben sollen in die Betrachtung ein. Ansonsten würden deren Sichtweisen u.U. überhaupt nicht oder später erfaßt.

Zur Realisierung dieser Ziele sind konkret folgende operativen Maßnahmen zu ergreifen[9]:

- die Erhöhung des zeitlichen Parallelisierungsgrades,
- die Integration und Synchronisation interdisziplinärer Aufgaben sowie
- die Zusammenführung von Bearbeitungs- und Entscheidungskompetenzen der Mitarbeiter.

Wie bei anderen Projekten setzt auch das Simultaneous-Engineering ein systematisches und in sich geschlossenes Vorgehen voraus, d.h. es ist der Entwicklungsprozeß selbst nicht nur zu realisieren, sondern auch zu planen und zu kontrollieren.

Bei der *Planung* von SE-Projekten geht es um die gedankliche Gestaltung und Strukturierung des Entwicklungsprozesses. Drei Teilaufgaben sind von Bedeutung:

- Die *systematische Strukturierung von Entwicklungsprozessen* soll sicherstellen, daß das grundsätzliche Ziel der Produktentwicklung fixiert wird, daß festgelegt wird, welche Abteilungen an der Entwicklung zu beteiligen sind und welche Aufgaben ihnen zufallen sollen.
- Um eine *Zeitreduktion* zu erreichen, ist zu überlegen, welche Funktionen gleichzeitig ablaufen bzw. zu welchen Zeitpunkten Folgearbeiten angegangen werden können.

---

8 Vgl. Eversheim/Laufenberg/Marczinski (1993) S. 6

9 Vgl. Eversheim/Laufenberg/Marczinski (1993) S. 5

- Die Übergänge zu nachgelagerten Funktionen sollten darüber hinaus als *Meilensteine* fixiert werden, an denen der Fortgang des Entwicklungsprozesses einer geplanten Kontrollhandlung unterzogen wird.

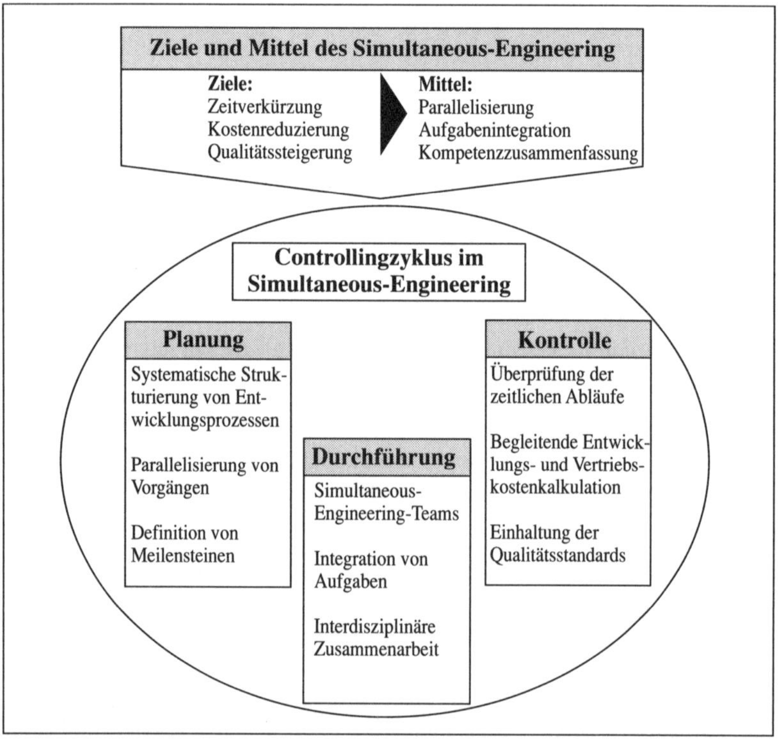

Abb. 25: Zum Wesen des Simultaneous-Engineering

Im Rahmen der *Durchführung* von SE-Projekten sind zunächst entsprechende Teams zu bilden. Aufgaben, deren Ergebnisse sehr stark voneinander abhängen bzw. sich gegenseitig beeinflussen, sind in einem abgestimmten Vorgehen zu bearbeiten. Darüber hinaus ist generell eine interdisziplinäre Zusammenarbeit, d.h. also ein Zusammenwirken aller Mitarbeiter der SE-Teams sicherzustellen. Auf die Durchführung von SE-Projekten wird im folgenden noch ausführlicher eingegangen.

Zu SE-Projekten gehört schließlich auch die *Kontrolle* des Entwicklungsprozesses:

- Im Rahmen der Kontrolle ist zunächst zu überprüfen, ob der zu Beginn geplante zeitliche *Ablauf* eingehalten wurde oder ob wesentliche Abweichungen festzustellen waren, die dann für die nächsten SE-Projekte wertvolle Anhaltspunkte für Verbesserungen liefern.
- Auch sind die entstandenen *Entwicklungskosten* festzustellen, wobei es sich empfiehlt, diese bereits während der Durchführung des Projektes ständig zu überwachen. Als Kontrolle im weiteren Sinne kann in diesem Zusammenhang auch die *Vertriebskostenkalkulation*, bei der die für den Absatz relevanten Stückkosten festgestellt werden, interpretiert werden. Die künftigen Betriebskosten werden entscheidend bereits in der Entwicklung bestimmt!
- Schließlich ist festzustellen, ob die *Qualität* des nunmehr entwickelten Produktes den zu Beginn formulierten Anforderungen entspricht. Hierbei ist allerdings zu berücksichtigen, daß der Prozeß als solches eine laufende Qualitätskontrolle vorsieht und es nicht erst zum Projektende zu einer (ersten) Überprüfung kommen darf.

1.3 Simultaneous-Engineering als Produkt- und Prozeßentwicklung

Wie bereits geschildert, werden im Rahmen des SE Produkt und Prozeß getrennt. Dem Produktbegriff liegt dabei eine enge Produktvorstellung zugrunde, d.h. unter einem Bankprodukt ist die kleinste am Markt absetzbare Geschäftsart einer Bank zu verstehen. Zu einer genaueren Kennzeichnung von Bankprodukten können spezifische Hauptmerkmale herangezogen werden, die zweckmäßigerweise nach drei Aspekten zu gliedern sind[10]:

- *Zweckbestimmung*: z.B. Sparen bzw. Kapitalanlage, Finanzierung, Zahlungsverkehr.
- *Finanzielle Gestaltungsparameter*: z.B. Zahlungsmodalitäten, Zinsanpassungscharakteristika/Kündigungsmöglichkeiten, Kursrisiken/-chancen.
- *Qualitätskriterien*: z.B. Sicherheit, Zuverlässigkeit, Diskretion, Schnelligkeit, Pünktlichkeit, Leistungsindividualität (Standard- versus Individualleistung), Komfort.

---

10 Vgl. Schierenbeck (1994) S. 435

Viele dieser Produktmerkmale stehen in einer unmittelbaren Beziehung zu den Erwartungen der Kunden. Allerdings ist zu berücksichtigen, daß die Ausführung und Güte der Produktmerkmale von der Art und der Qualität des „Herstellungsprozesses" abhängt, daß jedes Produkt also eine bestimmte prozessuale Dimension aufweist. Dieser Überlegung wird im Simultaneous-Engineering-Konzept durch die Trennung von Produkt und Prozeß Rechnung getragen.

Unter Prozeß sollen dabei diejenigen Faktoren verstanden werden, die zur Abwicklung der bankbetrieblichen Geschäftsvorgänge gestaltet werden müssen:

- *Produktionssystem*: Hier geht es um die Art der Leistungserstellung, also z.B. um die Frage, welche Tätigkeiten sind vor einer Auszahlung, zur Eröffnung eines Kontos, zur Vergabe eines Kredits erforderlich, wie wird ein Vorgang im Back-office weiterbearbeitet, welche Abwicklungsroutinen gelten für das Tagesgeschäft, beispielsweise im Bereich des Zahlungsverkehrs.
- *Vertriebssysteme und -wege*: Im Mittelpunkt steht hier die Bank-Kunde-Schnittstelle, beispielsweise die Fragen: Wird nur über eigene oder auch über fremde Organe vertrieben, liegt nur ein stationärer Vertrieb vor oder existiert auch ein Außendienst, ist die Bank stark automatisiert oder dominiert der persönliche Verkauf?
- *Informations- und Kommunikationstechnologie*: In diesem Bereich spielen die Quantität und Qualität der Technologieunterstützung, die EDV-Systeme im Bereich von Kundenberatung, Nachbearbeitung und Banksteuerung eine wesentliche Rolle.
- *Organisation*: Dieser Punkt umschließt die Geschäftsphilosophie und die Unternehmenskultur sowie die Aufbau- und Ablauforganisation. Im einzelnen geht es beispielsweise um die Frage, wie schnell komplexere Vorgänge abgewickelt werden können, wieviele Kompetenzen dem einzelnen Mitarbeiter zustehen und wie lange es dauert, bis am Markt erkannte Mängel und Änderungswünsche durchgesetzt sind.
- *Personal*: Die Mitarbeiter nehmen durch ihre Fähigkeiten, ihre Motivation und ihre Kompetenzen Einfluß auf die Abwicklung der Geschäftsvorfälle. Als Bestimmungsfaktoren lassen sich das Verhalten, die Einstellung und die Ausbildung der Mitarbeiter, die Philosophie und das Steuerungssystem der Bank identifizieren.

Festzuhalten bleibt, daß alle diese Punkte direkt oder indirekt die Qualität der Bankprodukte beeinflussen.

2. Gestaltungsgrundsätze und Erfolgsfaktoren

Erfahrungen aus verschiedenen (industriellen) Bereichen haben gezeigt, daß Probleme und Mißerfolge von Entwicklungsprojekten hauptsächlich in ungenau formulierten und konkretisierten Zielen, unzureichenden Planungsgrundlagen und -methoden sowie einer mangelhaften Organisation von Zusammenarbeit und Informationsfluß begründet sind[11]. Bevor auf die Planung und Durchführung von Simultaneous-Engineering-Projekten eingegangen wird, sollen deshalb Gestaltungskriterien und Erfolgsfaktoren für erfolgreiche Entwicklungsprojekte im Retail-Geschäft vorgestellt werden.

Die hier erörterten Grundsätze stellen Rahmenbedingungen für die Produktentwicklung dar und sollen eine erfolgreiche und zielgerichtete Entwicklung gewährleisten. Dazu ist es notwendig, daß sie während des gesamten Entwicklungsprozesses beachtet werden.

2.1 Verbesserte Marktorientierung

Zielgruppenorientierung

Einer der wichtigsten Grundsätze für den Erfolg einer Bank ist die konsequente Ausrichtung der Geschäfts- und damit vor allem der Entwicklungstätigkeit auf die Bedürfnisse der Retail-Kunden.

Voraussetzung dafür ist die Identifikation von Kundenzielgruppen. Zweck der Kundensegmentierung ist es, homogene Kundengruppen so abzugrenzen, damit ein gezielter Einsatz der

- entwicklungspolitischen (Planung, Durchführung, Kontrolle),
- produktionspolitischen (Standardisierung, Strukturierung der Abläufe) und
- absatzpolitischen Instrumente

möglich ist.

Der Grundsatz der Kundensegmentierung wird durch die Ergebnisse einer von kanadischen Wissenschaftlern durchgeführten Studie bekräftigt, in der Faktoren identifiziert wurden, von denen der Erfolg neuer Finanzdienstleistungen abhängt. Dabei wurde als wichtigster Faktor der sogenannte „Market-fit“ herausgefunden. Market-fit steht für das Maß, in dem die Produkte

11 Vgl. Eversheim/Laufenberg/Marczinski (1993) S. 5

Bedürfnisse der Kunden befriedigen und auf wichtige Veränderungen der Kundenbedürfnisse und des Kundenverhaltens reagieren[12]. Ein solcher Market-fit ist nur durch eine gezielte Kundensegmentierung erreichbar.

Es ist zwar eine Vielzahl verschiedener Segmentierungsansätze denkbar, am gebräuchlichsten ist aber eine Konzentration auf zwei Kriteriengruppen, nämlich auf *sozioökonomische Kriterien* (z.B. Alter, Einkommen, Familienstand) und auf *Kriterien des beobachteten Kaufverhaltens* (z.B. Einteilung nach dem Umsatzvolumen der Kontoverbindung)[13]. Das letztgenannte Kriterium hat beispielsweise zur Einteilung in Mengenkunden (Kunden mit geringem Geschäftsvolumen) und Individualkunden (Kunden mit hohem Umsatzvolumen) geführt.

Ein Beispiel für eine zielgruppenorientierte Produktentwicklung stellen die auf Berufsanfänger abzielenden Angebotsbündel der verschiedenen Banken/Bankengruppen dar, z.B. das „Junge Konto" der Deutschen Bank, das im Kern ein „normales" Girokonto ist, jedoch auch eine kostenlose Kontoführung und einen Guthabenzins von 2% beinhaltet. Von seiner Grundidee her (traditionelles Girokonto) gewiß nicht neu, bekräftigt dieses Beispiel erneut das Abrücken von einer rein produktorientierten Entwicklung und das Aufgreifen einer erweiterten, den Gegebenheiten und Bedürfnissen des Bankgeschäftes entsprechenderen zielgruppen- und gesamtsystemorientierten Sichtweise.

Divisionalisierung

Die Einführung der Zielgruppenbildung, also einer „Binnendifferenzierung", ist ein wichtiger Schritt in die richtige Richtung, reicht aber für die konsequente Marktorientierung einer Bank nicht aus. Dazu muß die Zielgruppenbildung auch aufbauorganisatorisch umgesetzt werden.

Die klassische Organisationsstruktur der Kreditinstitute ist gekennzeichnet durch ein Stab-Linien-System, dessen Hauptabteilungen sowohl nach funktionalen als auch nach produktbezogenen Merkmalen gegliedert sind. Sie gilt für Universalbanken seit langem als nicht mehr adäquat, um dem speziell in den letzten 20 Jahren eingetretenen tiefgreifenden Strukturwandel und den dynamischen Wettbewerbsverhältnissen schlagkräftig und erfolgreich begegnen zu können[14].

12 Vgl. Brentani/Cooper (1992) S. 234
13 Vgl. Wünsche/Swoboda (1994) S. 276
14 Vgl. Schierenbeck (1994a) S. 38

Die notwendige Organisation der Marktbereiche läßt sich unter dem Stichwort „kundenorientierte Profitcenter-Organisation“ subsumieren. Die Marktbereiche werden dabei zum einen nach Kundenmerkmalen gegliedert, zur besseren Steuerung und Beurteilung der Mitarbeiter bzw. Organisationseinheiten sowie aus Motivationsgründen ist den als Profitcenter organisierten Bereichen zum anderen die Ertragsverantwortung zu übertragen, wozu eine klare Aufgaben- und Kompetenzabgrenzung erforderlich ist.

Die Organisationsform der Profitcenter bedingt eine Tendenz zu dezentralen Führungsstrukturen, da eine Ertragsverantwortung ohne gleichzeitigen Entscheidungsspielraum demotivierend wirken würde. Statt dessen sind den einzelnen Profitcentern zwecks Selbststeuerung genau zu definierende Kompetenzspielräume einzuräumen, in deren Rahmen sie selbständig entscheiden können[15].

Die Divisionalisierung schafft kleinere Organisationseinheiten und gewährleistet dadurch eine stärkere Markt- und verbesserte Kundenorientierung. Für eine zielgerichtete Verwirklichung der Marktorientierung sind diese kundenorientierten Marktbereiche um produkt- bzw. funktionsorientierte Fachressorts der Zentrale zu ergänzen. Als Beispiele dazu können Overhead-Funktionen und profitcenter-artige Servicefunktionen (Rechenzentrum, Software-Entwicklung, etc.) betrachtet werden.

Differenzierte Vertriebssysteme und -kanäle
Die Optimierung der Organisationsstrukturen sollte von der Entwicklung und Implementierung eines ganzheitlichen, in sich aber abgestuften Vertriebssystems flankiert werden, denn aus dem Anspruch, Kunden unterschiedlich zu bedienen, folgt die Notwendigkeit, Filialen gezielter als bisher auf die einzelnen Kundengruppen auszurichten.

Eine Möglichkeit ist dabei die von den Großbanken angestrebte Dreiteilung in Gebiets-, Regional- und Regelfilialen[16]. Die *Regelfilialen* konzentrieren sich dabei ganz auf das Geschäft mit den privaten Kunden, d.h. also den Mengen- und den Standardkunden. Darüber hinaus erfolgt die Betreuung der Firmenkunden in den übergeordneten *Regionalfilialen.* Dadurch ist sichergestellt, daß das in diesen Filialen angesiedelte, qualifizierte Bera-

15 Vgl. Schierenbeck (1994a) S. 40
16 Vgl. Wieck/Wünsche (1993) S. 444 und Lange (1993) S. 8

tungs-Know-How auch durch die vorhandene Nachfrage ausgeschöpft wird. Den Regionalfilialen sind wiederum übergeordnet die *Gebietsfilialen*, in denen neben den für das Platzgeschäft benötigten Beratern und Betreuern die gesamte Palette von Spezialisten (Wertpapier, Kredit, Ausland, Electronic Banking etc.) vorgehalten wird.

Höchste Priorität besitzt in diesem Zusammenhang die Installation und Durchsetzung kostengünstiger Kunde-Bank-Schnittstellen. Speziell drei Ansätze sind diesbezüglich zu verfolgen:

- Die Erweiterung der Selbstbedienungsmöglichkeiten (Multifunktionsterminals, über die Ein-, Auszahlungen, Überweisungen abgewickelt werden können),
- die Forcierung des Telefon Bankings (Weitergabe von Aufträgen per Telefon) sowie
- die Einführung des Home Bankings (Erledigung ohne Einschaltung eines Mitarbeiters in der Bank über BTX oder z.B. ein funktionserweitertes Telefon).

Die Auswirkungen dieser Entwicklungen auf die Kostensituation sind erheblich. Nach Untersuchungen der Unternehmensberatungsgesellschaft McKinsey liegen die Transaktionskosten für Multifunktionsterminals bei 1 bis 1,5 DM, beim Home Banking bei 0,5 bis 1 DM, am Schalter bei 3 bis 6 DM und am Telefon bei 2 bis 3 DM je Transaktion[17].

Dies ist von besonderer Bedeutung, da neben der verbesserten Kostensituation der Banken auch Kundennutzenvorteile durch bessere Serviceverfügbarkeit erzielt werden können. Außerdem werden diese Möglichkeiten, die an sich kein neues Produkt darstellen, von den Kunden als bemerkenswerte Produktinnovation betrachtet.

Aktive kundenbezogene Verkaufskultur

Eine marktorientierte Bank verlangt heutzutage den Wandel von einer reaktiven Bedienungskultur zu einer aktiven, kundenbezogenen Verkaufskultur. Neben der Gestaltung des Vertriebssystems kommt dem Personal – als wichtigstem Produktionsfaktor bei Dienstleistungen – eine Schlüsselrolle bei diesem Wandlungsprozeß zu.

---

17 Vgl. Bierer/Fassbender/Rüdel (1992) S. 504

Im Gegensatz zu früheren Zeiten stellt das Bankgeschäft heutzutage ein professionelles Verkaufsgeschäft dar. Insbesondere den Individual-, aber auch den Mengenkunden muß aufgrund ihres höheren Aufklärungsgrades und der gewachsenen Flexibiltät ein Produkt „verkauft" werden. Der Kunde ist daher aktiv zu betreuen, was bedeutet, daß die Voraussetzungen für ein aktives Hol-Geschäft sichergestellt sein müssen[18]. Von besonderer Bedeutung dafür sind ein gewisser Bedienungskomfort, fachliche Kompetenz, verkäuferisches Talent und die Fähigkeit, sich rasch in die Situation des Gesprächspartners hineinzuversetzen[19].

Die Bedeutung des Faktors Personal wird durch die bereits erwähnte kanadische Studie belegt, in der festgestellt wurde, daß ein weiterer entscheidender Erfolgsfaktor für Finanzdienstleistungen die sogenannte *"Service-Expertise"* der Personen ist, die ein Produkt erstellen und vertreiben. Dies wird damit begründet, daß es der *Sachverstand* der Bank ist, *der bei Finanzdienstleistungen* aufgrund ihrer *Immaterialität* und der Schwierigkeit, sie vor dem Kauf zu *bewerten, vom Kunden gekauft wird.* Darüber hinaus sind Produktqualität und Qualität des Personals unmittelbar miteinander verbunden, da bei Dienstleistungen die Produktion und der Konsum zeitgleich stattfinden[20].

2.2 Integrierte Optimierung der Geschäftssysteme

Die auf die Geschäftssysteme ausgerichteten Gestaltungsgrundsätze beschäftigen sich mit der Produktpalette, dem Standardisierungsgrad und der Technikunterstützung.

Straffung der Produktpalette
Produktentwicklung kann nicht nur bedeuten, neue Produkte zu entwickeln. Vielmehr ist es auch erforderlich, die Produktkomplexität zu reduzieren und eine gestraffte Produktpalette zu schaffen. Neben dem positiven Effekt, daß man dadurch gezwungen ist, sich über die konkreten Bedürfnisse der jeweiligen Kundengruppe Gedanken zu machen und diese Bedürfnisse in einer klaren und übersichtlichen Weise zu präsentieren, trägt diese Straffung und Vereinfachung der Produktpalette entscheidend zu einer Verbesserung der Kostensituation bei.

---

18 Vgl. Benölken/Winkelmann (1993) S. 92
19 Vgl. Brunner (1993) S. 448
20 Vgl. Brentani/Cooper (1992) S. 236

Ein geeignetes Mittel zur Überprüfung der Produktpalette stellen ABC-Analysen dar. Im Rahmen von ABC-Analysen werden die Produkte hinsichtlich ihres Beitrags zum Ergebnis und/oder ihres Anteils am Geschäftsvolumen in drei Kategorien eingeteilt. Die Geschäfte der A-Kategorie tragen überdurchschnittlich, die der B-Kategorie durchschnittlich und die der C-Kategorie lediglich unterdurchschnittlich zum Ertrag und/oder zum Geschäftsvolumen bei. ABC-Analysen werden im wesentlichen anhand der folgenden drei Relationen durchgeführt[21]:

- Ergebnis-Geschäftsvolumen-Relationen,
- Geschäftsvolumen-Mengen-Relationen,
- Ergebnis-Mengen-Relationen.

Häufig kann mit der ABC-Analyse aufgezeigt werden, daß auf einen bestimmten, u.U. sogar recht großen Teil der Bankprodukte ein nur unwesentlicher Anteil am Gesamtgewinn entfällt, wohingegen einige Kernprodukte die Hauptträger des Erfolgs sind. Zur Reduzierung der Produktkomplexität und zur Straffung der Produktpalette sollten demzufolge C-kategorisierte Produkte eliminiert werden.

Als Beispiel für eine solche, sich auf die Kernprodukte beschränkende, modular und logisch aufgebaute Produktpalette kann die Produktstruktur der Citibank AG angesehen werden. Mit nur ca. 20 verschiedenen Produkten gelingt es ihr, alle Bedürfnisse eines typischen Privatkunden zu befriedigen. Dadurch werden kostenintensive Anpassungen und Variationen auf kundenindividueller Ebene verringert oder gar ganz eliminiert[22]. Neben einem in der Regel erhöhten Kundennutzen und zusätzlich eröffneten Preisspielräumen aufgrund der Kosteneinsparungen, stellt die geringere Komplexität auf kundenindividueller Ebene eine Voraussetzung für den nächsten wichtigen Gestaltungsparameter dar, die Standardisierung und Automatisierung der Geschäftsprozesse.

Standardisierung und Automatisierung der Geschäftsabläufe und -prozesse
Die meisten der Vorgänge in Banken bestehen nur zu 10 – 20% aus Beratungs- und Akquisitionsaufgaben, die restlichen 80 – 90% sind nichtproduktive Abwicklungstätigkeiten (z.B. Texterfassung, Dokumentensortierung, -transport, -archivierung und Korrespondenz)[23]. Nur wenige der

21 Vgl. Schierenbeck (1994a) S. 25
22 Vvgl. Schierenbeck (1994a) und Bierer/Fassbender/Rüdel (1992) S. 504
23 Vgl. Benölken/Winkelmann (1993) S. 87

Standardprozesse im Zahlungsverkehr, im Kredit- und Wertpapiergeschäft, aber auch in der Beratung und der Entscheidungsfindung sind standardisiert oder gar automatisiert. Nach wie vor werden viele Zahlungen individuell disponiert und manuell verarbeitet und viele Kredite erst nach aufwendiger Einzelfallprüfung vergeben[24]. Zusätzlich sind die extrem arbeitsteilig organisierten Vorgänge in Banken durch Mehrfacheingaben, Datenredundanzen, unterschiedliche Layouts und mehrfache Formulare für die gleichen Daten sowie durch eine übermäßige physische Bürokommunikation mittels Papier gekennzeichnet. Oftmals werden logisch zusammenhängende Funktionen isoliert und verursachen Abstimmungs- und Reibungsverluste sowie Kompetenzprobleme an den komplexen Schnittstellen.

Eine Schlüsselrolle bankbetrieblicher Entwicklungen kommt daher der Standardisierung und Automatisierung der Geschäftsvorgänge zu. Dazu ist eine verstärkte Prozeßorientierung vorzunehmen. Beispielsweise könnten die Arbeitsabläufe im Kundengeschäft an vier Stellen optimiert werden.

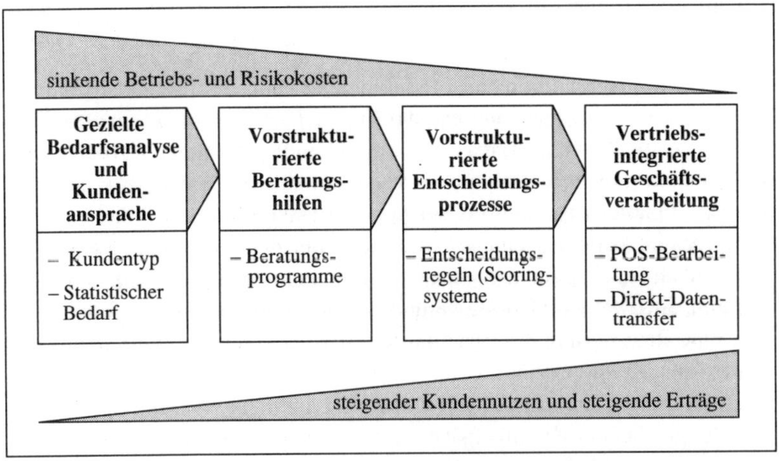

Abbildung 26: Optimierte Arbeitsabläufe im Kundengeschäft[25]

24 Vgl. Bierer/Fassbender/Rüdel (1992) S. 504
25 Vgl. Schierenbeck (1994a) S. 45

- Über gezielte Bedarfsanalysen und Kundenansprachen ist es zunächst möglich, solche optimierten Arbeitsabläufe ohne große Streuverluste einzuleiten. Grundlage hierfür sind die segmentierten Kundengruppen und die Ergebnisse von Statistiken oder Befragungen über die Bedürfnisse der Kunden.
- Für das Kundengespräch selbst können vorstrukturierte Beratungshilfen wie z.B. Beratungsprogramme oder Expertensysteme entwickelt werden.
- Auch die vor dem endgültigen Geschäftsabschluß notwendigen Entscheidungsprozesse lassen sich mit Hilfe feststehender Entscheidungsregeln, z.B. unter Anwendung von Scoring-Modellen, vorstrukturieren.
- Schließlich führt eine vertriebsintegrierte Geschäftsabwicklung, die darin besteht, daß der Vertriebsmitarbeiter seine Geschäftsabschlüsse oder auch nur die Erkenntnisse seiner Tätigkeiten direkt in den PC eingibt, zu höheren Produktivitäten im Produktablauf. Dies kann unter anderem über den Einsatz der POS-Bearbeitung geschehen. Erfahrungen aus der Deutschen Bank, bei der die integrierte Geschäftsbearbeitung bereits angewendet wird, zeigen, daß die Mitarbeiter eine solche Neukonzeptionierung nicht nur akzeptieren, sondern auch die damit verbundenen größeren Gestaltungs- und Freiheitsgrade als besonders positiv empfinden[26].

Als Ergebnis der Standardisierung und Automatisierung der Geschäftsabläufe werden einerseits die Betriebs- und Risikokosten zurückgehen. Andererseits dürfte ein steigender Kundennutzen sowie ein Ertragswachstum zu beobachten sein. Ersteres resultiert aus der höheren Produktivität, die die Vereinfachung, Standardisierung und Automatisation mit sich bringt. Hier gilt, daß die Arbeitsabläufe schneller abgewickelt werden können und somit zu einem geringeren, auch weniger Kosten verursachenden Kapazitätsbedarf führen werden. Eine Reduzierung der Risikokosten ist zu erwarten, weil die Beratungshilfen im Kreditgeschäft eine bessere Bonitätseinschätzung und die vorstrukturierten Entscheidungsprozesse eine geringere Anzahl von Fehlentscheidungen bei der Kreditvergabe mit sich bringen werden. Der Kundennutzen wird im Hinblick auf die stärkere Orientierung an den Kundenbedürfnissen sowie aus der auch aus Kundensicht positiv zu beurteilenden höheren Geschwindigkeit zunehmen. Und schließlich dürften die Erträge steigen, weil die Kundenpotentiale besser erkannt und ausgeschöpft werden[27].

---

26 Vgl. Schierenbeck (1994a) S. 45

27 Vgl. Schierenbeck (1994a) S. 46

Aus einer Untersuchung von McKinsey ergibt sich beispielsweise für die Anlageberatung, daß durch den Einsatz von Beratungsbögen und Expertensystemen die Beratungsdauer um ca. 50 % gesenkt werden konnte. Gleichzeitig hat sich die Abwicklungswahrscheinlichkeit bei der Anwendung vorstrukturierter Beratungshilfen fast verdoppelt[28].

Geeignete und rechtzeitige IKT-Unterstützung
Die soeben dargestellten Optimierungen der Geschäftsabläufe und -prozesse setzen den Einsatz entsprechender elektronischer Datenverarbeitungssysteme voraus.

Geschäftsbereichsspezifische Informatik ist einer der entscheidenden Erfolgsfaktoren für Produktentwicklungen im Bankgeschäft. Die Informations- und Kommunikationstechnologien, die zum Vertrieb und zur internen Weiterverarbeitung von Bankprodukten erforderlich sind, sind von ihrer Bedeutung und ihrem Einfluß auf die wahrnehmbare Qualität des Produktes, mit dem Fertigungsprozeß der produzierenden Industrie am ehesten vergleichbar.

Genauso, wie beim industriellen Simultaneous-Engineering für die Fertigungsprozesse eine zeitparallele und integrierte Entwicklung im Mittelpunkt steht, muß dies im Bankgeschäft

- für die abwicklungsbezogenen *Hard- und Software-Systeme* (z.B. Vorgangssteuerungssysteme, Expertensysteme),
- für die (Büro-) *Kommunikationssysteme* (z.B. Electronic Mail, funktionserweitertes Telefon, Btx bzw. Datex-J., Online-Systeme etc.) und
- für die automatisierten *Kunde-Bank-Schnittstellen* (ATM: Automated Teller Machines, POS-Systeme) gelten.

Produktentwicklung und Entwicklung der IK-Technologien sind eng miteinander verbunden und immer aufeinander abgestimmt zu realisieren. Diese Technologien stellen in vielen Fällen den Faktor dar, der das Angebot eines Produktes erst ermöglicht bzw. der der entscheidende Wettbewerbsvorteil gegenüber anderen Banken ist, die über diese Technologien nicht verfügen und diese – im Gegensatz zu dem angebotenen transparenten Produkt im engeren Sinne – nicht so leicht kopieren können.

Die Bedeutung der Technologieunterstützung kann intern an jedem Bankprodukt, das verbucht und technisch verarbeitet werden muß, nachvollzo-

28 Vgl. Schierenbeck (1994a) S. 47

gen werden. Extern mag der Hinweis auf die Allfinanzkonzepte genügen. Allfinanzangebote sind in der Regel sehr komplex. Für einen einzelnen Berater ist es fast unmöglich, mit seinem Fachwissen das gesamte Spektrum zu überblicken. Insofern muß die Beratung und Abwicklung rechnergestützt mittels einer computerunterstützten Beratung und Sachbearbeitung erfolgen.

Verbindet man die Bedeutung der IK-Technologien für Bankprodukte und die Grundgedanken des Simultaneous-Engineering miteinander, so führt dies zu der Forderung, daß Änderungen der Produkt- und Vertriebsgestaltung möglichst frühzeitig zu berücksichtigen sind. Dadurch soll die zeitgerechte Bereitstellung geeigneter Systeme mit deutlich verringerten nachträglichen Korrekturen und Änderungsaufwänden und somit mit geringeren Kosten sichergestellt werden.

3. Elemente des Produktentwicklungsprozesses

Nach der Beschreibung der Gestaltungsgrundsätze sollen nun einige zentrale Bausteine der Produktentwicklung im Sinne des SE besprochen werden. Zurückgegriffen wird dabei letztlich auf die bereits kurz angerissenen operativen Lösungsansätze, d.h. auf die Planung, Durchführung und Kontrolle von SE-Projekten.

3.1 Systematische Strukturierung

Im Rahmen der Produktentwicklung müssen die Markt- und Kundenanforderungen mit den technischen, organisatorischen und personellen Möglichkeiten in Übereinstimmung gebracht werden. Um dies zu erreichen, sind die Produktmerkmale im engeren Sinne (betriebswirtschaftliche/rechtliche Gestaltung) gemeinsam mit den zum Vertrieb und zur Abwicklung erforderlichen Systemen zu entwickeln.

Um diese Abstimmung zu gewährleisten, ist ein systematisch strukturierter Entwicklungsprozeß zu erarbeiten, wie er in Abildung 27 abgebildet ist.[29]

---

29 Vgl. Eversheim/Laufenberg/Marcinski (1993) S. 5

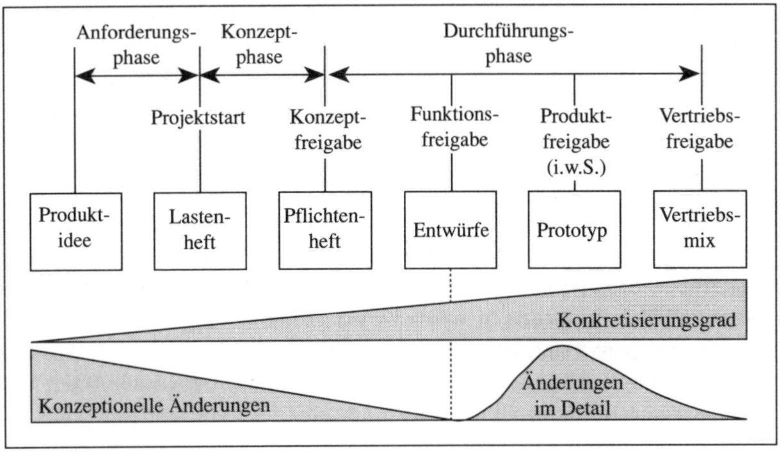

Abbildung 27: Phasen des systematischen Product Engineering

Der Prozeß gliedert sich in drei Phasen: die Anforderungs-, die Konzept- und die Durchführungsphase. In der Anforderungsphase geht es zunächst darum, für die aus den Kundenerwartungen und der Marktbetrachtung hervorgegangene Produktidee die Anforderungen zu identifizieren und die Merkmale festzulegen, die das Produkt auszeichnen soll.

Mit der Erarbeitung des Lastenheftes, in dem die verschiedenen gewünschten Anforderungen enthalten sind, endet die Anforderungsphase. In der Konzeptphase werden die Anforderungen umgesetzt, Lösungsprinzipien und alternative Lösungskonzepte entwickelt, analysiert und bewertet. Die Auswahl des besten Konzeptes hat unter Berücksichtigung von Zeit-, Kosten-, Service- und Technologieunterstützungsanforderungen zu erfolgen. Neben der Festschreibung des ausgewählten Lösungskonzeptes in einem Pflichtenheft sollte bereits an dieser Stelle eine grobe weitere Projektplanung bzgl. Struktur, Ablauf, Terminen und Kosten vorgenommen werden.

Im Rahmen der Entwicklungsdurchführung geht es um die konkrete Umsetzung des Entwicklungsprojektes. Der Konkretisierungsgrad nimmt über die Phasen kontinuierlich zu. In der Entwurfsphase ist eine komplette schriftliche, technische, betriebswirtschaftliche und rechtliche Beschreibung des Produktes und des Prozesses zu erstellen. Die Entwurfsphase schließt mit einem maßstäblichen Entwurf, in dem alle zu erfüllenden Anforderungen und Funktionen umgesetzt sind. Vor der Festschreibung des Entwurfes müssen alle konzeptionellen Änderungswünsche berücksichtigt sein. Dies bedeutet, daß eventuelle Zielkonflikte, die konzeptionelle Änderungen bedingen würden, bis hier ausgetragen sein müssen. Voraussetzung dafür ist ein flexibler Planungsrahmen, der eine genügende Koordination und Kommunikation erlaubt und den beteiligten Entwicklern und Planern den notwendigen Freiraum erhält.

In den Phasen der Produkt- und Vertriebsfreigabe, in denen die zur Erstellung, Verwaltung und zum Vertrieb notwendigen Prozesse und Abläufe gestaltet und erstellt werden, sind konzeptionelle Änderungen nicht mehr zugelassen. Bis zur Produktfreigabe i.w.S. muß anhand eines Prototyps die Funktionsfähigkeit, der reibungslose Ablauf und die Beherrschbarkeit des Produktes sichergestellt sein. Die Vertriebsphase enthält schließlich alle im Zusammenhang mit dem konkreten Vertrieb verbundenen Fragestellungen wie Werbung, Pricing, Mitarbeiterschulung, Beratungsunterlagen usw.

3.2 Parallelisierung von Vorgängen

Bisher wurden die Elemente eines effizienten Ablaufs von Entwicklungsprozessen beschrieben.

Die Phasen eines Entwickungsprozesses werden traditionell zumeist linear-sequentiell durchlaufen (vgl. Abb. 28). Daran wird in Theorie und Praxis seit geraumer Zeit Kritik geübt. Bemängelt wird hauptsächlich[30]:

- *Verantwortungsbrüche und Zeitverluste in den Phasenübergängen.* Derjenige, der eine Stufe bearbeitet, muß sich nicht mit dem beschäftigen, was in der nächsten Stufe folgt. Er optimiert das „Produkt“ aus seiner eingeschränkten Sicht, der Mitarbeiter in der nächsten Stufe legt den Vorgang zunächst ab und bewältigt erst die Altarbeit. Wer für ein schlechtes Produkt letztlich verantwortlich ist, läßt sich so häufig nicht feststellen, denn jeder kann die Verantwortung auf die Vorleistung oder auf die Unkenntnis über die Folgestufen schieben.
- *Mangelnde Berücksichtigung von Rückkoppelungen zwischen den Phasen* Im sequentiellen Modell können Änderungswünsche/-notwendigkeiten nur nach Beendigung der Vorstufe eingebracht werden. Dies bedeutet für

30 Vgl. Schmelzer (1992) S. 38

Sequentielles Product-Engineering

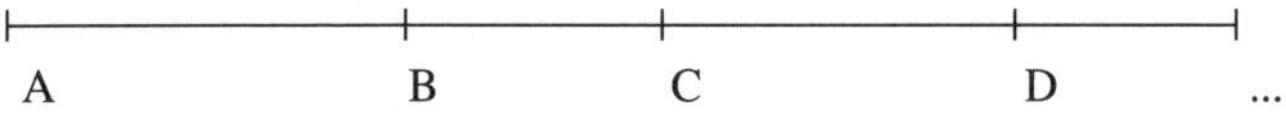

Nachteile:
- Verantwortungsbrüche und Zeitverluste in den Phasenübergängen
- Mangelnde Berücksichtigung von Rückkoppelungen
- Unzureichende Einbeziehung des Marktes
- Zu lange Entwicklungszeiten

Paralleles Product-Engineering

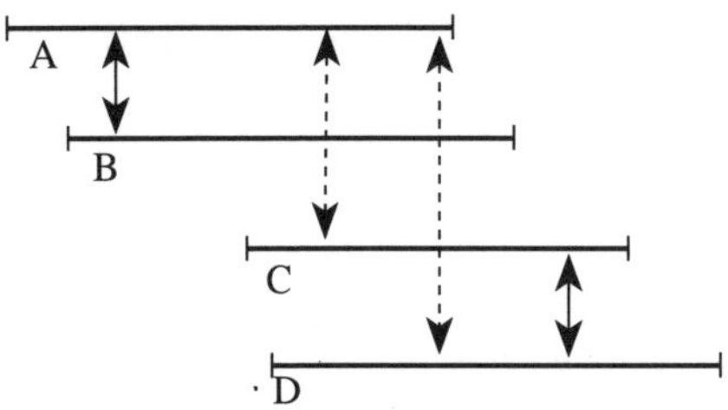

Notwendig sind:
- Interdisziplinäre Zusammenarbeit
- Definition von Meilensteinen

Abbildung 28: Sequelles und paralleles Product-Engineering

die betroffenen Phasen eine komplette Neuaufnahme der Tätigkeiten, eine frühzeitige Gegensteuerung im Verlauf der Tätigkeit durch eine automatische Kommunikation ist nicht möglich.

- *Unzureichende Einbeziehung von Benutzern bzw. Kunden*
  Am Anfang des Entwicklungsprozesses steht der Markt und die Produktidee. Es besteht jedoch die Gefahr, daß von Phase zu Phase das Bekenntnis und der Wille, die Anforderungen zu erfüllen, immer geringer wird. Erst zum Ende hin taucht der Markt resp. Markterfolg wieder auf.
- *Lange Entwicklungszeiten*
  Schließlich muß bei sequentieller Entwicklung bis zum Beginn der neuen Phase die Vorphase abgeschlossen sein. Der Entwicklungszeitraum entspricht der Summe der Einzelphasen.

Diese, hauptsächlich an Entwicklungsprozessen in der Industrie geübte Kritik hat entscheidend zur Einführung des Simultaneous-Engineering geführt. In einer industriellen Studie bezeichneten 68% der befragten Unternehmen SE als wichtigste Maßnahme zur Verkürzung von Produktentwicklungszeiten[31].

Um die oben beschriebenen Probleme zu vermeiden, wird – wie bereits angedeutet – beim SE ein möglichst hoher Parallelisierungsgrad der Vorgänge angestrebt, d.h. es wird versucht, den Entwicklungsprozeß nicht zeitlich gestaffelt, sondern so weit wie möglich gleichzeitig ablaufen zu lassen.

Die Parallelisierung verlangt eine verstärkte und intensive Abstimmung und Kommunikation aller in den einzelnen Phasen mitarbeitenden Abteilungen und Personen. Beispielsweise beginnt B, bevor A seine Tätigkeit abgeschlossen hat, was eine entsprechende Kommunikation und Zusammenarbeit voraussetzt.

Von besonderer Bedeutung für Kontrolle und Koordination von Entwicklungsprozessen sind Meilensteine. Sie stellen zeitlich terminierte Kontrollpunkte dar, in denen der Erreichungsgrad der geplanten Ergebnisse überprüft und in Beziehung zu den geplanten Terminen und Kosten gesetzt wird. Meilensteine dienen der Koordination von Planungs- und Kontrollprozessen sowie der Synchronisation der parallel ablaufenden Teilprozesse. Sie sind oft mit den Entscheidungspunkten am Ende von Entwicklungsphasen identisch, können sich jedoch auch auf Ergebnisse mehrer Phasen oder Zwischenergebnisse innerhalb von Phasen beziehen.

3.3 Bildung von SE-Teams

Um die Nachteile des sequentiellen Vorgehens abzubauen, sind mehrere Ansatzpunkte denkbar. Neben der Parallelisierung von Vorgängen hat sich dabei als besonders erfolgversprechend die Bildung integrierenden SE-Teams erwiesen. Dabei wird die Produktentwicklung interdisziplinär zusammengesetzten, kleinen Teams übertragen, die weitgehend autonom arbeiten. Den Teams werden Zielkorridore vorgegeben, innerhalb derer sie eigenständig entscheiden können. Das eigenverantwortliche Handeln fördert Zielidentifikation, Engagement und Kreativität, führt zu einer höheren

31 Vgl. Schmelzer (1992) S. 38

Entscheidungsqualität und zur Beschleunigung der Entscheidungsprozesse. In den Teams wird das streng strukturierte und abteilungsabhängige Vorgehen aufgehoben, das bei der traditionellen sequentiellen Entwicklungsorganisation gefordert wird. Stattdessen ergeben sich Arbeits-, Koordinations- und Kommunikationsformen, die eine intensive Parallelarbeit sowie ein iterativ-zyklisches Vorgehen ermöglichen[32].

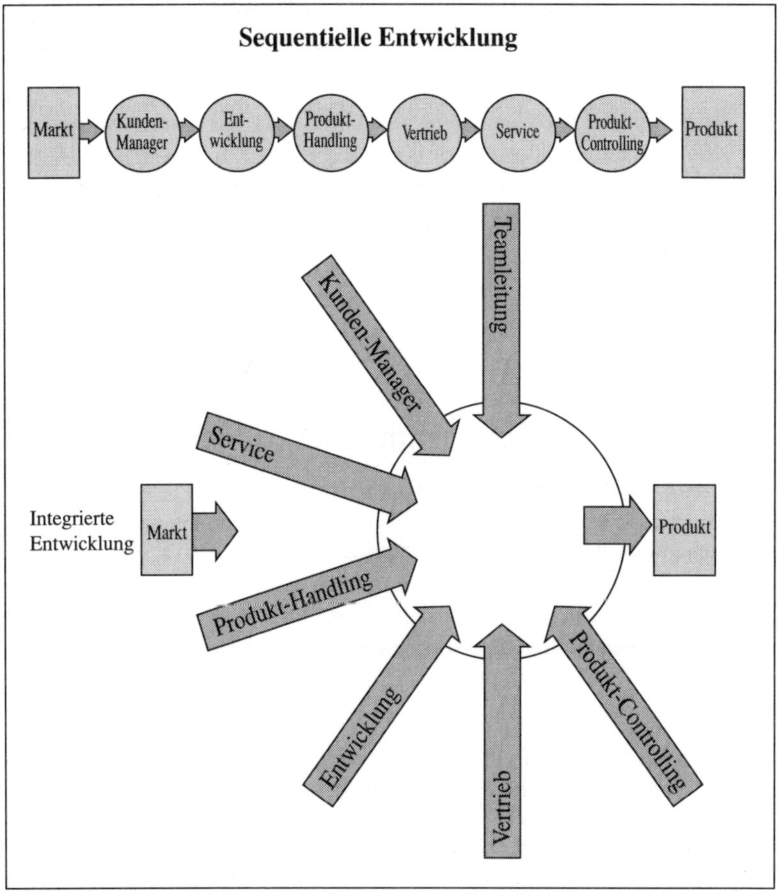

Abbildung 29: SE-Teams

32 Vgl. Schmelzer (1992) S. 38 und 39

Ein Konzept, das auf dem teamorientierten, eigenverantwortlichen Vorgehen bei Neuentwicklungen aufbaut, ist der sog. „Rugby-“ oder „Shusa-Ansatz“. Die Erfolge japanischer Unternehmen bei Produktinnovationen werden u.a. auf dieses Vorgehen zurückgeführt. Die Hauptmerkmale dieses Ansatzes sind[33]:

- Definition eines herausfordernden, weitgefaßten Ziels,
- Erteilung weitreichender Befugnisse für die Teamleiter,
- Gewährung eines hohen Maßes an Freiheit und Eigenständigkeit der Teams,
- Selbstorganisation, multidisziplinäre Besetzung und Selbststeuerung der Teams,
- Sicherstellung eines zyklischen Vorgehens mit überlappenden Phasen,
- Leistungsbeurteilung und Karriere in Abhängigkeit der Leistung im Team,
- Ermöglichung eines multifunktionalen Lernens und des Erfahrungstransfers.

4. Product-Engineering im Retail Banking: Zielsetzung und Lösungsansätze

Die augenblickliche Situation auf dem Retail-Markt ist für viele Banken dadurch gekennzeichnet, daß sie aufgrund einer mangelnden Kundenorientierung und durch Produktivitäts- und Kostenprobleme den Kundenerwartungen, dem geänderten Kundenverhalten und den sich rasant verändernden Wettbewerbsbedingungen nur unzureichend gerecht werden.

Um diese Herausforderung erfolgreich zu bewältigen, ist es nicht damit getan, vorhandene Strukturen, Prozesse und Produkte im Detail zu verbessern. Es ist notwendig, eine Evolution im Retail Banking herbeizuführen.

Eine gleichermaßen zeit-, kosten- und qualitätsgerechte Umsetzung der Anforderungen des Marktes in eine neue Produktgeneration und in neue systematisierte Abläufe erfordert eine durchgängige Struktur und Integration aller an der Produktentwicklung, dem Produkthandling, der Produktbetreuung und dem Produktvertrieb beteiligten Bereiche einer Bank.

33 Vgl. Schmelzer (1992) S. 39

In diesem Zusammenhang wurde das Simultaneous-Engineering als erfolgversprechendes Entwicklungskonzept vorgestellt. Im Mittelpunkt der Umsetzung des SE steht

- eine systematische Strukturierung und Planung der Phasen des Entwicklungsprozesses, um die Markt- und Kundenanforderungen mit den technischen, organisatorischen und personellen Möglichkeiten in Übereinstimmung zu bringen und ein frühzeitiges Austragen von Zielkonflikten zu gewährleisten;
- die Parallelisierung von Vorgängen, was die Entwicklungszeiten verkürzt, Verantwortungsbrüche und Zeitverluste in den Phasenübergängen vermeidet, die Einbeziehung der Kunden und Benutzer und ihrer Anforderungen verbessert sowie zu einer Berücksichtigung von Rückkopplungen zwischen den Phasen und Tätigkeiten führt;
- die Bildung bereichsübergreifender Projektteams, die zu einer frühzeitigen Integration der Bereiche, einer Beschleunigung der Entscheidungsprozesse und einem durchgängigem Informationsfluß beitragen und so die Parallelisierung und die dafür notwendige Koordination und Synchronisation ermöglichen.

In der Industrie ist man sich längst einig, daß das Simultaneous-Engineering der Schlüssel zum Entwicklungs- und damit zum Unternehmenserfolg ist. Berücksichtigt man, daß die Kunden an Produkten im Sinne von Problemlösungen interessiert und die Ansatzpunkte für die Entwicklung einer marktgerechten Bank vielfältig sind, so wird deutlich, daß auch für Banken das Simultaneous-Engineering bzw. die zugrundeliegende Philosophie der parallelen Entwicklung von Produkt und Prozeß einen neuen erfolgversprechenden Ansatz des Product-Engineering im Retail-Geschäft darstellt.

Bedeutung neuer Vertriebskanäle

Matthias Reinhart

1. Rahmenbedingungen

Im Rahmen des Deregulierungsprozesses in der Schweizerischen Banken- und Versicherungswelt kommt der Vertriebsfrage ein immer höherer Stellenwert zu. Im freien Wettbewerb ist für die *Produkthersteller* der überzeugende und langfristig gesicherte Zugang zum Kunden entscheidend. Die traditionellen Vertriebssysteme der Banken und Versicherungen können nur zum Teil die erheblich veränderten Kundenbedürfnisse zufriedenstellen. Zudem zwingen die hohen, meist fixen Vertriebskosten die Banken und Versicherungen zu günstigeren und effizienteren Formen im Absatz ihrer Produkte.

Erfahrungen aus dem Ausland zeigen, daß sich mit der Deregulierung die Vertriebsfunktion zumindest in Teilbereichen verselbständigt und sich unabhängige Unternehmen im Markt entwickeln. Erste Anzeichen dieser Entwicklungen sind in der Schweiz bereits absehbar. Broker und Makler schießen fast wie Pilze aus dem Boden. Bereits über 600 Klein-Makler haben sich im Versicherungsbereich etablieren können. Selbst einzelne Versicherungen und Banken nehmen diesen Verselbständigungstrend auf und gründen ihre eigenen Vertriebsunternehmen (zum Beispiel SBV/ Zürich Leben), um damit unabhängiger und agiler am Markt auftreten zu können.

Die Vertriebsformen der Zukunft mit den wahrscheinlich größten Wachstumsraten sind unabhängige Brokerorganisationen und der Direktvertrieb. In den tiefer angesiedelten Kundensegmenten kann sich möglicherweise auch die Form des Strukturvertriebs erfolgreich durchsetzen. Sicher werden sich auch ganz neue Formen im Finanzdienstleistungsvertrieb etablieren. Ein erstes Beispiel einer solch neuen Vertriebsart stellt das im Jahr 1992 gegründete VZ – das Banken- und VersicherungsZentrum in Zürich – dar. Langfristig betrachtet werden sich aber mit Gewißheit nur diejenigen Vertriebsformen durchsetzen, die eine klaren Wettbewerbsvorteil auf Stufe

Vertrieb aufweisen und somit den Kunden optimal bedienen und nachhaltig zufriedenstellen können.

2. Entwicklungen im Schweizer Allfinanzmarkt

In der Folge sind die Nachfrage- und die Angebotsseite des Schweizer Allfinanzmarktes sowie wesentliche Aspekte über Vertriebsformen kurz angesprochen. Die dargelegten Ausführungen spiegeln die Erfahrungen und die Sichtweise eines unabhängigen Broker-Unternehmens wider, das sowohl für Privat- als auch für Firmenkunden praktisch das gesamte Marktangebot abdecken kann.

2.1 Nachfrage

Das Gesamtpotential, gemessen in Anzahl Kunden in der Schweiz, ist grundsätzlich stagnierend und in gewissen Segmenten sogar rückläufig. Insofern ist eine Marktausweitung nur durch reine Verdrängung von Wettbewerbern zu erzielen. Marktziele werden deshalb häufiger qualitativ formuliert und drücken sich in Teilzielen wie Kundenausschöpfung und Kundentreue aus. Parallel zu dieser Entwicklung werden die Kunden zusehends *mündiger* und zeigen eine deutlich höhere Erwartungshaltung gegenüber der Beratungsleistung und den Finanzdienstleistungsangeboten. Dies betrifft nicht nur Privatkunden, sondern auch kleinere und mittlere Unternehmen. Ein aktives Informationsverhalten und eine *entkrampftere*, aber kritischere Haltung gegenüber Banken und Versicherungsgesellschaften sind typische Folgen. Zudem demonstrieren viele Kunden eine große Unzufriedenheit über Service und Kosten und reagieren damit zusehends sensitiver auf eine bewußt gelebte Kundenorientierung an der Front und in Back-office-Funktionen.

2.2 Angebot

Ausgangslage im Banken- und Versicherungsbereich ist der laufende Deregulierungsprozeß und damit das Aufbrechen der kartellisierten und protektionierten Marktstrukturen. Wichtigste Eckwerte dazu sind:

- Nach wie vor hohe Eintrittsbarrieren für neue Wettbewerber,
- wenig marktorientiertes Verhalten von Seiten der Produktanbieter,
- zur Zeit noch wenig differenzierte Leistungserstellung – jeder macht alles,
- große und wenig transparente Preis- und Leistungsunterschiede zwischen den Anbietern sowie
- generell hohes Kostenniveau in Verwaltung und Vertrieb.

Die Rahmenbedingungen für die Öffnung des Marktes, das heißt für freie Preissetzung und damit mehr Wettbewerb, sind durch die gesetzlichen Grundlagen und die politischen Kräfte gesetzt. Damit kann der Deregulierungsprozeß deutlich beschleunigt werden; nicht zuletzt durch den stark erhöhten Druck von Seiten der Aufsichtsbehörden, der Medien oder der Konsumentenschutzorganisationen. Alle diese Organisationen wollen den Wettbewerb fördern und damit für den Endabnehmer eine erhöhte Transparenz über Preise und Leistungen schaffen. Ziel all dieser Anstrengungen ist es, dem Konsumenten oder dem Firmenkunden günstigere Konditionen bei einem besseren Leistungspaket anbieten zu können.

Diese Entwicklung stellt die Banken- und Versicherungswelt vor neue grundlegende Herausforderungen. Dazu gehören:

- Strategische Neuausrichtungen durch Konzentration auf die profitablen Kerngeschäfte – weg vom *Universalapproach*, hin zum Spezialistentum.
- Entwicklung professioneller Produktmanagementfähigkeiten, analog zur Konsumgüterindustrie, mit allen Auswirkungen auch zum Beispiel auf das betriebliche Rechnungswesen.
- Aufbau kundenorientierter Organisationsstrukturen.
- Einsatz neuer, professionellerer und effizienterer Vertriebsformen.

2.3 Vertrieb

Gerade im Hinblick auf den Einsatz neuer Vertriebsformen werden sich in Zukunft erhebliche Veränderungen durchsetzen. Die klassischen Vertriebswege wie Bankfilialen und Versicherungsaußendienst müssen auf Einsatz bezüglich Zielsegmente und Produkte sowie Kosteneffizienz kritisch überprüft werden. Möglichkeiten für Banken und Versicherungen, neuere Formen im Vertrieb zu erschließen und damit aus eigenem Antrieb den Herausforderungen der Deregulierung entgegenzutreten, sind zum Beispiel:

- Bildung von Kooperationen oder Allianzen mit Institutionen, die eine Ergänzung zur eigenen Produktpalette anbieten können. Ein Beispiel dazu ist der Kooperationsversuch des Schweizerischen Bankvereins und der Zürich Leben.
- Nutzung von verwandten Vertriebskanälen. Das Poststellennetz wäre beispielsweise eine ideale Plattform für den Vertrieb einzelner standardisierter Produkte. Im benachbarten Ausland sind in dieser Richtung schon einige Erfolge verzeichnet worden.
- Förderung des Absatzes über unabhängige Broker-Organisationen. Diese Form des Absatzes wurde bislang vor allem für Versicherungen im Großfirmenkundenbereich genutzt, wird sich aber in nächster Zeit auch für andere Kundensegmente und insbesondere im Bankenbereich für Kredite und Anlagen weiter entwickeln. Broker-Organisationen sind aber nicht direkt durch die Anbieter steuerbar, da es in der Regel unabhängige Unternehmen sind.
- Einsatz von Einzelvermittlern oder Vermittlerorganisationen. Ziel für den Anbieter ist es primär, mit solchen Vertriebsformen *warm leads* zu generieren. In der Regel besteht die Dienstleistung eines Vermittlers in der Zuweisung von Kunden, ohne Übernahme von Abschluß-, Abwicklungs- oder Betreuungsarbeiten. Im Versicherungsbereich werden zum Beispiel Autogaragen oder Immobilienfirmen als Vermittler rekrutiert. Im Bankenbereich sind Treuhänder oder Rechtsanwälte typische Zielgruppen zur Gewinnung als Vermittler.
- Aufbau von Direkt-Vertriebsorganisationen. Mit dem Einsatz eines professionellen Telefonmarketings, allenfalls kombiniert mit gezielten Werbekampagnen, wie Mailings, Print- oder Plakatwerbung, können damit ganz spezifische Kundensegmente erreicht und äußerst kostengünstig bedient werden. Gute Beispiel dazu liefern CS-Firstphone, Züritel, Fortuna oder die Secura-Versicherung.

Im Vergleich zum Ausland befindet sich der Schweizer Markt noch deutlich im Hintertreffen in Bezug auf die unterschiedliche Nutzung alternativer Vertriebskanäle. Abbildung 28 zeigt am Beispiel vom Versicherungsvertrieb von Leben- und Nichtleben-Produkten die Schweiz im Vergleich zu anderen europäischen Ländern. Deutlich erkennbar ist dabei, daß sich der Einsatz von unabhängigen Vertriebswegen noch wenig verankert hat.

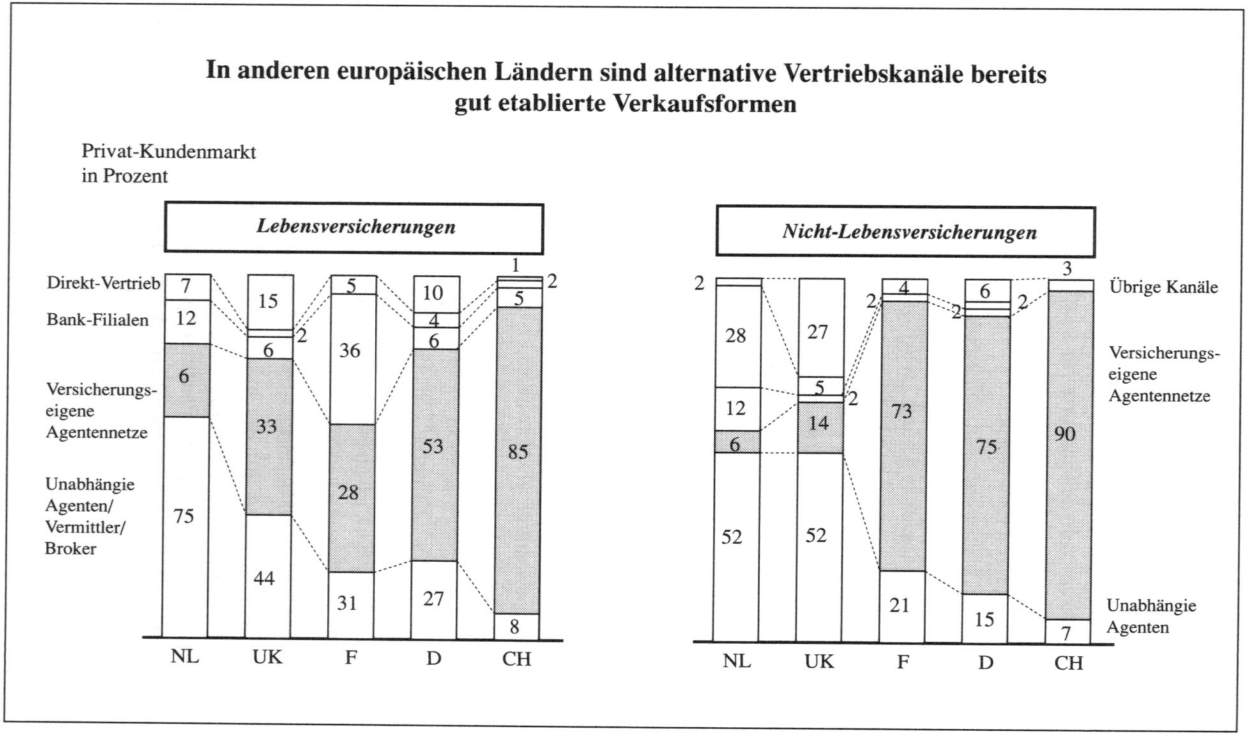

Abbildung 30: Alternative Vertriebskanäle

3. Vertriebssysteme im Vergleich

Ein wesentliches Unterscheidungsmerkmal im Vertrieb ist die Unabhängigkeit vom *Produktanbieter*. Entsprechend können zwei Hauptgruppen von Vertriebsformen unterschieden werden: Gesellschaftseigene und gesellschaftsunabhängige Vertriebsorganisationen. Die drei wichtigsten gesellschaftseigenen Vertriebsorganisationen sind:

- Filialnetze der Banken,
- Agenturnetze der Versicherungsgesellschaften
- Direktvertriebsorganisationen sowohl bei Banken als auch bei Versicherungen

Je nach Gesellschaft werden auf der Vertriebsstufe auch erhebliche Teile der Verwaltungs- und Administrationsarbeiten geleistet, insbesondere dort wo die Entscheidungskompetenzen möglichst tief angesiedelt sind.

Zu den gesellschaftsunabhängigen Vertriebsorganisationen können wir folgende Hauptformen zählen:

- Traditionelle Broker-Organisationen,
- Klein-Makler im Versicherungsgeschäft,
- Strukturvertriebe,
- Retail-Netze Dritter,
- Mischformen (Beispiel: VZ Das Banken- und VersicherungsZentrum in Zürich)

Abbildung 29 gibt einen vergleichenden Überblick über die oben erwähnten Vertriebsformen. In der Folge seien diese kurz näher umschrieben und einander gegenübergestellt.

3.1 Gesellschaftseigene Vertriebsformen

a) Filialnetze von Banken

Bankfilialen sind die traditionelle Vertriebsform in der Schweizer Bankenindustrie. Der Ansatz der Kundenwerbung ist sehr einfach und baut auf dem Prinzip der Laufkundschaft auf. Entsprechend wichtig ist dabei der Standort und das äußere Erscheinungsbild der einzelnen Filiale. Zu Kartellzeiten galt das Erfolgsprinzip: Jene Bank, welche am meisten Filialen an guten Standorten eröffnen kann, hat den größten Marktanteil und damit den größ-

Vertriebssysteme im Vergleich

	Gesellschaftseigene Vertriebsformen			Gesellschaftsunabhängige Vertriebsformen				
	Filialnetze von Banken	**Agenturnetze der Versicherungen**	**Direktvertriebs-organisationen**	**Traditionelle Broker**	**Klein-Makler**	**Struktur-vertriebe**	**Retailnetze Dritter**	**VZ als Bsp. einer Mischform**
Kunden	Privatkunden, Klein- und Mittelunter-nehmen	Privatkunden, Klein- und Mittelunter-nehmen	Spezifische Privatkunden-segmente	Groß- und Mittelunter-nehmen	Privatkunden, Kleinunter-nehmen	Untere Privat-kundensegmente	Privatkunden	Privatkunden, Klein- und Mittelunter-nehmen
Produkte	Kredite Anlagen z.T. Leben Zahlungsverkehr	Nicht-Leben Leben Kranken	Ausgewählte standardisierte Produkte	Alle Versicher-ungsbranchen für Unter-nehmen	Nicht-Leben, Leben, Kranken	Leben, Anlagen, z.T. Nicht-Leben	Ausgewählte, standardisierte Produkte	Nicht-Leben Leben, Kranken, Anlagen, Kredite, Schadenberatung
Anzahl vertretene Gesellschaften	1 (bis) 2	1 (bis) 2	1	5 bis 8	2 bis 5	3 bis 8	1	Über 70 (inkl. Banken)
Verkaufs-approach/ Akquisitions-philosophie	Filialmarketing, Laufkundschaft, starke Imagewerbung	Ausnützen des Beziehungs-netzes, „cold calls“ durch Agenten, starke Image-werbung	Directmailings, Responseorien-tierte Printwerbung, keine persön-liche Beratung	Pflege professioneller Kontakte zu Finanzchefs	Ausschöpfen „alter“ Beziehungen, Türverkauf	Schneeball-system, „hard selling“, Türver-kauf	Cross-selling zum bestehen-den Kunden-stamm	Filialmarketing, Konsumentenorien-tiert, Kundennut-zen als wichtigste Botschaft (Ver-gleich, Trans-parenz, Sparen)
Entschädigung der Kundenberater	Fixes Salär	Provision für Abschluß, Erneuerung und Bestand, geringes fixes Salär	Keine Kundenberater	Fixes Salär evtl. mit Bonus, Unternehmen finanziert sich mit Durchlauf-provisionen	Provision für Abschluß und Erneuerung (evtl. Bestand)	Fixe Provision pro Abschluß, kein fixes Salär	Fixes Salär, evtl. Provision,	Fixes Salär, Unternehmen finanziert sich über Honorare und Kommissionen

Abbildung 31: Vertriebssysteme im Vergleich

ten Gewinn. Mit dem Zerfall der protektionierten Marktstrukturen kann dieses Prinzip aus Kostengründen nicht mehr funktionieren.

Das Produktangebot beschränkt sich auf die Produktepalette des Stammhauses. Allenfalls wird im Rahmen von Kooperationen mit Lebensversicherungsgesellschaften das Sortiment erweitert. Die Verkaufsleistung im Sinne einer umfassenden Produktpositionierung unterschiedlicher Allfinanzangebote findet jedoch häufig ihre Grenzen in der stark bankenorientierten Ausbildung und Verhaltensweise der Kundenberater.

b) Agenturnetze der Versicherungsgesellschaften
Im Gegensatz zum Filialmarketing der Banken setzten die Versicherungsgesellschaften schon seit Gründungszeiten im Ende des letzten Jahrhunderts auf einen stark provisionierten und erfolgsabhängigen Außendienst. Damit wird ein ausgeprägter *Push-Effekt* im Vertrieb erzielt und fördert den Verkauf erheblich, leider nicht immer nur zum Vorteil der Kunden. Der Versicherungsaußendienst ist pyramidenförmig aufgebaut und weist je nach Gesellschaft bis zu 5 Hierarchiestufen auf.

Das Produktangebot konzentriert sich in der Regel auf das Sortiment der eigenen Gesellschaft. Infolge der unterschiedlichen Entschädigungsstrukturen zwischen den Banken und Versicherungen ist es fraglich, ob Bankprodukte erfolgreich über einen Versicherungsaußendienst vertrieben werden können.

Im Versicherungsgeschäft galt während den Kartellzeiten – ähnlich wie beim Bankgeschäft – das Erfolgsprinzip: Jene Gesellschaft, welche in der Lage war die meisten Außendienstleute zu rekrutieren und einzusetzen, konnte den größten Marktanteil gewinnen und damit, als Resultat der starren Preissetzung, den größten wirtschaftlichen Erfolg ausweisen.

c) Direktvertriebsorganisationen
Die Geschichte des Direktvertriebs im Schweizer Allfinanzmarkt ist noch relativ jung. Zur Zeit nutzen einige Nischenanbieter diese Vertriebsform äußerst erfolgreich. Geeignete Produkte im Direktvertrieb sind Standardangebote, die einfach zu verstehen und leicht, im Idealfall über den Postweg, abzuwickeln sind. Zudem muß die Darstellung dieser Produkte selbsterklärend sein, so daß keine persönliche Beratung mehr notwendig ist. Beispiel dazu sind Reiseversicherungen, Rechtsschutzversicherungen, Sparpläne oder einfache Kapitalversicherungen.

Ein großer Vorteil des Direktvertriebs ist die hohe Kosteneffizienz und die genaue Planbarkeit des Verkaufserfolgs aufgrund statistischer Erfahrungswerte von Markttests. Auf der anderen Seite bedingt dieser Vertriebsweg ein hohes Mengengerüst und ausgeprägte Marketingfähigkeiten.

3.2 Gesellschaftsunabhängige Vertriebsformen

a) Traditionelle Broker-Organisationen
In diese Kategorie zählen wir in erster Linie die internationalen Broker-Organisationen im Großversicherungsgeschäft. Der Kundenkreis dieser Unternehmen konzentriert sich auf Mittel- und Großunternehmen vor allem im Industrie- und Handelsbereich. Die Anzahl vertretenen Gesellschaften ist grundsätzlich unbeschränkt, wobei in vielen Fällen engere Beziehungen zu 3 bis 4 Gesellschaften bestehen. Der Broker erfüllt nicht nur eine reine Vertriebsfunktion, sondern übernimmt auch gewisse administrative Arbeiten im Rahmen der Betreuung der Kunden und wickelt auch mit den eigenen Ressourcen Schadenfälle ab.

Die wichtigste Finanzierungsquelle des Versicherungsbrokers ist in der Regel die sogenannte Durchlaufprovision, die sich auf der Basis des vertretenen Prämienvolumens berechnet. Zudem bietet der Broker in der Regel auch Beratungsleistungen, vor allem im Risk-Management-Bereich, auf Honorarbasis an.

b) Klein-Makler
Klein-Makler rekrutieren sich in der Regel aus ehemaligen Außendienstvertreter von Versicherungsgesellschaften. Diese führen ihr angestammtes Geschäft mit den bestehenden Beziehungen weiter. Die typische Größe eines Klein-Maklers liegt bei 1 bis 3 Mitarbeiter. Aufgrund der limitierten Ressourcen konzentriert sich die Dienstleistung primär auf den Abschluß von Versicherungsverträgen. Enstprechend erfolgt die Finanzierung über sogenannte Abschlußkommissionen der Versicherungsgesellschaften. Die Anzahl der vertretenen Gesellschaften ist ebenfalls limitiert. Meistens wird ein Maklervertrag mit dem ehemaligen Arbeitgeber abgeschloßen, allenfalls werden noch 2 bis 3 weitere Gesellschaften miteingebunden.

c) Strukturvertriebe

Strukturvertriebe bauen grundsätzlich auf dem gleichen Prinzip wie der Versicherungsaußendienst auf. Dies betrifft vor allem die Art der Kundenaqkuisition. Der Grund des zum Teil eher zwiespältigen Rufes liegt in folgenden drei Punkten:

- Die Verkäufer sind voll provisioniert und unterliegen einem intern stark geförderten Verkaufsdruck. Zudem erfolgt die Akquisition versteckt über empfohlene Adressen. Eine öffentliche Werbung findet nicht statt.
- Die Mulitplikation dieses Vertriebsweges erfolgt über das „Schneeball-Prinzip". Das heißt, das primäre Ziel jedes Verkäufers ist es, neue, ihm unterstellte Verkäufer zu rekrutieren und diese möglichst rasch dazu zu bewegen, Umsätze zu generieren. Diese wiederum sind daran interessiert, neue Verkäufer zu rekrutieren, damit sie in den Genuß kommen, unterstellte Verkäufer zu führen und für sich arbeiten zu lassen und so weiter. Gesteuert wird diese Entwicklung durch das Provisionierungssystem, das kaskadenartig jede übergeordnete Strukturstufe am Erfolg der untergeordneten Stufe beteiligt.
- Das Produktsortiment umfaßt in der Regel Versicherungen und Anlageprodukte. Es beschränkt sich aber auf jene Angebote, die dem Unternehmen die größte Marge ermöglichen – ein Strukturvertrieb finanziert sich ausschließlich über Abschlußprovisionen oder Retrozessionen. Zudem ist die Qualität der Beratung vielfach ungenügend, da der Schwerpunkt der Ausbildung nicht auf fachlichem Wissen, sondern auf Akquisitions- und Verkaufsfähigkeiten gelegt wird.

Trotz diesen negativen Begleiterscheinungen zeigt diese Vertriebsform große Erfolge. Allein in Deutschland gibt es vier große Strukturvertriebe, die alle mehrere tausend Verkäufer rekrutieren konnten. In der Schweiz hat sich bis jetzt eines dieser Unternehmen etabliert. Entsprechend der Ausrichtung beschränkt sich die Kundschaft auf die unteren und allenfalls mittleren Privatkundensegmente. Firmenkunden können aus Know-how-Gründen nicht bedient werden.

d) Retail-Netze Dritter

Die Nutzung von Vertriebsnetzen von Drittorganisationen, wie zum Beispiel Warenhäuser, Poststellennetze, Kioske oder Lebensmittelgeschäfte ist in der Schweiz noch wenig verbreitet. Die Migros hat erste Versuche mit der hausinternen Versicherung Secura unternommen. Der Verkaufserfolg war aber bislang noch wenig ermutigend. Äußerst interessant könnte die Gewinnung des Poststellennetz sein, insbesondere in ländlichen Gegenden, wo der Poststellenhalter zum Teil noch einen halb selbständigen Status hat.

Ähnlich wie beim Direktvertrieb können in dieser Form nur sehr einfache Produkte ohne großen Erklärungsbedarf angeboten werden. Ein interessanter Vergleich ist der Verkauf von Lottoscheinen über das Kiosknetz.

e) Mischformen

Die Mischform ist ein Sammelbegriff für alle möglichen Kombinationen. Darunter fallen Treuhänder, Unternehmensberatungen, Rechtsanwälte, Vermögensverwalter, Steuerberater oder Revisionsgesellschaften. Viele dieser Unternehmungen erfüllen zusätzlich zu ihrer angestammten Tätigkeit eine Vermittler- und Vertriebsfunktion, sei es für Banken oder Versicherungen. Gleichzeitig können je nach Fall auch Brokerage-Funktionen ausgeführt werden.

Als wohl prominentester Vertreter einer möglichen Mischform ist das im Jahre 1992 gegründete VZ – das Banken- und VersicherungsZentrum in Zürich. Dieses Unternehmen stellt eine Kombination von einer Vielzahl unterschiedlicher Dienstleistungen dar: Honorarberatung und Brokerage-Service für Firmenkunden, Beratung und Vertrieb von Anlagefonds, Hypotheken und Versicherungen für Private und Firmen und als ergänzende Dienstleistung einen Rechtsdienst für Geschädigte zur Durchsetzung ihrer Rechte gegenüber Versicherungsgesellschaften. Der maßgebliche Unterschied zu allen den beschriebenen Vertriebsformen ist die Tatsache, daß im VZ 95% aller Versicherungen und Banken vertreten sind und der Kunde durch eine professionelle Systemunterstützung aus dem gesamten Marktangebot auswählen kann. Im letzten Kapitel wird diese Gesellschaft, deren vergangene Entwicklung und zukünftige Ausrichtung noch eingehender beleuchtet, insbesondere im Hinblick auf eine alternative zukünftige Form für den Vertrieb von Finanzdienstleistungen.

4. Erfolgsfaktoren an der Verkaufsfront

Oberstes Ziel im Finanzdienstleistungs-Verkauf muß die bedürfnisgerechte Empfehlung von Lösungen sein, die sämtliche Aspekte der individuellen Kundensituation miteinbeziehen. Nur damit kann derjenige Grad an Kundenzufriedenheit erreicht werden, der notwendig ist, um eine langfristige und erfolgreiche Beziehung zum Kunden aufbauen zu können. Entsprechend große Bedeutung kommt der Beratungsleistung zu. Aufbauend auf diesen Erkenntnissen sind folgende Faktoren entscheidend im Verkauf:

- Fachkompetenz und Kundenorientierung der Berater
- Nutzen der Cross-selling-Potentiale
- Einsatz professioneller Unterstützungsmittel

Im Zentrum all dieser Erfolgsfaktoren steht der Mensch. Sei es nun in Front- oder in Back-office-Funktionen: der einzelne Mitarbeiter, sein Einsatz, seine Motivation und seine persönlichen Fähigkeiten entscheiden schließlich, ob der Kunde mehr bekommt als erwartet und zufrieden ist mit der Dienstleistung. Im folgenden werden diese drei Erfolgsfaktoren grob beleuchtet.

4.1 Fachkompetenz und Kundenorientierung der Berater

Im Kundengespräch entscheidet letztlich die vor Ort bewiesene Fachkompetenz und die gelebte „Kundenorientierung" des Kundenberaters über die Zufriedenheit des Kunden. Die Fachkompetenz begründet sich zum einen im perfekten Beherrschen der Materie und zum anderen im Kommunikationsstil. Beides ist lernbar und bedingt erhebliche Investitionen in die Rekrutierung und Ausbildung geeigneter Mitarbeiter. Die Kundenorientierung drückt sich primär in einer raschen Reaktion auf Kundenanfragen sowie einer steten „Gewehr-bei-Fuß-Stellung" des Kundenberaters aus. „Client first" – diese Devise muß Teil der Unternehmenskultur sein.

Die Fachkompetenz in der Kundenberatung umfaßt nicht nur das Beherrschen eines einzelnen Gegenstandes, sondern wichtig ist das Erkennen der Zusammenhänge zwischen den einzelnen Allfinanzbereiche. Ein Kundenberater muß fähig sein, rasch die Bedürfnisse der Kunden zu erkennen und die unterschiedlichsten Fragestellungen mindestens im Ansatz beantworten können. Je nach Situation greift der Kundenverantwortliche dann auf Spezialisten oder Systeme zurück. Typische Fragen im Privatkundenbereich können zum Beispiel sein:

- Wie sieht eine steueroptimale Vermögensstruktur aus?
- Wenn ich ein Haus kaufe, wie muß ich da vorgehen?
- Was für Möglichkeiten gibt es eigentlich, um Steuern zu sparen?.
- Wieso gibt es so große Unterschiede in den Krankenkassenprämien?
- Was sind eigentlich Emerging Market Funds?
- Was glauben Sie, wie entwickeln sich die Hypothekenzinsen in den nächsten Jahren?
- Wie soll ich mein Einkommen nach der Pensionierung sichern?

Viele dieser Fragen zielen gleichzeitig auf die unterschiedlichsten Themenbereiche ab. Entsprechend notwendig ist es, daß ein Kundenberater ein Allgemeinwissen über sämtliche Bereiche aufweisen kann. Dazu gehören Themen wie volkswirtschaftliche Entwicklungen, Vermögensanlagen, Hypotheken, Versicherungen oder Steuern. Um diesen Wissensstand zu erreichen und erfolgreich im Kundengespräch umzusetzen, braucht es sorgfältige Vorbereitungen. Der erste Schlüssel liegt in der Selektion der geeigneten Mitarbeiter im Kundenberatungsstab. Wichtigste Elemente der Prüfung dabei sind: die Motivation und der Beweis, Überdurchschnittliches zu leisten, die Freude, Kundenverantwortungen zu übernehmen und die Fähigkeit, einen Gegenstand einfach und gut strukturiert erklären zu können. Der zweite Schlüssel liegt in einer gut strukturierten und fordernden Ausbildung. Neben rein fachlichen Themen sollten dabei Schulungsblöcke eingebaut werden, die sich auch mit den unterschiedlichen Kommunikationsstilen befassen. Und der dritte Schlüssel liegt im raschen Übertragen von echter Kundenverantwortung.

4.2 Nutzen der Cross-selling-Potentiale

Jedes Kundengespräch birgt ein erhebliches Potential an Cross-selling-Möglichkeiten. Rein technisch gesehen, wäre es ein einfaches, dieses auszuschöpfen. Der Kundenberater müßte nur die richtigen Fragen stellen. In der Praxis gibt es aber sehr wenig Beispiele, bei denen dieses Cross-selling institutionalisiert und erfolgreich umgesetzt wird.

Die zwei wesentlichen Elemente, die das Cross-selling bestimmen, sind die Motivation und die fachlichen Fähigkeiten der Kundenberater. Letzteres wird maßgeblich durch die Ausbildung bestimmt. Entsprechend gelten die gleichen Aussagen wie unter Punkt 4.1. Die Motivation oder das Interesse, Cross-selling zu betreiben, liegt aber auf einer anderen Ebene. Entscheidend dabei ist das Führungssystem der Kundenberater.

In Vertriebssystemen, die auf einem „Pull-Effekt" in der Kundenwerbung zielen (zum Beispiel Bankfilialen) können bezüglich Motivation gute Resultate mit dem Teamansatz erreicht werden. Dabei gilt es, Teams von Kundenberater zu bilden, die sich ein- bis zweimal wöchentlich formell treffen und die wichtigsten Kundenfälle besprechen und auf potentielle Cross-selling-Möglichkeiten analysieren, deren Umsetzung in den Folgesitzungen auch kontrolliert werden kann. Die Motivation der Kundenberater liegt darin, möglichst interessante Fälle präsentieren zu können. Das kann intern sogar einen Wettbewerb unter den Kundenberater auslösen. Zudem ermöglichen diese Teamsitzungen gleichzeitig eine äußerst gute Plattform, die Ausbildung anhand von echten Kundenfällen vorwärts zu treiben.

In Vertriebssystemen, die auf einen „Push-Effekt" in der Kundenwerbung zielen (zum Beispiel Versicherungsaußendienste oder Strukturvertriebe), liegt der primäre Anreiz in den eigenen Verdienstmöglichkeiten. Das heißt die Ausschöpfung des Cross-selling-Potentials wird über den Lohn gesteuert. Auf einen Nenner gebracht gilt dabei: Je mehr Abschlüße beim gleichen Kunde plaziert werden können, desto größer wird die durchschnittliche Provision pro Kunde.

4.3 Einsatz professioneller Unterstützungsmittel

Nebst den oben genannten „weichen" Erfolgsfaktoren gilt es, den Kundenberater systemtechnisch bezüglich einer professionellen Aufbereitung der Kundendokumente zu unterstützen. Umstritten ist der direkte Fronteinsatz von Personal Computers. Viele Kunden fühlen sich dabei überfahren und verunsichert. Wirksamer in der Kommunikation sind einfache Erklärungshilfsmittel, sei es in Form von Beratungsmappen oder sonstigen schriftlichen oder visualisierenden Beratungsunterlagen. Ein wesentliches Erfolgsrezept dabei ist, daß pro Thema oder Fragestellung nicht mehr als eine A4-Seite benötigt wird. Zudem soll das Erklärungsmaterial einerseits so einfach gestaltet sein, daß es jedermann verstehen kann, andererseits aber auch so umfassend, daß die wichtigsten Fragen abgedeckt sind. Hilfreich ist dabei das Benützen von graphischen Illustrationen und Fallbeispielen. Gute Erklärungshilfsmittel können Beratungsgespräche erheblich begünstigen, insbesondere dann, wenn der Kundenberater das Zeigematerial in Kombination mit der handschriftlichen Entwicklung der Problemlösung geschickt kombiniert.

Der EDV-Einsatz kommt primär dann zum Tragen, wenn es um die Aufbereitung individueller Kundendokumentationen geht. Eine einfache und unkomplizierte Darstellung von Ausgangslage, Lösungsmöglichkeiten und Empfehlung, graphisch unterstützt, unter Verwendung von einheitlichen Standards hilft den Kunden enorm, die zum Teil komplexe Materie zu verstehen und die Lösung nachzuvollziehen. Dies ist eine wesentliche, aber vielfach zu wenig beachtete Voraussetzung für einen erfolgreichen Geschäftsabschluß.

5. VZ – Das Banken- und VersicherungsZentrum

Das VZ stellt eine alternative Vertriebsform von Finanzdienstleistungen der Zukunft dar. Die Hauptwertschöpfung dieser Unternehmung liegt in der Schaffung von Transparenz über die Vielzahl von Angeboten und Kombinationsmöglichkeiten der unterschiedlichen Anbieter sowie der unabhängigen, strikt neutralen Beratungsleistung für Privat- und Firmenkunden. Zu Kartellzeiten hätte die Umsetzung dieses Unternehmenskonzepts wenig Erfolg versprochen. Basis des Erfolgs liegt in den erheblichen Unterschieden zwischen den Angeboten und den zum Teil schwachen Betreuungs- und Serviceleistungen von Seiten der Banken und Versicherungen.

Das VZ vergleicht die Angebote von 23 Sach- und Haftpflichtversicherungsgesellschaften, 18 Krankenkassen, 21 Lebensversicherungsgesellschaften sowie 15 Groß- und Privatbanken im Geldanlagebereich und 9 Kommerzbanken im Hypotheken und Kreditbereich. Die Dienstleistung erstreckt sich über die unabhängige Beratung, den neutralen Vergleich aller Angebote, die Auswahl der besten und günstigsten Lösungen sowie die Abwicklung aller Formalitäten. Zudem hilft im Versicherungsschadenfall die VZ-Abteilung „Rechtsdienst und Schadenberatung“ den Kunden, ihre Rechte gegenüber den Versicherungsgesellschaften durchzusetzen. Die Finanzierung erfolgt über Honorare, Kommissionen und Retrozessionen. Der Kundenberaterstab umfaßt zur Zeit 27 Spezialisten aus dem Versicherungs-

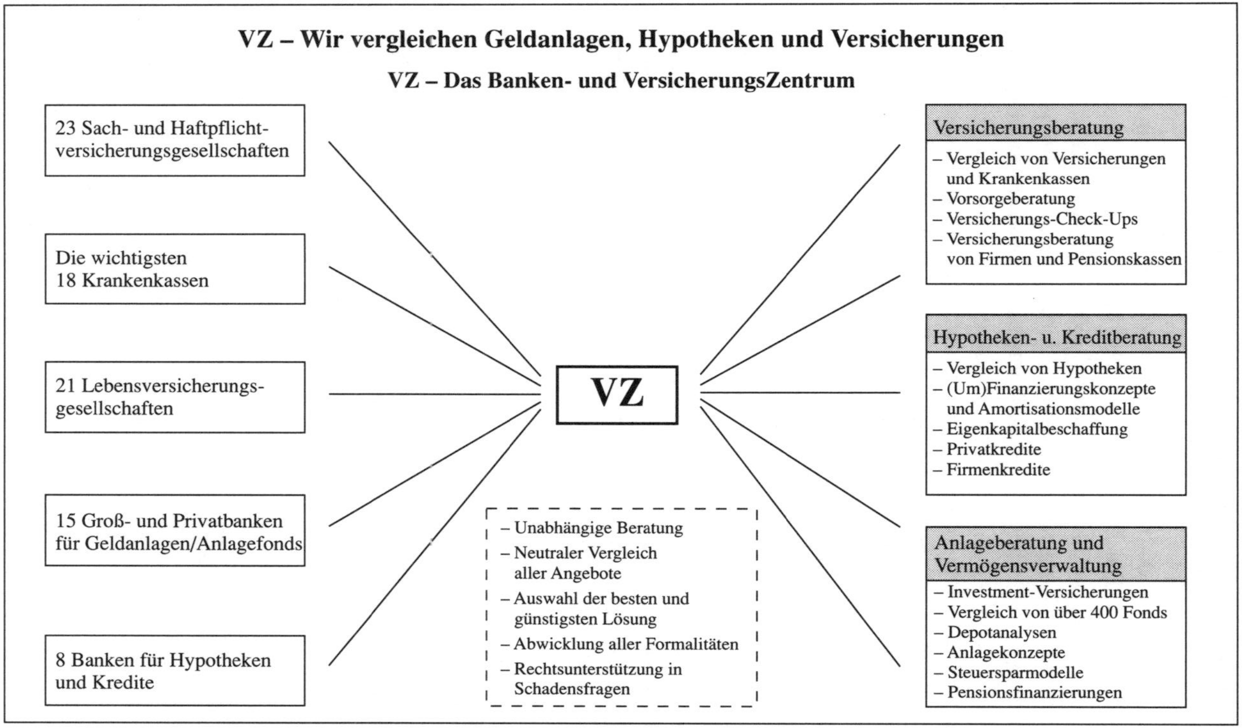

Abbildung 32: VZ – Wir vergleichen Geldanlagen, Hypotheken und Versicherungen

und Bankenbereich sowie 8 Back-office-Mitarbeiter. Abbildung 32 gibt einen schematischen Überblick über die VZ-Dienstleistungen.

Das VZ arbeitet in der Kundenwerbung nach dem gleichen Prinzip wie das Bankenfilialnetz. Das bedeutet erhebliche Investitionen in die öffentliche Werbung, damit potentielle Kunden auf diese Dienstleistung aufmerksam werden und durch eigenen Antrieb einen Termin in den VZ-Büros vereinbaren. Entgegen den üblichen Versicherungsvertriebswegen arbeitet das VZ also nicht mit einem Außendienst. Damit die Objektivität und Neutralität der Kundenberatung gewahrt sind, werden die VZ-Kundenberater auch nicht provisioniert, sondern erhalten ein fixes Salär, wie das bei Banken, Treuhändern oder Unternehmensberatungen üblich ist. Dieser Ansatz wird vor allem von den höheren Privatkundensegmenten und den Firmenkundensegmenten erkannt und geschätzt.

Die Motivation der Banken und Versicherungsgesellschaften über diesen Vertriebskanal ihre Produkte anbieten zu lassen, liegt vor allem in der Tatsache, daß die eigenen Vertriebskosten mit dieser Form des Vertriebs um etwa 50% reduziert werden können. Das VZ kann durch höhere Kundenfrequenzen und tiefgehaltene Overhead-, System- und Back-office-Kosten erheblich effizienter und kostengünstiger arbeiten als das Versicherungsagenturnetz oder das Bankenfilialnetz.

Das unternehmerische Ziel des VZ ist es, die bedeutenste unabhängige Allfinanzunternehmung in der Schweiz aufzubauen und dadurch den Konsumenten die Möglichkeiten zu geben, von neutraler Stelle beraten zu werden und gleichzeitig auf das gesamte Marktangebot der Versicherungen und Banken zuzugreifen. Der große Anfangserfolg des VZ und das dynamische Wachstum in allen Dienstleistungsbereichen (Versicherungen, Geldanlagen und Hypotheken) zeigt, daß dieses einzigartige Konzept eine klare Marktnische gefunden und belegt hat.

Kapitel 4:

Vertrieb

Plädoyer für die Verkaufsförderung

Arnold Bohl

1. Ungeahnte neue Möglichkeiten mit Sales Promotion

Hat das klassische Marketing seinen Zenit bereits überschritten? Wir zögern und sind geneigt, für eine pragmatische Aufwertung der Verkaufsförderung (Sales Promotion) zu plädieren: Verkaufsförderung als eigenständiges und zugleich verbindendes Instrument im Marketing-Mix. Die Wertvorstellungen, die Serviceerwartungen und das reale Konsumverhalten der Kunden sind unberechenbar, widersprüchlich und rasch veränderbar geworden. Traditionelle Marketing-Instrumente wie etwa die Media-Werbung nach dem „Gießkannenprinzip" (Massenansprache) haben sich allmählich totgelaufen. Eine Aufwertung der Verkaufsförderung und der *standardisierbaren* Verkaufsgespräche ist überfällig, um einer neuen Dimension der Direktkommunikation durchschlagend Bahn zu brechen. Verlieren wir das unternehmerische Ziel nicht aus den Augen: Es geht im Retail-Geschäft um nutzenstiftende profitable Beziehungen zu einer *großen Zahl* moderner Konsumenten. Es stehen dem Banker Retail-Kunden gegenüber, welche Begegnung, einen freundlichen Blick, Anrede mit Namen, Händedruck, aktives Zuhören, etwas Aufmerksamkeit und Dialog, bedürfnisgerechtes Umwerben (nicht „Werbung") erwarten und sich allzu gerne ein wenig verwöhnen lassen. Die neuen Erlebniskonsumenten fordern die Finanzdienstleister mehr heraus, als künstlich gebildete „Kundensegmente".

New Marketing?

Es spricht nichts dagegen, daß das *Bankmarketing* auf seiner nun über 20 Jahre währenden Aufholjagd gegenüber anderen Branchen nun mal zu echten Quantensprüngen überginge. Dies führt zum Plädoyer für eine Direktkommunikation und Verkaufsförderung mit Speerspitzenfunktion. Schließlich gilt es, gleichzeitig zu personalisieren, zu individualisieren, zu emotionalisieren und zu visualisieren. Die Forderung an die Schnittstelle zwischen Bank und Kunde lautet: High Tech *und* Human Touch! Ist dies, aller Standardisierung zum Trotz, nicht eine Renaissance des guten alten Face-to-face-Banking? Sollte die Informatisierung im Vertrieb der Bankleistungen tatsächlich noch massiv zunehmen, *wie* soll dann der Beziehung Bank-Kunde Vitalität, Wärme, Wertschöpfung und Differenzierung verliehen werden*?*

Neue Nutzenpotentiale

Die Verkaufsförderung, die alle Möglichkeiten moderner Vertriebstechniken wie Multimedia am Verkaufspunkt und professionelle Verkaufsgesprächsführung nutzt, scheint über ein noch unausgeschöpftes, mächtiges Leistungspotential zu verfügen. Marktleistungen unterschiedlichster Herkunft und Anbieter lassen sich in konsistenter Aufmachung vertreiben. Schließlich muß ein Finanzdienstleistungsanbieter längst nicht mehr mit dem „Produzenten" identisch sein. „Virtual Banking" dieser Art erinnert an das potemkinsche Dorf, in dem die Anbieter hinter den schönen Fassaden nichts haben außer Lieferantenzufahrten. Solche Marktteilnehmer und Absatzmittler vollziehen die nutzenoriente Verschmelzung austauschbarer Rohleistungen zu einem konsequent auf die Kundenbedürfnisse ausgerichteten Leistungspaket. Die Verkaufsförderung wird gerade in dieser Konstellation zum Brückenkopf des Vertriebssystems.

Verkaufsförderung = Mikro-Marketingmix

Verkaufsförderung ist nicht nur Bestandteil des Kommunikations-Mix, sondern auch des Distributions-Mix und der Verkaufsorganisation. Es eröffnen sich somit neue Chancen zur Differenzierung vom Mitbewerb. Allzu lange wurde im Retail Banking phantasielos die Konkurrenz kopiert. „Me too" – langweilig und oftmals mittelmäßig. Ist langweiliges Marketing nicht eine Beleidigung für die Kunden? Diese bevorzugen heute viel eher Beratungserlebnisse, VIP-Behandlung, Kauferlebnisse, Infotainment, individualisierte Aufmerksamkeit, Event-Marketing, Kunden-Panels, Lifestyle-Clubs und was der einfallsreichen Kreationen mehr sind! Dabei mögen die lieben

Kunden (hoffentlich) übersehen, wie tatsächlich *standardisiert*, systematisch und effizient die neue Retail-Kundenbetreuung geworden ist. Der empfundene Kundennutzen muß den Nachteil der Standardisierung überwiegen.

Wir sind Zeugen eines „Wandels im Quadrat“, in dessen Verlauf wohl alle Karten neu gemischt werden. Die Deregulierung und die Margenverengung haben neue Prämissen geschaffen. Wer „leicht“ an Fixkosten, aber beweglich in Vertrieb und Verkauf ist, steht gewiß auf der Siegerseite im derzeitigen Shake-out. Die Positionierung der *Verkaufsförderung* und des direkten Verkaufsgesprächs dürfte zu einem Schlüsselkriterium werden. Kunden kaufen je länger je weniger bei der Institution BANK, sondern beim sympathischen und kompetenten Verkäufer oder Finanzberater. Finanzberatung ist auch ein Stück Lebensberatung.

Gefragt sind Sofortmaßnahmen

Umbau im Retail Banking hüben und drüben. Die Kundenkontaktpunkte erhalten eine völlig neue Rolle: von Transaktionsstellen zu neuen Verkaufs- und Beziehungs-Treffpunkten? Wo liegen die Chancen, rasch entscheidende Wettbewerbsvorteile zu erringen?

Angesichts des grundlegenden Handlungsbedarfs im Retail-Banking-Geschäft stellen sich bei der Evaluation der Verkaufsförderung und ihrer zweckmäßigen Ausgestaltung freilich einige Qualifikationsfragen. Gibt es ein Maßnahmenpaket, welches sich eignet,

- kurzfristig wirksame Resultate zu bringen?
- die alte Unternehmenskultur, die latente Abneigung gegen verbindliches Verkaufen zu durchbrechen?
- ermutigende Ersterfolge zu ermöglichen?
- sich in Piloteinsätzen dank geringer Abhängigkeiten zu bewähren?
- die Strategieumsetzung bei geringen Risiken auch experimental voranzutreiben?

Der folgende Lösungsansatz stellt eine Annäherung an diese Kriterien dar.

Sales Promotion AKTIONEN **Mikro-Marketingmix**		
Verkaufswerbung	• Eyecatcher/Animation • NUTZEN-Info • Besitzwunsch	• Promo-Satellit • Software, Multimedia • Service-Peripherie • Verkaufsgespräch
Product	• Degustation „Cruover" • Modellieren, DEMO • Probeangebot/Paket	
Price	• Einführungspreis • Rabatt	• Paketpreis • Kundengeschenke
Place	• Standortwahl/Mobilität • Variable Präsenzzeiten • Selbstbedienung	• Kombinationsformen Filiale/Dritte • Absatzmittler • Alternativen

Abbildung 33: Der Mikro-Marketingmix

⇨ Machen Sie Verkaufen salonfähig!

In einer ersten Stärken-Schwächen-Analyse räumen Vertriebsverantwortliche großer Retail-Banken freimütig ein, wie kläglich schwach die Fähigkeit zur bedarfsgerechten Verkaufskommunikation, zur Kundenansprache, zur überzeugenden Kommunikation des Kundennutzens, und zum Abschluß noch sei.

Bezeichnenderweise nennen die Angelsachsen den Kommunikations-Mix „Promotion", womit der Schwerpunkt auf *Sales Promotion* (Verkaufsförderung) offensichtlich ist. Vorab im *Einzelhandel* hat die Verkaufsförderung eine bewährte Tradition. Inspirierende Fallbeispiele guter Direktkommunikation finden wir beispielsweise bei der schweizerischen Verkaufsorganisation der AEG, bei der Firma Baer Weichkäse AG oder bei zahlreichen anderen Markenartikelherstellern.

Und im Finanzsektor? „Degustation" und Promotion von Finanzdienstleistungen?! Bei Schweizer Banken treffen wir professionelle Verkaufsförderung nur sehr verdünnt an. Und dennoch gibt es sie, die Musterbeispiele mit Vorbildcharakter. Die Schweizerische Kreditanstalt, bekannt für ihr Sponsoring-Engagement an der jährlichen Rad Classique „Tour de Suisse“, hat 1994 erstmals zusammen mit der Volksbank die ganze Tour mit einem eindrücklichen Promotion-Troß begleitet. Bei diesen Verkaufsförderungsaktivitäten gelangen auch Multimedia-Bildschirme zum Einsatz. Die SKA hat bereits vor einigen Jahren mit ihrer Shop-in-shop-Promotion in den eigenen Kundenhallen begonnen. Diese Ansätze dürften mittelfristig weit erfolgreicher sein als das 1986 lancierte Modell der Kleinfiliale „Contact Bank“, welches zwar im Design *ohne* Kassenschalter futuristisch und konsequent war, eine eigentliche Verkaufskultur aber vermissen ließ. Bereits Ende 1993 waren die meisten Contact Banken wieder von der Bildfläche verschwunden. Die Kreditkartenorganisation VISA Finalba des Schweizerischen Bankvereins tritt seit kurzem mit größeren Promotion-Kampagnen an den Markt. Im Stammhaus des Schweizerischen Bankvereins selbst entfalten die im Rahmen des Restrukturierungsprojektes ProFIL 1994 geschaffenen Beratungs- und Verkaufsgruppen (B&V) bereits nach kurzer Anlaufzeit ernstzunehmende Verkaufsförderungsaktivitäten „draußen“ in den Kundenzonen. Bei der Schweizerischen Bankgesellschaft schließlich beeindruckt der insbesondere werbemäßig großspurige Marktauftritt bei der Lancierung des neuen Leistungspaketes „Liberty“. Eine graphische Software unterstützt die Verkaufsberatung bzw. die Kontoumstellungen an der Front. Die wenigen Beispiele signalisieren den Aufbruch und fordern zumindest heraus. Es dürfte sich somit lohnen, die Chancen und Möglichkeiten der klassischen Verkaufsförderung für Finanzdienstleistungen zu erkunden.

2. Verkaufsförderung – was heißt das für die Bank im Retail-Geschäft?

Was kennzeichnet erfolgreiche *Verkaufsförderung im Dienstleistungsverkauf?* Wie ist Sales Promotion gegenüber Werbung, Serviceabwicklung und Kundenbetreuung abzugrenzen? Welches sind die typischen *Voraussetzungen, Chancen und Grenzen?* Wofür eignet sich Verkaufsförderung ganz besonders, wofür weniger? Welche Konsequenzen lassen sich aus den Erkenntnissen ziehen? Diese Fragen sollen in der folgenden Positionierung beantwortet werden. Schließlich soll auch erörtert werden, welche *Hilfsmittel der Informationstechnik* der Verkaufsförderung zum Durchbruch verhelfen werden.

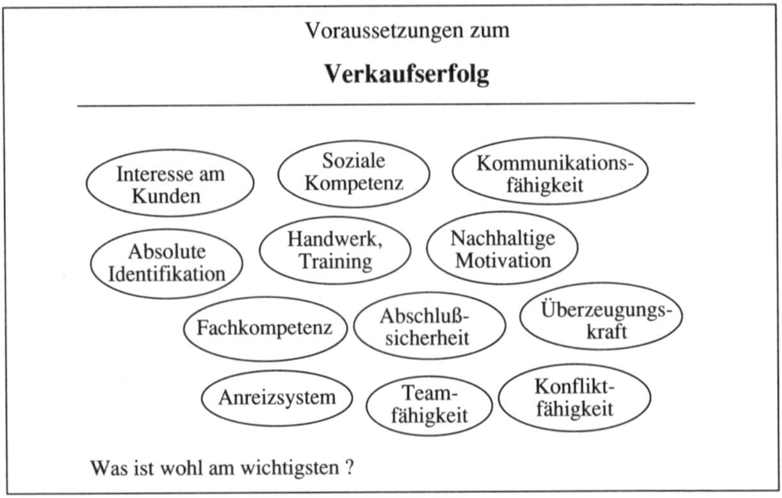

Abbildung 34: Voraussetzungen zum Verkaufserfolg

Verkaufsförderung ist ...

- ein dem Kommunikations-Mix zugerechnetes eigenständiges Marketinginstrument, welches vor allem kurzfristig *Konsumenten, Absatzmittler und die interne Verkaufsorganisation* informiert und beeinflußt. Verkaufsförderung entwickelte sich aus der Verselbständigung bestimmter Teile von Verkauf, Werbung, Distribution und spiegelt alle Elemente des operativen Marketing-Mix wider. Sales Promotion eignet sich insbesondere zum Schnüren standardisierter aber dennoch maßgeschneiderter *Aktionspakete*. Die typischen Aktionsmittel sind: Produkteproben, Degustation, Merchandising, Preisaktionen, Incentives, spezialisierende Promotion-Schulung und (neuerdings in verstärktem Masse) die Informationstechnik[1].
- mit dem Kunden sprechen, „ohne eine Produkt zu besitzen". Die Definition passender Marktleistungen ergibt sich erst *nach* der Bedürfnisanalyse.
- Kulturwandel im Privatkundengeschäft: weniger Formulare – mehr Kommunikation. Weniger Gießkannenwerbung – mehr Verkaufsdialoge.

1 Vgl. Diller (1992)

- die *Vorstufe* des Verkaufs: die Eröffnungsphase qualifizierter Verkaufszyklen.
- direkt und rasch umsetzbar. Verkaufsförderung ist deshalb eine wirkungsvolle *Sofortmaßnahme* der phasenweisen Implementation neuer Strategien und Konzepte.
- "ambulanter" Außendienst, dynamisch und mobil: z.B. Roadshow, Promo-Satellit auf Wanderschaft, im Sattelschlepper oder Bahnwagen/Ausstellungszug.
- ein einfaches, griffiges Marketinginstrument, welches den gesamten Marketing-Mix modellhaft miniaturisiert. Verkaufsförderung zeichnet sich durch hohe Übertragbarkeit (Replizierbarkeit) aus. Die potentielle Mehrfachnutzung erlaubt es, dem *Mengenproblem* erfolgreich zu begegnen.
- ein hervorragendes Instrument für *Testmarketing* nach Segmenten, Finanzdienstleistungen oder Distributionswegen.
- flexibel und wenig infrastrukturlastig.
- ausgesprochen matrixtauglich.
- absolut handlungsorientiert: Wenig Theorie, wenig Weisungen – viel praktische Anwendung und Training „on the job". Das persönliche Erlebnis als Lehrmeister!
- Bindeglied zwischen persönlicher Beratung und Selbstbedienung. Es steigt der Bedarf nach einer wirkungsvollen „Brückenfunktion". Verkaufsförderung schließt diese Lücke.
- voll miliztauglich: Kurze, rasche Lernkurve – geringe Risiken, einfache Grundprinzipien.
- ein „Heimvorteil" im Sinne der Verkaufspsychologie *ohne* die Nachteile der abstoßenden Schalterburgen und Theken. Dies erhöht das Selbstbewußtsein der Berater und damit die Abschlußquote.
- konzentrierter und damit optimierbarer Ressourceneinsatz. Klar abgrenzbar nach Zielgruppe, Finanzdienstleistungsprodukt, Mittel, Themen und Zielsetzungen, Zeit und Dauer, Kosten, Verantwortlichkeit.

Verkaufsförderung ist *nicht* ...

- laufende und langfristige Kundenbetreuung, doch immerhin ein erster Mosaikstein im Beziehungsgeschäft.
- eine 100%-Optimierung der Kundenbetreuung, sondern dient der Erreichung von Basisverbesserungen in kurzer Zeit.

- vollwertiger Ersatz für Vollservice-Bankfilialen – wohl aber eine effektvolle Ergänzung für Teilservicefilialen, eine Verdichtung der seitens der Kunden empfundenen Präsenz (= Kundennähe).
- zu verwechseln mit Marketingveranstaltungen zur Imageförderung (Tag der offenen Tür, PR-Anläße, Sponsoring). Verkaufsförderung ist jedoch prädestiniert, gerade das Event-Marketing wirkungsvoll zu ergänzen.
- kompliziert oder vernetzt wie ein „Projekt". Verkaufsförderung ist weder perfektionistisch durchorganisiert noch reglementiert.

Verkaufsförderung bedingt ...

- Mut zum Verkaufsgespräch, zur Kundenansprache. Bereitschaft, die wahren Bedürfnisse der Kunden aufzuspüren und auf dieser Grundlage echten Kundennutzen zu erbringen.
- eine Abkehr vom beamtenhaften Perfektionismus im Bankgeschäft. Wer diesen Sprung über den Schatten einer 100jährigen Unternehmenskultur jedoch wagt, erhält im Instrument Verkaufsförderung ein geeignetes „Turngerät" zum zielgerichteten Experimentieren und Üben. Die Lernenden können bei kleinsten Risiken auch Fehler machen und daraus wiederum lernen. Zunehmender Verkaufserfolg ist der beste Motor!
- ein erfolgreiches „internes Marketing". Wirkungsvolle Verkaufsförderung beginnt stets in der Bank bei den eigenen Mitarbeitern: „Kaufen" sie die Promotionskampagne? Wie weit stimmen Ziele und Motive mit denjenigen der Planer überein? Steht das Management dahinter?
- Kreativität aller beteiligten Mitarbeiter. Sales Promotion-Aktionen leben vom Einfallsreichtum und der Eigeninitiative der „internen Unternehmer".
- materielle Bereitschaft der Infrastruktur (Promotions-Stände, modular, mobil, Fahrzeuge, audiovisuelle Mittel). Da Verkaufsförderung gut begrenzt werden kann und muß, sind keine Großinvestitionen erforderlich. Die konzeptionellen Ansprüche bedingen jedoch wirkungsvolle moderne Hilfsmittel.
- personelle Bereitschaft einer „raschen Eingreiftruppe" aus geeigneten internen und/oder externen Mitarbeitern. Nicht zu unterschätzen sind die Anforderungen an Teambildung und -führung, Gruppendynamik, fokussiertes Verkaufstraining und Briefing.
- einen abgestimmten Kommunikations-Mix: Verkaufsdokumentation, Wettbewerbe, Visitenkarten, Bestätigungsbriefe, Follow-up-Konzept zwecks Überführung in den regulären Verkauf.

- inspirierende Atmosphäre, Eyecatcher, „Erlebniswelt“, Beratungserlebnisse.
- Informatik: „Kundensicht“ am Bildschirm, Konzept für Bewirtschaftung von Verkaufszyklen, elektronische Agenda mit Pendenzenverwaltung, integriertes Vertriebs- und Verkaufsmanagement-System, graphische Produktepräsentation, Modellrechnungen, emotionalisierende und unterhaltende Beratungsunterstützung (Infotainment), Multimedia zur Förderung von „Beratungserlebnissen“. Dazu gehört eine „schlanke“ Administration. Erledigung vor Ort – minimale Nachbearbeitung. Kurz: Eleganter Verkauf – schlanke Verarbeitung.
- attraktives, gerechtes und nachvollziehbares Anreizsystem (Bonusse, Incentives, Auszeichnungen)

Verkaufsförderung eignet sich ...

- zum zielstrebigen und überprüfbaren Aufbau einer Verkaufskultur. Verkaufsförderung bringt eine erhöhte Marktpräsenz und Kundennähe (Unique Selling Proposition).
- für den erforderlichen Schnellstart im jungen, stark umkämpften Teilmarkt Retail Banking.
- für klar strukturierte einfache Themen, die sauber abgrenzbar und rasch verständlich gemacht werden können (Beratungsbedarf von wenigen Minuten).
- für kurze, sich wiederholende Einsätze. Gute Budgetierbarkeit.
- gegenüber klar definierter, eindeutiger Zielgruppe: Feinsegment oder Cluster-Bildung. Database-Marketing und fokussierte Marktbearbeitung.
- zur Einleitung qualifizierter Verkaufszyklen (Sales Leads, Qualifikation des Potentials), zum Start von Beziehungsgeschäften.
- für erklärungsbedürftige abstrakte Marktleistungen wie Servicepakete (Product Bundling).
- zur Aufwertung der Bankfilialleiter: Freiräume für einfallsreiche Marktbearbeitung und hohe zeitliche und räumliche Marktpräsenz. Zielsetzung ist eine schwer kopierbare Vermarktungsstärke[2].
- zur Förderung und Selektion geeigneter Nachwuchs-Retail-Banker: Vom Junior über den Spezialisten zum Allrounder.

---

2 Vgl. Pipp (1989)

- für nachhaltige Marktpräsenz an zielgruppenspezifischen Anlässen wie Kapitalanlegertagungen, Konferenzen kleiner und mittelgroßer Unternehmen (KMU), Messen, Generalversammlungen; d.h. als Brücke zwischen Event Marketing und verkaufsorientierter individueller Nachbearbeitung.
- für wirkungsvollen unterstützenden Informatikeinsatz: Produktepräsentation attraktiv, visuell, audiovisuell/multimedial, gelenkte Fragetechnik, Argumentationshilfen, Produktivitätstools zur systematischen Bewältigung der großen Zahl.
- für Schwerpunktaktionen mit eigenem, nicht voll ausgelastetem Personal (in flauen Perioden wie Tageszeiten, Mitte Monat, für saisonale Aktualitätsthemen, Wochenendeinsätze bei Anlässen).
- für den einheitlichen Marktauftritt der Absatzmittler (Retail Broker, Agenten). Sicherstellung einer Unité de Doctrine in Beratung und Verkauf!
- zur *Flankierung* von Mailings, Werbung, Marketing- und Verkaufsanlässen. Verkaufsförderung ist die ideale *Ergänzung* zur fokussierten Marktbearbeitung (Direktkommunikation).
- zur sympathischen, menschlichen Ergänzung automatisierter und standardisierter Schnittstellen zwischen Bank und Kunde; für Akzeptanztests und Kundenzufriedenheitserhebungen.
- als ideales Vehikel für Testmarketing. Verkaufsförderung kann mit Bedarfserhebungen der Primär-Marktforschung kombiniert werden.
- zur Förderung von Verhaltensänderung, zur Schulung des erfolgversprechenden Verkaufsverhaltens, insbesondere zur „zündenden" Gesprächseröffnung, Fragetechnik, Argumentation und Einwandbehandlung (wichtig: Bei Verkaufsförderungsaktionen erwarten die Kunden *kein* komplexes Fachwissen).
- zur Teamförderung und zum Einbezug einer breiten Mitarbeiterbasis: Sie alle vollziehen praktische Schritte und den mentalen Wandel hin zur Kundenorien tierung.
- zur Promotion und Kommunikation neuer Service- und Vertriebskanäle. Bei der Lancierung von Self-Service verleiht Verkaufsförderung dem Mensch-/Maschine-Interface die vertrauensbildende menschliche „Wärme". Dieser Akt der „Erwärmung" bedarf der Wiederholung, um eine hohe Nutzungsintensität aufrechtzuerhalten.
- zur Lancierung und Einführung neuer Produkte, Preisstrukturen, Kundenbetreuungsteams, Kundenclubs etc.

Verkaufsförderung eignet sich *nicht* ...

- für beratungsintensive Verkäufe und beziehungsintensive Folgegeschäfte, bei denen Generalisten-Know-how erforderlich ist.
- zur kontinuierlichen (langfristigen) Betreuung wichtiger Individualkunden und Firmenkunden (immerhin aber im Retail-KMU-Bereich).
- für die gute alte „Hans Dampf in allen Gassen"-Universalbankberatung in „allen Geldfragen", sehr wohl hingegen für eine thematisch gezielte Marktbearbeitung oder in einem abgegrenzten Teilmarkt.
- zur Beackerung ganzer Verkaufszyklen über mittlere bis längere Zeitspannen, wohl aber zu deren qualifizierter Einleitung.
- als Ersatz zielgruppenspezifischer, differenzierter Verkaufsaktionen aufgrund von Profitabilitätsanalyse und Ausbaupotential pro Kunde bzw. individueller Bedürfniserhebung.

3. Konsequenzen

Die Verkaufsförderung birgt ungeahnte Nutzen- und Ertragspotentiale für den Dienstleistungsverkauf im Finanzsektor. Erfolgsentscheidend sind die *Mitarbeiter*, ihr Verkaufsverhalten und ein wirkungsvoller *Sachmitteleinsatz*. Beflügelt durch Erfolge und steigende Abschlußquoten werden die Kundenberater und Verkäufer immer produktiver. Daraus resultiert eine beträchtliche Breitenwirkung bei hoher Durchdringung des Marktes mit der Verkaufsbotschaft.

Verkaufsförderung ist ein polyvalentes flexibles Marketinginstrument in der Hand der Retail-Banking-Führung. Ein Instrument zur operativen Schwerpunktbildung, geeignet für Verkaufskampagnen sowie Interventions- und Korrekturmaßnahmen am Markt. Neuralgischer und kritischer Erfolgsfaktor – neben der Qualität und der Veränderungsbereitschaft der Mitarbeiter – ist je länger, je mehr die Informationstechnik.

4. Informationstechnik als Schlüsselfaktor

Neue *Informatik-Verkaufssysteme* sind idealerweise teamorientiert und enthalten ein reichhaltiges Instrumentarium für die Kundenfront im „neuen" Retail Banking. Dies sind die typischen Unterstützungsfunktionen seitens der Informatik:

- Verkaufsführung und Teamentwicklung, Leitung von Marketing- und Verkaufsaktionen
- Kundenleitsystem und dynamische Beraterzuordnung, teaminternes Nachrichtensystem
- Unterstützung der Kundenansprache, Produktepräsentation, Lenkung der Verkaufsgespräche und Argumentationshilfe
- Presale- und Verkaufszyklen, Bewirtschaftung „offener" Verkaufszyklen im Team, Verwaltung von Beratungs- und Verkaufspendenzen,
- Feinsegmentierte Marketing- und Verkaufsaktionen, Logbuch aller Beratungs- und Verkaufsschritte

Das Informatiksystem steigert die *Verkaufsproduktivität*. Der Kundenberater wird von zeitaufwendiger Informationsbeschaffung entlastet. Zahlreiche administrative Bedienungs- und Verarbeitungshandgriffe erübrigen sich. So kann sich der Verkäufer voll auf den abschlußorientierten Dialog mit Kunden oder Interessenten konzentrieren und kann sowohl eine höhere Anzahl der Kundenansprachen als auch eine höhere Abschlußquote erreichen.

Geschäftsnutzen vor Technologie

Der moderne Retail-Banker verfügt in seinem „Verkaufscockpit" über ein großartiges Navigationsinstrumentarium. Dank der grafischen Fenstertechnik hat er/sie schnellen Zugriff auf Kunden-, Produkt- und Verkaufsinformationen. Aktuelle und relevante Beratungsinformationen sowie eine sympathische Präsentation und ein auf den Gesprächspartner ausgerichteter Dialog führen *näher zum Kunden*. Die standardisierte Gesprächsunterstützung und -lenkung fördert die Verkaufsleistung. Direkte Angebots- und Dokumentenerstellung am Verkaufspunkt bringen mehr nutzbare Beratungszeit und erhöhen die Chancen für Zusatzgeschäfte. Zur umfassenden *Finanzberatung* gehört auch ein neues Servicegefühl: kulante und individuelle Beratung, einfache Abwicklung, unterschriftsreife Dokumente sowie minimalste manuelle Nachbearbeitung im Middle-office. Das Informatik-Verkaufssystem ist konsequent auf die Verkaufsförderung ausgerichtet.

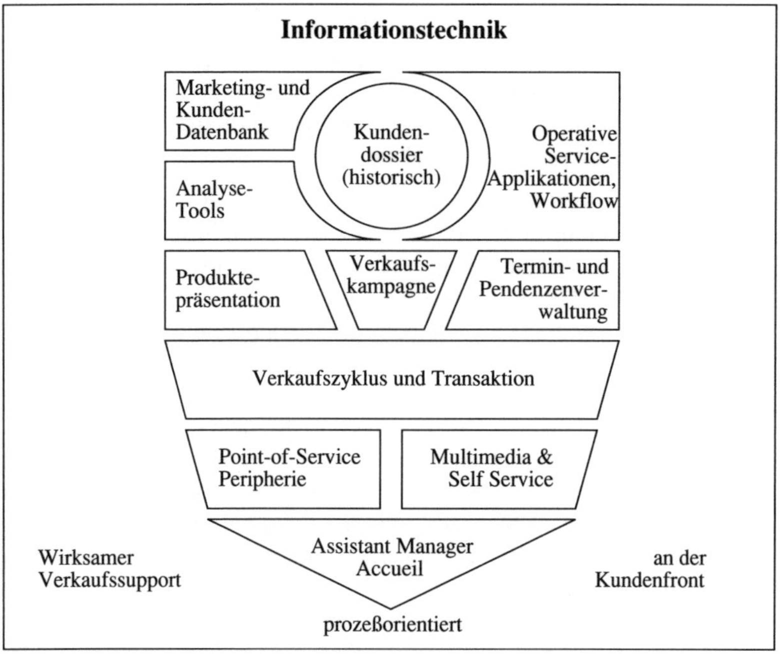

Abbildung 35: Elemente der Informationstechnik

Verkaufsorientierte Benutzerführung

Kundenberater, die bereits mit grafischen Benutzeroberflächen vertraut sind, werden den neuen *Verkaufssupport* begrüßen und sehr rasch effizient nutzen können. Die individuelle Navigation in der „Cockpit-Applikation" erfolgt intuitiv und *einfach*, da die Präsentation der reichen Funktionalität plausibel und weitgehend *selbsterklärend* ist. Neue Retail-Verkaufsberater erhalten entscheidende fachliche Unterstützung und werden so im *Lernprozeß* gefördert. Ein „Junior" wird rasch zum Allrounder mit Selbstvertrauen und kann innerhalb kürzester Zeit ein Verkaufsteam wirkungsvoll verstärken.

Das teamorientierte Verkaufssystem

Wird sich der Filialdirektor zum Verkaufsleiter wandeln? Die anstehende Metamorphose ruft nach förderlichen Hilfsmitteln. Weit vorn auf der Prioritätenliste steht wohl eine Informatikunterstützung, welche sich durch besondere *Funktionalitäten und Leistungsmerkmale* zur teamorientierten Führung im Verkauf auszeichnet. Dies sind die Bausteine zur Verkaufsförderung aus der Unisys-Software-Palette:

- *Verkaufszyklus* und Logbuch-Aufzeichnung (Session-Konzept) zur Pflege und Verwaltung „offener" Verkaufszyklen. Ein mächtiges Werkzeug zur Führung im Verkauf. Idealerweise in Kombination mit einem modernen Agenda- und Pendenzenverwaltungssystem.
- *Produktepräsentation* und methodischer *Verkaufssupport*, maßgeschneiderte Modellrechnungen, Cross-selling-Argumentation und Verknüpfungen, Produktinfo.
- *Intercom*, teaminternes Message-System. Kombinationsmöglichkeiten mit Workgroup-Nachrichtensystemen und elektronischer Post. Die ideale Schnellverbindung zwischen dem äußersten Kundenkontaktpunkt „Accueil" (Assistant Manager) und den Beratern. Die integrierte Meldungsvermittlung ist das Grundgerüst eines verkaufsprozeßorientierten Kundenleitsystems.
- *Aktionslisten- und Aktivitätenverwaltung* für teamorientierte Arbeitsvorbereitung (AVOR und -steuerung). „Queues" pendenter Aufgaben oder wartender Kunden werden innerhalb des Service- und Verkaufskonzeptes überwacht, optimal verteilt und zügig abgearbeitet. Aufgrund der aktuellen Verkaufstaktik und der geäußerten Wünsche der Kunden erlaubt diese Funktion eine bedarfsgerechte Kanalisierung der Kundenkontakte.
- Potentialorientiertes *Prospects Management*: Präzise Selektionen aus Marketing- und Kundendatenbank, Berücksichtigung der Beratungs- und Verkaufsgeschichte im elektronischen „Kundendossier", Bestimmung der Prioritäten zwecks Steuerung von Verkaufskampagnen in Telefonverkauf und Sales Promotion. Fokussierte Marktbearbeitung – wirkungsvoller Ressourceneinsatz.
- *Verkaufserfolgskontrolle* mittels elektronischem Verkaufsjournal, Statistiken und Auswertungen.

Konzipiert für den Wandel

Im Retail-Geschäft der 90er Jahre ruft der entfachte Wandel nach Informatikunterstützung im Verkauf. Flexibilität und proaktives Marktverhalten sind gefragt. Grundlegendes Merkmal einer modernen Lösung ist die konzeptionelle *Vorsorge für den Wandel* und die vollständige Offenheit im Hinblick auf neue Einflußfaktoren, seitens der Geschäfte oder der Technologie. Machen Sie Verkaufen salonfähig! Die Werkzeuge und Zutaten stehen bereit.

Verkaufssteigerungsprogramme im Privatkundengeschäft

Hans-Michael Heitmüller

1. Markt- und geschäftspolitische Ausgangssituation

Die Sparkassenorganisation mit ihren aktuell knapp 700 Sparkassen und 13 Landesbanken/Girozentralen ist mit einem Bilanzvolumen von rd. 2,6 Bio. DM (1994) die mit Abstand größte Finanzgruppe des deutschen Kreditgewerbes. Mit einem Gesamtmarktanteil von 38% und bei Privaten von rd. 50% ist sie heute unangefochtener Marktführer. Dem Privatkundengeschäft kommt dabei eine überragende Bedeutung für die Rentabilität der Sparkassen zu, liefert es für die Gewinn- und Verlustrechnung doch die Hauptergebnisbeiträge. Eine flächendeckende Versorgung mit Finanzdienstleistungen schafft dabei die Basis für die Ausschöpfung des Kundenpotentials. Die Entwicklung von bedarfsorientierten Angebotsbündeln steht auch in Zukunft im Mittelpunkt einer kundennahen Marktpolitik.
Die Nachfrage der privaten Haushalte nach Finanzdienstleistungen wird auch in den nächsten Jahren überdurchschnittlich stark steigen. Sie dürfte erheblich zum Wachstum der Kreditwirtschaft insgesamt beitragen. Hintergrund ist vor allem die dynamische Entwicklung der privaten Vermögensbildung. So kann mit einem Anwachsen der privaten Geldvermögensbestände von derzeit ca. 3,6 Bio. DM auf über 6 Bio. DM bis zum Jahre 2000 gerechnet werden.

Allerdings sind gerade im Privatkundenmarkt nachhaltige Umbrüche der Wettbewerbslandschaft zu erwarten. Der soziodemographische Trend mit seinen Auswirkungen auf den Altersaufbau der Bevölkerung, die Einkommensentwicklung und Vermögensumschichtungen im Rahmen von Vererbungsvorgängen führen zu Verschiebungen der Struktur aufgrund eines veränderten Anlegerverhaltens. Gleichzeitig hat die Liberalisierung der Finanzdienstleistungsmärkte im Zuge der Bildung des europäischen Binnenmarktes eine weitere Auffächerung des Leistungsangebotes zur Folge.

Unter betriebswirtschaftlichen Gesichtspunkten ist mit einer weiteren Verteuerung der Passivseite mit zunehmenden Volatilitäten und Risiken und in der Folge mit einem verstärkten Margen- und Ergebnisdruck zu rechnen. Aktuelle Zuwächse der Betriebsergebnisse sollten den Blick für die anstehenden Probleme nicht verstellen, da sich Strukturverschiebungen in der Geldvermögensbildung zugunsten höherverzinslicher Anlageformen vornehmlich in den Bereichen Wertpapiere und Lebensversicherungen auch in Zukunft dynamisch fortsetzen werden. Neue Akzente im Hinblick auf die Erhöhung der Einstandskosten im Einlagenbereich werden beispielsweise durch die seit dem 1. August 1994 auch in Deutschland zugelassenen „echten Geldmarktfonds" gesetzt. Die Möglichkeit der „Umwälzung" des entsprechend höheren Zinsaufwandes auf das Aktivgeschäft ist dabei in aller Regel sehr beschränkt.

Für die Sparkassen führen diese Entwicklungen zu einer erheblichen Belastung ihrer Rentabilitätssituation. Es gilt deshalb, die Bedeutung des Ergebnisträgers Privatkundengeschäft zu erkennen und ihm die notwendige Priorität einzuräumen. Es stellt sich die strategische Hauptaufgabe, die hohen, aber stark gefährdeten Marktanteile aktiv zu sichern. Einkommensstärkere Kundengruppen und Mengenkunden sind ihren Bedürfnissen entsprechend differenziert zu behandeln. Insbesondere die Individualkunden haben für die Marktstrategien auch und gerade der Sparkassen eine hervorgehobene Bedeutung. Sie umfassen etwa 20 Prozent der Sparkassenkunden, ihre Ergebnisbeiträge machen aber den weit überwiegenden Teil am Gesamtergebnis aus.

Die Notwendigkeit zum aktiven Gegensteuern im Markt ergibt sich auch daraus, daß im Hinblick auf die Steigerung der Vertriebskraft noch erhebliche Potentiale brachliegen, also noch nicht sämtliche Möglichkeiten ausgeschöpft sind. Ergebnisse von Absatzstatistiken, Umfragen zur Planung des Kundenkontaktes und betriebswirtschaftliche Analysen zeigen in diesem Zusammenhang folgende Ansatzpunkte:

- **Verstärkung der aktiven Kundenansprache bei den Sparkassenmitarbeitern durch Einstellungs- und Verhaltensänderung**

  Die Ausgangssituation „Ich kenne meine Kunden" war in fast allen Instituten gleich, aber damit begann schon eine falsche Einschätzung:
  Der überwiegende Teil der Geschäfte kommt auf Initiative der Kunden zustande. Das Kennen des Kunden, das Erkennen des Kundenbedarfs

und eine daraus abgeleitete aktive Kundenansprache waren verbesserungsfähig. Es ist noch nicht vollständig gelungen, die zahlreichen Kundenkontakte im Servicebereich für den zusätzlichen Verkauf von qualifizierten Beratungsleistungen auf breiter Basis zu nutzen (Cross-selling). Aber auch dazu ist eine Verhaltensänderung notwendig: Es fehlt an der Abschlußsicherheit oder etwas salopp formuliert, viele Mitarbeiter sind „Weltmeister" in der Beratung, aber sie können nicht (ertragsorientiert) verkaufen. Dabei sind hervorragende Voraussetzungen gegeben, denn gerade der aktive und regelmäßige Kundenkontakt stellt die beste Möglichkeit dar, die Kundenbindung nachhaltig zu festigen und in Geschäfte umzusetzen.

- **Fokussierung auf die Beratungsleistung**

  Der größte Anteil der von den Kunden nachgefragten Leistungen gehört zum Routinebereich (Serviceleistungen/Kasse). Beratungsgeschäfte stellen einen weit geringeren Anteil dar, wovon noch der größte Teil vom Kunden selbst initiiert wird. Dies bedeutet, daß ein Großteil der für das Beratungsgeschäft aufgebauten Kapazitäten durch wenig anspruchsvolle, häufig wiederkehrende Routinegeschäftsvorfälle gebunden ist. Der damit verbundene hohe Anteil von Verwaltungstätigkeiten hat zur Folge, daß die aktive Kundenansprache vielfach unterbleibt. Dies ist in hohem Masse ineffizient, unterfordert den Mitarbeiter und trägt auch nicht zur Erhöhung der Kundenbindung bei. Ziel muß es sein, Freiräume zur aktiven Beratungstätigkeit zu schaffen.

- **Differenzierung im Vertrieb**

  Hauptvertriebsweg ist und bleibt auch in Zukunft die stationäre Geschäftsstelle, wobei im Gleichklang der Differenzierung des Leistungsangebotes für unterschiedliche Kundengruppen konsequenterweise auch eine Differenzierung des Geschäftsstellennetzes einhergeht. Zusätzlich sind die Geschäftsstellen durch alternative Vertriebswege zu ergänzen. Ziel ist die Kombination verschiedener, sich wechselseitig verstärkende Vertriebswege und damit eine erhöhte Flexibilität im Vertriebssystem.

Neben diesen Schwerpunkten sind als weitere Handlungsfelder zu nennen:

- Verbesserung der Verkaufskonsequenz bei Kunden mit hohem Ergebnispotential (Individualkunden, Freiberufler, Selbständige) und Forcierung der Zukunftsprodukte;
- Verbesserung der Abschlußorientierung und Optimierung der Zusammenarbeit im Verbund (Bausparen, Versicherungen).

Der Abbau von Lücken in der Verkaufskompetenz bedingt eine:

- erhöhte Personalqualifikation;
- verbesserte Beratungskompetenz und Abschlußsicherheit;
- adäquate Informationsbasis für die Kundenberatung.

Um vor diesem Hintergrund die führende Position der Sparkassenorganisation im Privatkundengeschäft bei den traditionellen Kunden und Produkten zu halten und die Marktstellung bei Zukunftskunden und Produkten auszubauen, wurden vom Deutschen Sparkassen- und Giroverband in Zusammenarbeit mit den regionalen Sparkassen- und Giroverbänden Verkaufssteigerungsprogramme durchgeführt. Diese wurden zunächst im Individualkundengeschäft (VSP-Individual) und im Mengengeschäft mit Ertragspotential (VSP-Standard) initiiert. Das Projektdesign war von vornherein so angelegt, daß Verkaufssteigerungsprogramme auch im Hinblick auf weitere Zielgruppen bzw. -produkte ergänzt werden konnten.

2. Zielsetzungen der Verkaufssteigerungsprogramme

Primäres Ziel der Verkaufssteigerungsprogramme ist die nachhaltige Volumens- und Ertragssteigerung im Privatkundengeschäft, insbesondere bei sparkasseneigenen Angebotsformen und im Provisionsgeschäft. Bei den Verkaufssteigerungsprogrammen geht es aber nicht nur um die Realisierung von kurzfristigen Erfolgen während der Projektlaufzeit und im Zuge der Maßnahmenrealisierung, vielmehr wird eine dauerhafte Verbesserung und Steigerung der Verkaufskraft sichergestellt, insbesondere durch

- eine Einstellungs- und Verhaltensänderung hin zum aktiven Verkauf,
- cin verbessertes Marktbearbeitungs- und Verkaufs-Know-how der Kundenberater,

- eine verbesserte Verkaufsmotivation,
- ein stärker ertragsorientiertes Denken und Handeln,
- eine verstärkte Zusammenarbeit mit den Verbundpartnern sowie
- den Aufbau einer leistungsfähigen Infrastruktur zur Vertriebssteuerung und Vertriebsunterstützung.

Neben diesen in erster Linie qualitativen Zielen ist es weiterhin Aufgabe der Verkaufssteigerungsprogramme, Erkenntnisse über die detaillierte Ausgestaltung der organisatorischen Absicherung von Verkaufserfolgen in den einzelnen Sparkassen zu gewinnen und grundsätzliche Problemkreise des Vertriebssystems und der Vertriebspolitik zu hinterfragen. Analysen zeigen, daß die Sparkassen im Vergleich zu den Wettbewerbern das Ergebnispotential ihrer Kunden optimaler ausschöpfen könnten. Ziel der Verkaufssteigerungsprogramme muß es demnach ebenfalls sein, diese Ertragssteigerungspotentiale zu identifizieren und zu realisieren.

Zur Verdeutlichung der Philosophie sei nochmals deutlich herausgestellt: Mit den Verkaufssteigerungsprogrammen wird nicht beabsichtigt, ein kurzfristig blendendes Strohfeuer zu entfachen. Vielmehr gilt es, die erzielten und künftig weiter erzielbaren Ertragssteigerungen langfristig hausintern und institutsindividuell abzusichern. Denn neben kurzfristig umsetzbaren Maßnahmen zur Ertragssteigerung haben Verkaufssteigerungsprogramme auch einen „Kulturwandel" in der gesamten Vertriebsorganisation der Sparkasse zum Ziel: Durch konsequente Orientierung an den Kundenbedürfnissen und jeweiligen Produktmargen sowie durch eine Stärkung der Verkaufsaktivitäten und -fähigkeiten wird eine deutliche Veränderung des Mitarbeiterverhaltens im Vertrieb und in den unterstützenden Stabsbereichen angestrebt und nach den vorliegenden fünfjährigen Praxiserfahrungen in annähernd 400 Instituten auch erreicht. Die Sparkassen und ihre Mitarbeiter sind weitgehend zu einem neuen unternehmerischen Selbstverständnis gelangt. Der gesetzliche Auftrag der deutschen Sparkassen zur *flächendeckenden kreditwirtschaftlichen Versorgung aller Kundengruppen* ist das primäre Unternehmensziel. Dieses Ziel läßt sich – durch verordnete teure Vertriebsleistungen und zahlreiche Kunden ohne positive Ergebnisse – dauerhaft nur durch hohe Produktivität und konsequente Ausschöpfung vorhandener Ergebnispotentiale erreichen.

Der über das Verkaufssteigerungsprogramm gewollte Lerneffekt bewirkt auch, daß aktuell geschäftspolitisch nicht gewünschte Effekte, wie z. B. forcierte Umschichtungen von Eigenemissionen in nicht bilanzwirksame

Geldanlagen, durch geeignete Steuerungsmechanismen verhindert werden. Aktive Umschichtungen sind dann sinnvoll, wenn kurzfristige Mindererträge durch den Kundenberater über den Abschluß weiterer Angebote überkompensiert werden können. Letztendlich verfolgen Verkaufssteigerungsprogramme auch die Zielsetzung, die für die Kundenberater knapp bemessene Beratungszeit effizienter als bisher für den Verkauf ertragreicher Produkte zu nutzen. Dies alles geschieht nicht losgelöst vom Kundeninteresse. Im Gegenteil: Erst die konsequente Orientierung an den Kundenbedürfnissen und daraus abgeleitet der Verkauf eines kundenbedarfsgerechten Produktmixes gewährleistet langfristig ein Bestehen im Markt.

Die Vorteile der Verkaufssteigerungsprogramme lassen sich für die internen und externen Zielgruppen mithin wie folgt zusammenfassen:

Für Kunden:

- Bedarfsorientierte Ansprache und individuelle Lösungen (Sparkasse denkt und handelt für den Kunden mit).
- Optimierter Produkt-Mix.

Für Kundenberater:

- Mehr Abschlußsicherheit durch bessere Informationsbasis und systematische Gesprächsvorbereitung.
- Höhere Akquisitionserfolge und höhere Motivation.
- Durch Eigeninitiative mehr Selbständigkeit und eigenverantwortliche Aufgabendefinition.

Für die Sparkasse:

- Klare Kundenverantwortung.
- Mehr Ertrag durch höhere Vertriebseffizienz.
- Verbesserte Informationsbasis durch Ertragskalkulation auf Einzelkundenbasis.
- Identifikation übergreifender Maßnahmen zur Verbesserung von Aufbau-, Ablauf- und Führungsorganisation.

Für die Verbundpartner:

- Ausbau der Marktanteile über verstärkte gegenseitige Nutzung der Vertriebswege und
- Identifikation übergreifender Maßnahmen zur Verbesserung der Zusammenarbeit im Verbund.

3. Vorgehensweise und Durchführung von Verkaufssteigerungsprogrammen

Zur erfolgreichen Durchführung von Verkaufssteigerungsprogrammen bieten sich den Sparkassen gute Voraussetzungen. Neben einer flächendeckenden Versorgung mit Finanzdienstleistungen über ein umfangreiches Geschäftsstellennetz genießen sie ein hohes Vertrauen der Kunden, auch und gerade bei anspruchsvollen Produktangeboten. Desweiteren bieten sich gute Angebotsmöglichkeiten für sämtliche Allfinanzprodukte durch traditionell gute Zusammenarbeit mit den Verbundpartnern.

Grundsätzlich unterscheidet sich die Durchführung von Verkaufssteigerungsprogrammen von traditionellen Marketing- oder anlaßbezogenen Aktionen der Sparkassen dadurch, daß der in die Verkaufssteigerungsprogramme eingebundene Kundenberater die Verkaufsmaßnahmen selbständig, d.h. aus seiner spezifischen Markt- und Kundenkenntnis heraus entwickelt und möglichst zeitnah in konkreten Verkaufsgesprächen umsetzt. Damit werden die Kundenberater in ihrer Eigeninitiative stärker herausgefordert und sind nicht mehr nur bloßes „Werkzeug" zur Ausführung zentralseitig entwickelter Marketingideen. Er erkennt die Sinnhaftigkeit seines Tuns und weiß, mit welchem Ergebnis er zum Erfolg der Sparkasse beigetragen hat. Die Aufgaben der Zentralbereiche beschränken sich vielmehr auf die Bereitstellung der Informationsbasis, die methodische Unterstützung und die Übertragung der Ideen auf die Vertriebsmitarbeiter.

Die über die Verkaufssteigerungsprogramme erreichbaren Erfolge werden im wesentlichen durch Systematik, Kundenorientierung und schnelle Umsetzung in konkrete Verkaufsgespräche bewirkt. Die systematische Vorgehensweise der Verkaufssteigerungsprogramme ist vor allem in folgenden Punkten zu sehen:

- eindeutige Gliederung des Verkaufsprozesses in die Einzelschritte Markterkundung, Ideenfindung und Realisierung,
- straffe Zeitplanung zur Bearbeitung der einzelnen Arbeitsschritte,
- Nutzung von in der Sparkasse bereits vorhandenen und bewährten Verkaufsinstrumenten,
- Ertragsorientierung durch die Bereitstellung von Margentabellen für die einzelnen Produkte.

Die Orientierung am spezifischen Kundenbedarf erfolgt im wesentlichen über folgende Schritte:

- intensive Beschäftigung mit den einzelnen Kunden bzw. einzelnen Kundengruppen,
- gründliche Informationssammlung zur Erlangung eines möglichst kompletten Bildes über den Kunden,
- Analyse von potentiellen Kundenbedürfnissen anhand von festgestellten Bedarfsfeldern und damit Festlegung von konkreten Verkaufsideen.

Schließlich bestimmen die vom Kundenbetreuer gesammelten vielfältigen Informationen über den Markt und das Wettbewerbsumfeld seiner ihm zugeordneten Kunden, die vom Kundenberater selbst erarbeiteten Verkaufsansätze sowie das Abstellen auf Ertragssteigerungen, daß sich über konkrete Verkaufserfolge schnell eine selbsttragende Verkaufsmotivation der in das Projekt einbezogenen Kundenberater ergibt.

Verkaufssteigerungsprogramme sind zunächst für das Individualkundengeschäft (VSP-Individual) und für das Mengengeschäft mit Ertragspotential (VSP-Standard) entwickelt worden. Dementsprechend werden die Vorgehensweisen in den Programmen im folgenden separat beschrieben.

VSP-Individual

Das Verkaufssteigerungsprogramm für Individualkunden besteht im Kern aus drei Phasen: Vorbereitungsphase, Maßnahmenentwicklungsphase und Realisierungsphase.

Zunächst wird in einer *Vorbereitungsphase* die erforderliche Projektinfrastruktur geschaffen. Neben der Auswahl der einbezogenen Kunden und Kundenberater sowie der Sicherstellung der EDV-technischen Unterstützung für umfassende Analysen erfolgt die Planung der Schulungen, Seminare und Workshops für die Kundenberater. Als Selektionskriterien für die Individualkunden kann man sich an soziodemographischen bzw. lebensphasenbedingten Merkmalen orientieren. Bei der Auswahl der entsprechenden Kundenberater ist darauf zu achten, daß diese den Anforderungen der Individualkunden nach einem vertieften Beratungs-Know-how genügen. Das notwendige Rüstzeug, insbesondere praxisorientierte Fach- und Verkaufskenntnisse, kann in Schulungsmaßnahmen vermittelt bzw. aufgefrischt werden. Die Basis hierfür bildet eine detaillierte und personenbezogene Bestandsaufnahme des individuellen Trainingsbedarfs. Die Vorbereitungsphase erfordert nach den Praxiserfahrungen einen Zeitbedarf von ca. vier Wochen.

Bevor es in der Phase der *Maßnahmenentwicklung* in die Erarbeitung von Verkaufsstrategien für die einbezogenen Kunden geht, werden die Kunden den jeweiligen Kundenbetreuern namentlich zugeordnet. So ist die Praxisrelevanz und einzelfallbezogene, individuelle Vorgehensweise bei Kunden mit hohem Ertragspotential gewährleistet. Obwohl diese etwa zwei Monate dauernde Projektphase erhebliche theoretische und analytische Vorarbeiten erfordert, kann sie doch als Rückgrat für die erfolgreiche Durchführung des VSP-Individual angesehen werden. So bildet etwa die Zusammenführung vorhandener Informationen, die am Bedarf der Kunden orientierten Vorbereitungen von Beratungsgesprächen und die Entwicklung und Bewertung von Verkaufsideen die Basis für eine dauerhafte Verhaltensänderung der Mitarbeiter. Als Hilfsmittel zur Motivation der Kundenbetreuer, möglichst eine Vielzahl von Ideen zu entwickeln, hat sich in der Praxis der Einsatz einer Ideenhürde bewährt. Die so generierten Ideen werden in eine feste Jahresplanung integriert und mit konkreten Terminen versehen.

Neben diesen Vorbereitungsarbeiten zur Stärkung der Verkaufskraft ist jedoch von entscheidender Bedeutung, wie der Kundenberater die Ideen umsetzt. In einer etwa zwölfmonatigen *Realisierungsphase* wird sichergestellt, daß nicht nur Abschlüsse im Rahmen eines kurzfristig erreichbaren Erfolges eintreten, sondern mit einer mittelfristigen Strategie – je nach Kundentyp und Geschäft – auch die behutsame Kontaktaufnahme und -pflege beachtet wird.

VSP-Standard

Wird das Vorgehen im VSP-Individual von einer systematischen Ausschöpfung der Ertragspotentiale durch eine aktive Betreuung auf Einzelkundenebene bestimmt, so stehen im VSP-Standard kundengruppenorientierte Vertriebsaktionen im Vordergrund der Projektarbeiten. Der Erhebung von Detailinformationen – wie im VSP-Individual – steht im VSP-Standard eine vergleichende Darstellung von Zielgruppen auf Geschäftsstellen- bzw. Marktbereichsebene, die Beachtung von geschäftspolitischen Überlegungen für das Gesamtinstitut und die daraus abzuleitende Maßnahmenerarbeitung zur Strukturveränderung gegenüber. Wegen der hohen Stückkosten bei geringeren Volumina auf Einzelkundenebene ist diese Vorgehensweise im Segment der gehobenen und breiten Privatkundschaft ökonomisch sinnvoll.

Die Projektierung des VSP-Standard erfordert eine systematische Vorgehensweise und läßt sich in die folgenden Schritte gliedern:

- Identifikation ertragreicher Produkte und Produktbündel,
- lebensphasenorientierte Bildung von Kundensegmenten auf Ebene der Geschäftsstellen oder Marktbereiche,
- gemeinsame Erarbeitung und Abstimmung von Verkaufsansätzen und Ertragszielen durch den Geschäftsstellenleiter und die Marketing-Abteilung,
- Umsetzung in Verkaufsaktionen: Vertriebsunterstützung der Geschäftsstellen, insbesondere durch die Marketing-Abteilung,
- Feststellung der Ertragssteigerung in den bearbeiteten Zielgruppen auf Geschäftsstellenebene.

Die Bildung der Zielgruppen, die erforderliche EDV-technische Unterstützung und der Aufbau eines projektspezifischen Informations- und Kommunikationssystems erfordern eine professionelle Durchführung von allen Beteiligten: insbesondere die zentrale Marketing-Abteilung und die dezentralen Geschäftsstellen und Marktbereichsleiter übernehmen hier eine federführende Funktion bezüglich der Entwicklung und Umsetzung von Aktionskonzepten.

Die Zielgruppenbildung im VSP-Standard orientiert sich an einer zielgerichteten und lebensphasenorientierten Ansprache der Kunden. So lassen sich Streuverluste minimieren und Abwicklungskosten senken. Für die Umsetzung in die Praxis ist von Bedeutung, daß die gebildeten Zielgruppen durch eigenständige Angebots-, Vertriebs- und Kommunikationsstrategien erreichbar sind. Das maßgeschneiderte Vorgehen erfordert den flexiblen Umgang mit unterschiedlichsten Selektionskriterien bei der Zielgruppenbildung. Die Lösung des Mengenproblems durch überschaubare Größenordnungen einzelner Aktionen und die Kundenorientierung lassen dann die gezielte Kundenansprache zur Realisierung des Ertragspotentials zu.

Die Möglichkeit, aufgrund von geschäftspolitischen Überlegungen gezielt den Produktabsatz im Mengengeschäft zu fördern, ist ebenfalls gegeben. Zur Erfüllung der geschäftspolitischen Ziele entwickelt die Marketing-Abteilung einer Sparkasse zentrale Aktionskonzepte und definiert dementsprechende Zielgruppen. VSP-Standard sieht jedoch ausdrücklich vor, daß die Kreativität der Geschäftsstellenleiter gefordert und gefördert wird, da auch Ideen aus dem Marktbereich bei der Zielgruppenbildung mit aufgenommen werden sollen. Aufgrund der lokalen Marktkenntnisse werden dann vom Geschäftsstellenleiter – mit Unterstützung und Beratung der Marketing-Abteilung – zielgerichtete Aktionen für den jeweiligen Markt der Geschäftsstelle geplant.

Um im VSP-Standard eine koordinierte Zusammenarbeit des Markt- und Zentralbereiches sicherzustellen und die Kommunikation aller Beteiligten zu fördern, ist in den Sparkassen eine projektspezifische Organisation installiert worden. Die für die jeweils einzelne Aktion verantwortlichen Mitarbeiter der Geschäftsstelle bilden ein Aktionsteam, das gegebenenfalls gemeinsam mit den Mitarbeitern für Verkaufsförderung und Telefonmarketing, die geplanten und befristeten Aktionen realisiert. Je nach Größe der Geschäftsstelle und bei anspruchsvollen Produkten übernimmt der Geschäftsstellenleiter neben der Leitungsfunktion in diesen Teams auch Aufgaben bei der Realisierung. Je nach Zielgruppe, Betriebsintensität und Stoßrichtung stellt der Geschäftsstellenleiter die Teams in der Geschäftsstelle mit Mitarbeitern aus unterschiedlichen Funktionsbereichen zusammen und überträgt die konkrete Aufgabenverantwortung.

Für den Projekt- und Programmverlauf des VSP-Standards ist auf Zentralbereichsebene die Marketing-Abteilung der Sparkasse verantwortlich. Die zentralen Aktionskonzepte werden dort entwickelt. Die Geschäftsstellenleiter werden über die Gestaltung und Durchführung von Aktionen im Mengengeschäft ihrer Sparkasse beraten und informiert. Die Einbindung der Geschäftsstellenleiter in die Maßnahmenplanung sichert die Identifikation der Marktmitarbeiter mit den zentralen und dezentralen VSP-Standard-Aktionen.

Neben den Zielgruppen, die wegen ihrer geschäftspolitischen Bedeutung von allen Geschäftsstellen zu bearbeiten sind, werden die weiteren, von der Marketing-Abteilung gemeinsam mit den Geschäftsstellenleitern entwickelten Aktionen geplant und die mögliche Stabsunterstützung durch die Marketing-Abteilung entsprechend bereitgestellt. Zur Verdeutlichung der Marktposition werden den einzelnen Geschäftsstellen Kundenpotentialanalysen zur Verfügung gestellt. So wird erkennbar, in welchen Zielgruppen es für die jeweilige Geschäftsstelle erfolgversprechend ist, nicht ausgeschöpfte Potentiale zu bearbeiten.

Die Gesamtverantwortung für die intensive Marktbearbeitung der Sparkasse wird durch die Einbindung von Beteiligten der verschiedenen Stabsfunktionen und der Marktbereichsleiter in das „Steuerungsteam VSP-Standard" sichergestellt.

Der Ablauf des VSP-Standard vollzieht sich analog des VSP-Individual in drei Phasen. In der *Vorbereitungsphase* wird die Projektorganisation installiert: die einbezogenen Geschäftsstellen werden ausgewählt, die Mitarbeiter der Marketing-Abteilung benannt und das Steuerungsteam zusammengestellt. Die hausinterne Information ist für eine offensive Überzeugung aller Mitarbeiter der Sparkassen von Bedeutung. Anschließend wird die Projektinfrastruktur aufgebaut: Die EDV-technische Unterstützung und die Aktionskonzepte mit entsprechenden Hilfsmitteln werden bereitgestellt, die Schulungen und Trainings werden geplant.

In der Phase der *Maßnahmenentwicklung* wird die Markterkundung für das Gesamtinstitut und die lokalen Märkte durchgeführt. Von besonderer Bedeutung sind hier die Kundenpotentialanalysen für jede der vorgesehenen Zielgruppen. Um eine konzentrierte Bearbeitung sicherzustellen, werden für jede Geschäftsstelle Prioritäten gesetzt: Zwei bis drei Pflichtaktionen und zwei bis drei Optionsaktionen, für die jeweils Ertragsziele zu vereinbaren sind. Anzustreben ist ein deutlich über den Kosten liegendes Ertragsziel.

Die Phase der *Planung und Realisierung* beinhaltet auch die von der Marketing-Abteilung vorzunehmende Zusammenstellung der nach der Prioritätensetzung festgelegten Maßnahmen, um in einem Marketingkalender für das Gesamtinstitut und die jeweilige Geschäftsstelle die Schwerpunkte der Marktbearbeitung zu verdeutlichen. Bei der Durchführung der Aktionen ist von Bedeutung, daß das standardisierte Vorgehen in jeder Geschäftsstelle gewährleistet ist und Abweichungen nur in Ausnahmefällen zugelassen werden.

Die Erfolgsmessung im VSP-Standard verdeutlicht die Wirtschaftlichkeit des Vorgehens. Ein möglichst vollständig durchgeführtes Maßnahmen-Controlling und der Verzicht auf manuelle Meldungen führen zur Arbeitserleichterung im Mengengeschäft. Dabei wird die Integration der Erfolgsmessung in die Geschäftsstellensteuerung jeder Sparkasse erforderlich. Neben dem Geschäftsstellenergebnis insgesamt, werden mit dem Aktionskunden- und dem Produktergebnis die Erfolge der durchgeführten Maßnahmen auf Geschäftsstellenebene gemessen.

Neben der nominellen Erfolgsmessung werden im VSP-Standard von der Marketing-Abteilung und den Geschäftsstellenleitern in einem Ergebnisbericht die Erfah rungen und die Verbesserungsvorschläge für die jede Aktion skizziert, um neben den quantitativen auch die qualitativen Ergebnisse des VSP-Standard zu ermitteln.

4. Ergebnisse der Verkaufssteigerungsprogramme

Im Rahmen von Pilotprojekten konnte mit den Verkaufssteigerungsprogrammen bei jeder der beteiligten Sparkassen nachgewiesen werden, daß in sämtlichen Segmenten des Privatkundenmarktes erhebliche Ertragssteigerungspotentiale vorhanden und realisierbar sind. In den Pilotsparkassen ließen sich deutlich zweistellige Ertragssteigerungsraten bei Sparkassenprodukten einschließlich Wertpapier- und Immobilienvermittlungsgeschäft erzielen. Auch bei den Verbundprodukten konnte vor allem im Bauspar- und Lebensversicherungsbereich eine deutliche Steigerung der Provisionseinnahmen realisiert werden. Die Pilotsparkassen haben mit der Durchführung der Verkaufssteigerungsprogramme Pionierarbeit in der deutschen Sparkassenorganisation geleistet und aufgrund ihrer sehr guten Ergebnisse die Basis für eine erfolgreiche Ausweitung dieser Programme gelegt.

Ein erster Ausweitungstakt baute auf den Erfahrungen der Pilotphase auf, so daß hier bereits innerhalb eines kürzeren Zeitraumes noch deutlich höhere Zuwachsraten erzielt werden konnten. Dieser Prozeß beschleunigte sich im zweiten Ausweitungstakt weiter, zumal wiederum Erfahrungen aus der Projektdurchführung und der Realisierung zeitnah in die aktuelle Beratung und Betreuung der VSP-Sparkassen einfließen konnten. So werden nunmehr noch intensiver die Produkte verkauft, die dem Bedarfsumfeld der Individualkunden entsprechen, wie beispielsweise steuersparende Geldanlageformen, Immobilien oder private Vorsorgeprodukte. Auch die Realisierungsquoten bei den Verbundprodukten konnten aufgrund der gewonnenen, positiven Erfahrungen aus der Pilotphase weiter angehoben werden.

Die überzeugenden quantitativen Ergebnisse der Verkaufssteigerungsprogramme werden durch wichtige qualitative Erkenntnisse aus allen bisher durchgeführten Projekttakten gestützt. Sowohl VSP-Individual als auch

VSP-Standard sind geeignete Instrumente, die notwendige Verhaltensänderung bei den Kundenberatern hin zum aktiven Holgeschäft und ertragsorientierten Verkauf zu bewirken. Über die Verkaufssteigerungsprogramme werden Detailkenntnisse gewonnen, welche Mindestanforderungen sich für Individualkundenberater ergeben und welche Veränderungen in den Rahmenbedingungen für den aktiven Verkauf vorgenommen werden müssen, z.B. Informationsbereitstellung, Führung und Motivation, Veränderungen in der Aufbau- und Ablauforganisation in Filialdirektionen, Kopfstellen und Geschäftsstellen. Zudem wurden Ansatzpunkte zur Verbesserung der EDV-Verkaufsunterstützung und im Bereich der Personalentwicklung deutlich aufgezeigt.

Insgesamt lassen sich die Eckpunkte der Verkaufssteigerungsprogramme wie folgt festhalten:

- Die Verkaufssteigerungsprogramme sind eine Intensivierungskonzeption für sämtliche Kundengruppen im Privatkundengeschäft, die durch ein „Training-on-the-job“ beim Kundenberater eine Verhaltensänderung hin zum aktiven, ertragsorientierten Verkaufen bewirkt.
- Die Verkaufssteigerungsprogramme lassen sich insbesondere auf die Akquisition von rentablem Neugeschäft ausrichten, indem Produktmargen hausindividuell vorgegeben werden.
- Über die Verkaufssteigerungsprogramme werden beim Kundenberater positive Lernprozesse ausgelöst, z.B. Konzentration der Verkaufszeit auf wirklich attraktive Kunden und ertragsstarke Produkte; aktives Bemühen um den Kunden, der in oftmals unerwartet hohem Umfang auch andere Bankverbindungen nutzt.

Zur Verdeutlichung der Wirksamkeit der Verkaufssteigerungsprogramme sind beispielhaft die Erfahrungen aus der praktischen Umsetzung von einer großen deutschen Sparkasse angeführt, deren Geschäftsgebiet durch eine primär städtische Struktur geprägt ist. Das Haus gehörte zu den ersten vier Sparkassen eines Pilottaktes und war sowohl am VSP-Individual wie auch am VSP-Standard beteiligt.

Im Rahmen des VSP-Individual wurde zunächst eine Auswahl von Betreuungskunden aus dem Segment der vermögenden Privatkunden getroffen. Jedem Kundenbetreuer wurden 150 Kunden, die nach ihrem monatlichen Einkommen selektiert wurden, namentlich zugeordnet. Es hat sich jedoch gezeigt, daß eine Auslese ausschließlich nach dem Einkommen – ohne

Berücksichtigung der Geschäftsverbindung insgesamt und des individuellen Umfeldes des Kunden – letzlich für ein Betreuungskonzept nicht ausreichend ist. Vielmehr ist eine manuelle Zusatzselektion nach persönlicher Kundenkenntnis unabdingbar. Insgesamt waren 15 Geschäftsstellen mit je einem Kundenberater und in der Summe 2.250 Kunden in das Projekt einbezogen.

Für die Auswahl der Kundenberater wurde kein Mindestqualifikationsniveau festgelegt, vielmehr oblag die Auswahl den jeweiligen Geschäftsstellenleitern. Daraus entstand ein breites Spektrum: Betreuer mit unterschiedlichem formalen Ausbildungsgrad, erfahrene Betreuer und junge Nachwuchsbetreuer. Die Umsetzungserfahrungen zeigten jedoch, daß dies nicht der richtige Weg sein kann, so daß in einem zweiten Schritt ein detailliertes Anforderungsprofil eines Kundenbetreuers für vermögende Private entwickelt wurde.

Im Verlauf des Projektes konnten erhebliche Produktivitätssteigerungen bei den Kundenbetreuern festgestellt werden. Gleichwohl gilt der Grundsatz: Ein schlechter Verkäufer wird durch VSP nicht zum guten Verkäufer. Ein guter Verkäufer wird allerdings durch VSP noch besser, weil er systematischer und zielgerichteter vorgeht.

Von besonderem Interesse ist die Frage, wie sich VSP-betreute Geschäftsverbindungen im Vergleich zu Nicht-VSP-Kunden entwickeln. Hierzu wurde in dieser Sparkasse eine Vergleichsgruppe definiert. Bei weiteren 15 Geschäftsstellen wurden nach gleichen Segmentierungskriterien jeweils 150 Kunden selektiert (Referenzkunden). Auf kumulierte Zeiträume abgestellt wurde der Effekt des Verkaufssteigerungsprojektes klar erkennbar. Das Bestandswachstum bei Sparkassenprodukten lag nach zwölf Monaten bei den Referenzkunden circa fünfmal höher, d.h. es ist gelungen, die freien Potentiale deutlich besser auszuschöpfen. Insgesamt wurde im Vergleich zum Vorjahr eine Ertragssteigerung von über 30% durch die in das Projekt einbezogenen Individual-Kundenbetreuer erreicht.

Für diese Pilotsparkasse wie auch für alle anderen in die Verkaufssteigerungsprogramme eingebundenen Institute läßt sich folgendes Fazit ziehen: Es gibt keine Alternative zu einer systematischen und konsequenten Kundenbetreuung. Dennoch müssen Verbesserungsansätze zur Unterstützung und Absicherung des Erfolges aufgegriffen werden. Diese betreffen insbesondere die Personalauswahl, den Zeiteinsatz, die Aufbau- und Ablauforganisation sowie Information und Führung.

Eine weitere wichtige Erkenntnis aus den Verkaufssteigerungsprogrammen betrifft die Notwendigkeit, die kurzfristigen Erfolge durch entsprechende Veränderungen in der Vertriebsstruktur auf Dauer abzusichern. Um die während der Projektlaufzeit identifizierten Schwachstellen in der Vertriebsstruktur der Sparkassen aufzuarbeiten, wurde im Anschluß an die Pilottakte die „Vertriebskonzeption für das Individual-Kundengeschäft" entwickelt und in entsprechenden Bausteinen zu Beratungsmodulen verdichtet. Über den ursprünglichen Ansatz des Privatkundengeschäftes hinaus wurde mittlerweile auch das Segment der Firmenkunden mit vergleichbar guten quantitativen und qualitativen Ergebnissen einbezogen.

Die strategische Bedeutung der Vertriebskonzeption liegt darin, die Rahmenbedingungen des Verkaufs den Markerfordernissen anzupassen: Die direkt aus den Erfahrungen der Verkaufssteigerungsprojekte abzuleitenden Erkenntnisse führen zu einer nach dem Ertragspotential für die Sparkasse aber auch zu einer den Bedürfnissen der Kunden ausgerichteten, differenzierten Betreuung der Kundengruppen im Marktbereich. Voraussetzung hierfür bildet die Identifikation und Segmentierung aller Kunden unter Kosten-Nutzen-Gesichtspunkten.

Durch die namentliche Zuordnung besonders betreuungswürdiger Kunden wird die Eigenverantwortung des Kundenbetreuers hervorgehoben und eine verbesserte Potentialausschöpfung im gewünschten Kundensegment erreicht. Die Verkaufsfähigkeit und Produktkenntnisse des Kundenbetreuers müssen dem Anforderungsprofil dieses Kundensegmentes entsprechen.

Für die marktorientierte Aufbauorganisation einer Sparkasse sieht die Vertriebskonzeption den Einsatz spezieller Individualkundenbetreuer auf der Ebene von Filialdirektionen/Beratungscentern oder bei kleineren Sparkassen in der Zentrale vor. So werden eine konzentrierte Vorgehensweise und das ökonomisch notwendige Mengengerüst sichergestellt.

Um eine stärkere Selbststeuerung der Individualkundenbetreuer zu erreichen, ist die Implementierung eines Verkaufscontrollings in Verbindung mit einem Anreizsystem erforderlich, so daß die notwendigen Informationen und Steuerungssignale die Motivation des Individualkundenbetreuers weiter fördern.

Erfolgs- und leistungsorientierte variable Vergütungsanteile sollen so gestaltet sein, daß sie in der Gesamtvergütung des Mitarbeiters spürbar ins Gewicht fallen. Ein nicht nur monetäres Anreizsystem der Sparkassen soll dabei die verschiedenen Funktionen der Mitarbeiter des Markt-, Stabs- und Betriebsbereiches insgesamt schlüssig berücksichtigen.

Um sukzessiv eine Verbesserung der Verkaufsunterstützung durch die EDV zu erreichen, ist nicht zuletzt auf einen stärkeren Kunden- statt Produktbezug zu achten.

5. Ausblick: Konsequenter Ausbau der Verkaufssteigerungsprogramme auf Zukunftskunden und -produkte

Ausgehend von den Grundkonzeptionen können weitere, ergänzende Verkaufssteigerungsprogramme für bisher nicht ausreichend berücksichtigte Kundengruppen oder Zukunftsprodukte entwickelt werden. Diese Beratungsbausteine stellen sicher, daß die Institute auch für die zukünftigen Herausforderungen im Privatkundenmarkt im Hinblick auf die Kernelemente des Sparkassenmarketing – Kundenorientierung und Ertragsausrichtung – gut gerüstet sind. Exemplarisch sei hier für die deutsche Sparkassenorganisation auf die Sofortmaßnahmen im Wertpapiergeschäft sowie auf den Betreuungsbausteinen für den Seniorenmarkt verwiesen.

Sofortmaßnahmen im Wertpapiergeschäft

Dem Wertpapiergeschäft der Sparkassen muß aufgrund der veränderten Anlagegewohnheiten breiter Kundenschichten verstärkte Aufmerksamkeit geschenkt werden. So sind auch in der Sparkassenorganisation verstärkte Anstrengungen zur Belebung der Wertpapieraktivitäten differenziert nach Potentialen und Profitabilität der Kundensegmente unternommen worden. Mit einem separaten Verkaufssteigerungsprogramm für das Wertpapiergeschäft wurde dieser Marktentwicklung Rechnung getragen.

Durch die Einführung von Sofortmaßnahmen im Wertpapiergeschäft sollen die Sparkassen eine Ergebnisverbesserung in dieser Produktsparte erzielen. Die auf eine Ergebnisverbesserung abzielenden Sofortmaßnahmen umfassen drei Hauptaufgaben und werden gezielt auf die Kundensegmente Individual-, Standard- und Firmenkunden bezogen:

1. Das gesamte Neugeschäft soll rentabel betrieben werden.
2. Der Umsatz mit ausgewählten Kunden soll erhöht werden.
3. Bei ausgewählten Kunden sind Depotbereinigungen durchzuführen.

Der Ablauf der Sofortmaßnahmen im Wertpapiergeschäft orientiert sich inhaltlich am Ablauf der übrigen Verkaufssteigerungsprogramme: Gegenstand der *Vorbereitungsphase* ist die hausindividuelle Ergebnisanalyse. Dabei wird eine Bestandsaufnahme und Analyse der Erlös- und Kostensituation sowie der Arbeitsabläufe im Depot-B-Geschäft durchgeführt. Parallel dazu wird die interne Projektorganisation vorbereitet. Dazu zählt die Auswahl der Geschäftsstellen und Betreuer, die Kundensegmentierung und -zuordnung sowie die Bereitstellung kundenbezogener Informationen.

In der *Markterkundungsphase* steht die Auswertung kundenbezogener Informationen im Vordergrund. Parallel dazu werden kundengruppenspezifische Erfolgsmeßgrößen für das Realisierungscontrolling ermittelt und eingeführt. Als flankierende Maßnahme wird ein Vertriebsleitfaden erarbeitet, der die Kundenberater in der Realisierungsphase unterstützen soll. Auf Grundlage der vertriebsorientierten Verkaufsunterstützungssysteme setzen die eingebundenen Kundenberater in der *Realisierungsphase* die zur Ertragssteigerung eingeleiteten Sofortmaßnahmen in die Praxis um.

Betreuungsbaustein für den Seniorenmarkt

Die aktive Betreuung des Kundensegmentes der Senioren stellt für die Sparkassen eine geschäfts- und gesellschaftspolitisch wichtige Herausforderung dar, insbesondere weil Prognosen der demographischen Entwicklung einen auch weiterhin stark wachsenden Anteil älterer Menschen an der Gesamtbevölkerung verdeutlichen. Berechnungen gehen davon aus, daß sich der Anteil der über 60jährigen von 20 Prozent im Jahre 1994 auf rd. 35 Prozent im Jahre 2030 erhöhen wird. Hinzu kommt, daß diese Bevölkerungsgruppe über deutlich gestiegene Einkommen und erhebliche Vermögenswerte verfügt.

Die Sparkassen sind von dieser Entwicklung im besonderen Maße betroffen, da bereits heute ein überproportionaler Marktanteil auf dieses Kundensegment entfällt. Aus diesem Grunde wurde ein Betreuungsbaustein für den

Seniorenmarkt entwickelt, der zielgruppenspezifische Betreuungsansätze aufzeigt und mit den übrigen Verkaufssteigerungsprogrammen eng verzahnt ist.

6. Fazit

Mit den Verkaufssteigerungsprogrammen VSP-Individual und VSP-Standard konnten in der Vergangenheit Eckpfeiler für eine auch unter betriebswirtschaftlichen Gesichtspunkten optimierte Kundenbetreuung gesetzt werden. Die Bausteine der Vertriebskonzeption bilden dabei den Rahmen für die institutionalisierte Absicherung dieser kunden- und ertragsorientierten Vertriebspolitik. Mit den Sofortmaßnahmen für das Wertpapiergeschäft und der Betreuungskonzeption für den Seniorenmarkt wurden die Verkaufssteigerungsprogramme mit Konzepten für Zukunftsprodukte und Zielgruppen im Privatkundengeschäft konsequent weiterentwickelt und ergänzt. Eine Einbindung in die bestehenden Verkaufssteigerungsprogramme sichert dabei eine im Rahmen der integrierten Projektarbeiten eng miteinander verzahnte Vorgehensweise.

Inzwischen sind eine Reihe weiterer Betreuungskonzeptionen entwickelt worden, die über das Privatkundengeschäft hinausgehen und weitergehende Ansatzpunkte zur Intensivierung und Extensivierung des Kundengeschäftes beinhalten. Exemplarisch seien hier die Verkaufssteigerungsprogramme für das Firmenkunden- und das Auslandsgeschäft erwähnt.

Ziel der eingeleiteten Maßnahmen ist die qualitativ abgesicherte, nachhaltige Stärkung der Vertriebs- und Ertragskraft der Sparkassen. Die Ergebnisse zeigen, daß es zu einer systematischen und konsequenten Betreuung der unterschiedlichen Zielgruppen und Kundensegmente keine Alternative gibt. Auch die Reaktionen der Kunden sind durchweg als positiv zu bezeichnen. Zusammenfassend läßt sich feststellen, daß sich den Sparkassen mit den vorgestellten Maßnahmen Instrumente bieten, die es erlauben, auch in Zukunft ihre gute Stellung im Markt zu behaupten und konsequent auszubauen.

Führung im Verkauf

Wolfgang Ronzal

1. Die Wirkung der Führungskraft auf Mitarbeiter

Führungskräfte beeinflussen durch ihre Tätigkeit viele andere Menschen. Kunden in den Geschäftsstellen, Mitarbeiter, Kollegen in Geschäftsstellen und zentralen Bereichen. Es kommt dabei nicht nur auf das Verfolgen eigener Interessen an, sondern vor allem auch auf die Resonanz der Menschen, mit denen man es zu tun hat. Durch das Wirken und das Verhalten von Führungskräften entstehen jene Akzente, die positive oder negative Reaktionsketten bei anderen Menschen auslösen. Denn der gestaltende Faktor aller wirtschaftlichen Vorgänge ist der Mensch.

In einer Bank gibt es eine Reihe von Dingen, die sich der Organisierbarkeit schlechthin entziehen und die vielmehr aus der Eigendynamik der Selbstorganisation eines Unternehmens entstehen müssen. Nehmen wir als Beispiel etwa die *Loyalität* der Mitarbeiter oder deren *Identifikation* mit der Bank. Solche für die Lebensfähigkeit der Bank entscheidend wichtigen Dinge sind nicht durch Rundschreiben oder Anordnungen herbeizuführen. Ganz ähnlich verhält es sich mit *Vertrauen* und *Motivation.* Die Wahrnehmung dieser Funktion muß durch leistungsbereite und leistungsfähige Führungskräfte erfolgen. In ihren Denkweisen und Verhaltensweisen, ihren Gewohnheiten und Überzeugungen vermitteln Führungskräfte jene Impulse, die entweder Zustimmung auslösen oder Widerstände (vor allem gegen Änderungen und neue Vorgehensweisen) hervorrufen.

Für die Mitarbeiter vermitteln Führungskräfte die „Werte der Bank". Sie sind an deren Ideen und an deren innere Einstellung gebunden. Führungskräfte definieren Richtung und Rahmen. Allein schon durch das bloße Dasein wirken Führungskräfte ständig auf ihre Mitarbeiter ein. Dabei ist nicht zu vergessen, daß der entscheidende Ansatzpunkt der Führungsfunktion weniger im Verstandesbereich liegt, sondern überwiegend im Gefühls- und Erlebensbereich.

Tatsache ist nun, daß wir im Bankbereich der Bedeutung „des Führens" noch zu wenig Bedeutung beimessen und auch in der täglichen Praxis konkrete Führungsaufgaben nur selten durchführen. Dabei liegt im Führungsprozeß der Schlüssel zum Erfolg.

Ohne positives Denken und Handeln aller ihrer Mitarbeiter können Führungskräfte auf Dauer nicht erfolgreich sein. Die wichtigste Ressource, über die Führungskräfte verfügen, ist der Mensch, seine Kreativität, sein Engagement. Und diese Verhaltensweisen sind nicht über Druck und Zwang erreichbar, sondern werden weitgehend vom Führungsstil bestimmt.

2. Was bedeutet Führen für den Leiter einer Geschäftsstelle?

- Ziele und Strategien für seine Geschäftsstelle und seine Mitarbeiter aus den Unternehmenszielen ableiten und konkrete Umsetzungsziele setzen.
- Durch die Realisierung der richtigen Maßnahmen auf diese Ziele hinarbeiten.
- Die Mitarbeiter motivieren, bei der Erreichung der Ziele mitzuhelfen.
- Ergebnisse durch Ist/Soll-Vergleiche analysieren und Korrekturmaßnahmen bei Abweichungen durchführen.

Dies bedeutet natürlich auch eine Änderung der Aufgaben und Tätigkeiten in Richtung:

- Führungsaufgaben wahrnehmen (durch Mitarbeitergespräche und Mitarbeiterbesprechungen),
- Verkaufstätigkeit durchführen (Steuerung des Verkaufs im Mengengeschäft, persönlich verkaufen im Firmenkunden- und Individualgeschäft),
- Aufwands- und Ertragssteuerung vornehmen (Verantwortung für Marktausschöpfung und Ertrag der Geschäftsstelle),
- Information und Kommunikation fördern (und dadurch Vermittlung der Unternehmensziele und der Ziele für die Geschäftsstelle sowie der Erwartungen bezüglich der Verhaltensweisen der Mitarbeiter).

Diese Änderungen sind nicht leicht für den Leiter, denn er muß sich von Sachaufgaben lösen (über deren gute Erfüllung er aber oft erst Führungskraft geworden ist). Künftig verlangt man vom Leiter einer Geschäftsstelle:

⇨ agieren statt reagieren,
⇨ Chancen erkennen statt Probleme lösen,
⇨ Beschäftigung mit der Zukunft, weniger mit dem Tagesgeschäft und der Vergangenheit.

3. Zusammenhang zwischen Führungsstil und Absatzerfolg[1]

Rund ein Drittel der Verkaufsergebnisse in Vertriebsstellen von Banken werden über das Führungsverhalten des Geschäftsleiters beeinflußt. Oder noch deutlicher gesagt: Der Geschäftsstellenleiter entscheidet in seiner Rolle als Führungskraft über den Erfolg der Geschäftsstelle. Das heißt, ein entsprechender Führungsstil bzw. die Führungsqualität fördern den Absatzerfolg in der Geschäftsstelle. Insbesondere durch zwei Aspekte wird der Erfolg positiv beeinflußt:

- zum einen durch den *Aspekt des Lenkens* und
- zum anderen durch den *Aspekt des Anreizens.*

Welche Maßnahmen des Geschäftsstellenleiters fördern nun diese beiden Dimensionen? Dazu einige Beispiele:

Der Aspekt des Lenkens:

a) Die produktbezogene Lenkung:

- Besprechung von Verkaufsergebnissen und Verkaufserfolgen
- Setzen von Produktschwerpunkten und deren geschäftspolitische Begründung
- Konkrete Zielsetzung und Soll/Ist-Besprechungen
- Verkaufsargumentation erarbeiten (Produktvorteile für den Kunden, Einwandbehandlungen, etc.)

b) Die kundenbezogene Lenkung:

- Prioritätensetzung bei Kunden und Zielgruppen
- Behandlung schwieriger/wichtiger Kunden

---

1 Vgl. Gebert/Steinkamp/Wendler (1987)

- Kundenzuordnung zu Mitarbeitern
- Ansprechpunkte für bestimmte Mitarbeiter
- Kundenbesuche gemeinsam mit Mitarbeitern

c) Die verhaltensbezogene Lenkung

- Service- und Hilfsbereitschaft
- Vorbildwirkung der Führungskraft
- Laufende Mitarbeitergespräche
- (Erwartungen definieren, Erfüllung beurteilen, neue Vereinbarungen treffen)
- Verkaufsverhalten, z.B.:
  - hereinkommende Kunden gleich bemerken
  - grüßen
  - Weiterleitung von Kunden
  - Bedanken (für Gespräch, für Abschluß, ...)
  - Abschlußverhalten
  - etc.

Der Aspekt des Anreizens:

a) Die Freiräume der Mitarbeiter fördern

- Übertragen von Verantwortung für Kundengruppen
- Verantwortung für die Vermittlung von Produktinformationen im Team übertragen
- Selbständige Betreuung zugeordneter Kunden
- Delegation von Aufgaben ganz allgemein
- Eigeninitiative, Vorbereitung und Durchführung von Verkaufsaktionen

b) Das „Prinzip Hoffnung" fördern

- Mitarbeiter erhalten Informationen
- Eigene Vorstellungen/Meinungen einbringen können
- Verbesserungsvorschläge machen können
- Anerkennung, Lob aussprechen (gute Leistungen bemerken!)
- Aktionen optimistisch angehen (wir schaffen es!)
- Am Erfolg aufbauen

c) Den Mannschaftsgeist fördern (Das WIR-Gefühl stärken)

- Gemeinsame Besprechungen vor Aktivitäten
- Der Geschäftsstellenleiter verkauft mit
- Der Geschäftsstellenleiter hilft in Streßsituationen mit
- Der Geschäftsstellenleiter „schützt" seine Mitarbeiter
- Erfolge werden gemeinsam gefeiert

Sicher könnte man noch einige Beispiele ergänzen. Man erkennt aus dieser beispielhaften Auflistung jedoch eindeutig, welche Aktivitäten auf Mitarbeiter erfolgsbeeinflussend wirken. Die Aufgabe der Führungskraft heißt „verändern"! Ergebnisse, Einstellungen, Verhaltensweisen können nur durch Führungskräfte verändert werden. Sie sind in ihrer Funktion, um Veränderungen auszulösen und dafür zu sorgen, daß auf Veränderungen rechtzeitig reagiert wird.

Führungskräfte sind dazu da, dafür zu sorgen, daß trotz menschlicher Trägheit, trotz Zukunftsunsicherheit, trotz Desinteresse mancher Beteiligten ab und zu etwas Neues geschieht, und zwar in der richtigen Richtung und auf die richtige Weise. Veränderungen sollten Führungskräfte nicht als „Störungen" oder „Schicksalsschläge" empfinden und entsprechend emotional reagieren, sondern sie als ihre ureigenste Aufgabe erkennen und als persönliche Chance begrüßen. Wer soll denn die Motivation auf andere übertragen, wenn nicht die Führungskraft, die sich über ihre Aufgabe und die zu lösenden Probleme freut? Ein Chef, der sich über die Mängel seines Personals, seiner Organisation, die Mühsal seiner Arbeit beklagt, negiert seine Aufgabe.

Erfolg ohne Einbeziehung der Mitarbeiter ist in Zukunft unmöglich. Deshalb ist der Mitarbeiterführung besonders hohe Aufmerksamkeit zu geben. Schlagworte wie Delegation, Information, Motivation u.a.m. kennen wir alle.

„Nächsten Montag um 15.00 Uhr motiviere ich meine Mitarbeiter!"

Nun, so leicht geht das leider nicht. Motivation kann man nicht ansetzen oder über „Knopfdruck" ausüben. Motivation ist ein vielschichtiger Prozeß. Wenn man von Motivation spricht, so ist dies keine Taktik, die man bei Gebrauch einsetzen kann, sondern auch ein Ergebnis aus zwischenmenschlichen Beziehungen. Man kann auch sagen: Motivieren heißt, die Erwartungen der Mitarbeiter zu erfüllen.

4. Welche Erwartungen stellen Ihre Mitarbeiter an Sie?

- *Information*
  Geben Sie Informationen „von oben“ an Ihre Mitarbeiter weiter? Informieren Sie bei Aktivitäten über geschäftspolitische Schwerpunkte? Nur wenn Ihre Mitarbeiter über die Gründe solcher Schwerpunkte Bescheid wissen, können sie diese auch sinngemäß umsetzen. Informationen sollten persönlich im Rahmen von Mitarbeiterbesprechungen vermittelt werden.

- *Kommunikation*
  Wann haben Sie das letzte Mal mit Ihren Mitarbeitern ein Gespräch geführt? Täglich, werden Sie sagen. Sicher ja, aber dann meist über das Tagesgeschäft, aktuelle Probleme oder konkrete Arbeitsanleitungen. Wir meinen damit die bewußte Kommunikation:
  - Das Mitarbeitergespräch über die Erwartungen, die Sie stellen; das Gespräch über die Leistungserfüllung; das Gespräch über die Entwicklung und Förderung eines Mitarbeiters. Diese Gespräche müssen geplant und vorbereitet sowie ein demgemäßer Zeitrahmen dafür vorgesehen werden.
  - Die Mitarbeiterbesprechung über Verkaufsergebnisse, Verkaufserfolge, über neue Aktionen, über neue Produkte, über Verkaufsargumentation, über Verhalten gegenüber Kunden, über ablauforganisatorische Verbesserungen, etc. Auch diese Besprechungen sollten geplant und vorbereitet sowie in regelmäßigen Abständen gehalten werden.

- *Delegation*
  Das Übertragen von Verantwortung erhöht die Leistungsbereitschaft und schafft Freiräume für die Mitarbeiter, in denen sie eigeninitiativ und selbständig agieren können. Überlegen Sie, welche Aufgaben Sie an welche Mitarbeiter zusätzlich delegieren können. Insbesondere ist dabei an die selbständige Beratung von zugeordneten Kunden zu denken, aber auch an die Aufgabenübernahme im Rahmen von Verkaufsaktionen oder die Abwicklung von Geschäftsfällen.

- *Vertrauen*
  Wie entsteht Vertrauen? Durch miteinander gemachte Erfahrungen in guten und schlechten Situationen. Wenn Sie diese Vertrauensbasis zu

Ihren Mitarbeitern haben, sind viele bereit, Ihnen zu folgen, ohne die genauen Gründe für Ihr Handeln zu kennen, weil sie Ihnen eben vertrauen!

- *Anerkennung*
  Wann haben Sie das letzte Mal einen Ihrer Mitarbeiter gelobt? Oder überhaupt bemerkt, daß es etwas zu loben gibt? Bei Fehlern oder schlechten Leistungen greift man ein. Gute Leistungen nimmt man viel zu leicht als selbstverständlich hin. Achten Sie darauf und zeigen Sie Ihren Mitarbeitern durch anerkennende Worte, daß Sie gute Leistungen bemerken.

- *Anwaltsverhalten*
  Sind Sie bereit, Ihre Mitarbeiter bei Fehlern zu verteidigen? Nur wer nichts macht, macht auch keine Fehler. Wer Mut zum Handeln hat, risikobereit ist, dem können manchmal auch Fehler passieren. Sprechen Sie mit diesem Mitarbeiter, wie man Fehler vermeiden kann, aber verteidigen Sie ihn nach außen.

- *Zuhören*
  Versuchen Sie, durch gezielte Fragestellung mehr von Ihren Mitarbeitern zu erfahren. Über ihre Ideen, ihre Vorschläge, ihre Beweggründe, ihre Hoffnungen, ihre Sorgen. Reden Sie selbst weniger, fragen Sie und hören Sie zu. Ihre Mitarbeiter werden sich mehr identifizieren, und Sie haben weit mehr Informationen, um effizienter handeln zu können.

- *Fairness*
  Regeln, Normen, die Sie für Ihre Mitarbeiter aufstellen, gelten auch für Sie. Wenn Sie z.B. von Weihnachten bis Anfang Januar eine Urlaubssperre anordnen, dann dürfen auch Sie nicht zu diesem Zeitpunkt in Urlaub gehen.

- *Begeisterungsfähigkeit*
  „In Dir muß brennen, was Du in anderen entzünden willst“, sagte Augustinus. Hinter einer Sache stehen, sich auf eine Arbeit freuen, an den Erfolg fest glauben, das sind die Führungskräfte, denen man gerne folgen möchte. Auch Ihre Mitarbeiter arbeiten lieber mit einem Optimisten als mit einem Gleichgültigen oder sogar einem Pessimisten.

- *Vorbild*
  Seien Sie ein Mensch, an dem man sich persönlich und fachlich orientieren kann. Auf allen Gebieten, wo Sie ein entsprechendes Verhalten Ihrer Mitarbeiter erwarten, sollten Sie mit gutem Beispiel vorangehen. Wenn

Ihre Mitarbeiter pünktlich sein sollen, seien auch Sie pünktlich. Wenn in Ihrer Filiale starker Kundenandrang ist, so ziehen Sie sich nicht in Ihr Zimmer zurück. Wenn Ihre Mitarbeiter Ziele übernehmen, so übernehmen auch Sie als Filialleiter Ziele, die zu Ihrem Aufgabenbereich passen.

- *Entscheidungen*
  Trotz Mitsprache Ihrer Mitarbeiter, trotz Delegation von Verantwortung fallen doch immer wieder Entscheidungen an, die durch Sie zu treffen sind. Treffen Sie diese Entscheidungen rasch und konsequent, so wie der Kapitän eines Schiffes, der die Richtung bestimmt, die Geschwindigkeit festlegt, bei Sturm das Kommando selbst übernimmt. Auch in Ihrer Filiale gibt es laufend solche Situationen. Bei entscheidungsschwachen Chefs entsteht Chaos und „Meuterei“. Ihre Mitarbeiter brauchen Sie, damit Prioritäten festgelegt und Entscheidungen getroffen werden.

- *Übersicht*
  Immer wieder treten unerwartete Situationen ein, wie beispielsweise starker Kundenandrang, EDV-Ausfall, Beschwerden, komplizierte Geschäftsfälle, meist sogar alles zur gleichen Zeit. In diesen Situationen brauchen Ihre Mitarbeiter Sie als ruhenden Pol, der die Übersicht bewahrt und rasch die nötigen Maßnahmen trifft.

- *Problemlösung*
  Nicht jedes Problem soll durch Sie gelöst werden, aber besonders schwierige. Dann brauchen Ihre Mitarbeiter Sie als Ansprechpartner, den man zu Hilfe holen kann, der die menschliche und fachliche Kompetenz hat. Wer sonst außer Führungskräften soll schwierige Probleme lösen? Das ist Ihre Aufgabe, und das erwarten auch Ihre Mitarbeiter von Ihnen.

- *Gerechte Arbeitsverteilung*
  Sie müssen darauf achten, daß der Mitarbeitereinsatz nach Eignung erfolgt. Wenn Sie einen Mitarbeiter mit einer Aufgabe betreuen, bei der er überfordert ist, immer wieder Fehler macht, die andere Mitarbeiter korrigieren müssen, so fällt dies auf Sie zurück. Ebenso erwarten Ihre Mitarbeiter, daß die Arbeitsbelastung in etwa gleichmäßig verteilt wird. Achten Sie auch darauf, daß bei Belastungsschwankungen die Mitarbeiter sich untereinander helfen.

- *Hilfestellung*
  Und zwar bei der Aufgabenbewältigung. Sagen Sie nicht nur, WAS zu tun ist, sondern helfen Sie Ihren Mitarbeitern beim WIE. Bei der Anspra-

che von Kunden, bei schwierigen Konditionenverhandlungen, bei komplizierten Geschäftsfällen usw. Signalisieren Sie diese Bereitschaft zur Hilfestellung. Ihre Mitarbeiter brauchen Sie manchmal und trauen sich sonst nicht (aus Angst vor Kritik, warum er das nicht weiß; aus Angst, ungelegen zu kommen, etc.). Sie vermeiden dadurch viele Mißerfolge und viele Fehler.

- *Kritik*
  Und zwar unmißverständlich und zur rechten Zeit. So wie Sie gute Leistungen anerkennen sollen, müssen sie auch sagen, was Ihnen nicht gefällt. Auch das erwarten Ihre Mitarbeiter von Ihnen, da sie meist selbstkritischer sind, als wir glauben. Kritik an der eigenen Leistung, aber auch an einzelnen Mitarbeitern, die dem Team schaden.

- *Verständnis*
  In bestimmten Situationen müssen Sie besonders auf einzelne Mitarbeiter zugehen und auf ihre Probleme eingehen. Es gibt beruflich, insbesondere aber oft private Sorgen, wo Ihr Mitarbeiter Verständnis braucht. Drängen Sie sich nicht auf, bieten Sie aber Ihre Hilfe an. Vielleicht gibt es Lösungsansätze in Ihrem Einflußbereich (also der Arbeit für diesen Mitarbeiter in Ihrer Geschäftsstelle), die dem Mitarbeiter auf eine bestimmte Zeit helfen können.

- *Teamklima*
  Wenn mehrere Mitarbeiter zusammenarbeiten, so ist es nicht selbstverständlich, daß von Anfang an Harmonie und ein gutes Arbeitsklima besteht. Dies herzustellen, ist Ihre Aufgabe und wird von Ihren Mitarbeitern erwartet. Sie als Filialleiter können die dazu nötigen Impulse setzen bzw. nötige Klarstellungen treffen. Sie erreichen dies durch Mitarbeiterbesprechungen zu den Themen Arbeitsabläufe, Zusammenarbeit, Verbesserungsvorschläge etc. Am schnellsten entsteht ein gutes Betriebsklima durch gemeinsame Erfolge, die man dann miteinander feiert. Aber auch das Feiern von Geburtstagen und anderen persönlichen Anlässen ist für ein gutes Teamklima förderlich.

- *Einsatz für die Mitarbeiter*
  Wenn es für den einzelnen Mitarbeiter oder für das Team besondere Leistungen gibt, die man erreichen kann, so wird erwartet, daß Sie sich dafür einsetzen. Dies betrifft die Bezahlung (Vorrückungen, Überreihungen, Prämien, etc.), persönliche Entwicklungsmöglichkeiten (Schulun-

gen, Seminare, Förderungsprogramme, Karrierewege, etc.) oder sonstige Vorteile (z.B. gerechte Bewertung bei Verkaufswettbewerben etc.). Ihr Einsatz dafür muß aber mit Ihrer persönlichen Beurteilung über die Rechtfertigung dieser Wünsche übereinstimmen, d.h. Sie dürfen sich nur bei tatsächlicher entsprechender Leistung dafür stark machen.

- *Lachen*
  Eine Führungskraft muß auch mal lachen können. Sich über etwas lustig machen, locker und entspannt sein, sind wesentliche Verhaltensweisen, die Ihnen menschliche Akzeptanz bringen. Ihre Mitarbeiter erwarten, daß Sie ganz einfach „Mensch" sind, Emotionen haben und zeigen und eben manchmal auch mit ihnen lachen. Wenn Sie lachen, Ihre Mitarbeiter mit Ihnen lachen, dann macht die Arbeit Spaß und Freude, und nur dann haben Sie Chancen auf Erfolg.

Und es reicht nicht, wenn Sie nur nächsten Montag um 15.00 Uhr lachen oder zuhören oder Vorbild sind. Das ist Ihre tägliche Arbeit, und erst dann können Sie Ihre Mitarbeiter dauerhaft motivieren.

„Lassen Sie sich von Ihren Mitarbeitern beurteilen?"

Wir haben versucht, Ihre erforderlichen Verhaltensweisen bei der Mitarbeiterführung in der folgenden Checkliste zusammenzufassen. Prüfen Sie die angeführten Punkte kritisch. Vor allem, seien Sie ehrlich zu sich selbst. Dann erkennen Sie aus den Antworten, die Sie sich selbst geben, wo Sie ansetzen müssen.	IMMER	MANCHMAL	NIE
1. Sind die meinen Mitarbeitern übertragenen Kompetenzen/Bandbreiten ausreichend für eine selbständige Erfüllung der Arbeit?			
2. Ist der Spielraum bei der Wahl der Arbeitsschritte und Arbeitsmethoden bei meinen Mitarbeitern weitgehend gegeben?			
3. Vereinbare ich mit meinen Mitarbeitern konkrete, schriftliche Aufgabenprogramme für einen bestimmten Zeitraum, um weitgehende Übereinstimmungen über die zu erbringenden Leistungsstandards zu erzielen?			
4. Kenne ich die Arbeitsauslastung meiner Mitarbeiter?			

5. Informiere ich meine Mitarbeiter laufend (zumindest 1 x monatlich im Rahmen einer Mitarbeiterbesprechung) über geschäftspolitische Maßnahmen sowie über die aktuellen Entwicklungen und Trends in den einzelnen Bankgeschäftssparten?			
6. Vereinbare ich mit meinen Mitarbeitern konkrete Aufgabenziele und -termine (auch quantitative Ziele, z.B. X Telefonate mit Kunden, X Ansprachen, etc.)?			
7. Lasse ich den Mitarbeitern zustehende Entscheidungen sie selbst treffen?			
8. Gebe ich meinen Mitarbeitern nötigenfalls unaufgefordert Hilfestellung?			
9. Behalte ich in kritischen/unerwartet eintretenden Situationen Ruhe und Übersicht?			
10. Frage ich bei der Planung und Vorbereitung von Verkaufsaktivitäten meine Mitarbeiter nach ihrer Meinung, nach ihren Ideen?			
11. Ermuntere ich meine Mitarbeiter zu Verbesserungsvorschlägen für die Arbeitsabläufe in der Filiale?			
12. Bespreche ich mit meinen Mitarbeitern Verkaufsergebnisse/ Verkaufserfolge im Rahmen von regelmäßigen Mitarbeiterbesprechungen (zumindest 1 x monatlich)?			
13. Bevorzuge/benachteilige ich einzelne Mitarbeiter?			
14. Stelle ich den Vorgesetzten heraus?			
15. Spreche ich Anerkennung aus? Bemerke ich überhaupt gute Leistungen?			
16. Verbinde ich Kritik immer auch mit Anregungen?			
17. Lasse ich mir von meinem Mitarbeiter, der ein Seminar besucht hat, die für ihn wichtigsten Erkenntnisse sagen?			
18. Werden die „Seminargewinne" eines Mitarbeiters im Filialteam besprochen?			
19. Überprüfe ich diese 19 Punkte meines Führungsverhaltens anhand einer Checkliste in regelmäßigen Abständen (wöchentlich, monatlich, viertel-, halbjährlich)?			

Abbildung 36: Checkliste Mitarbeiterführung

5. Information und Kommunikation

Mit den Menschen reden kann durch nichts ersetzt werden. „Wo das Gespräch stirbt, stirbt bald jede Partnerschaft". Information und Kommunikation ohne Inhalte bleiben jedoch Schlagworte. Die diesbezügliche Führungsaufgabe besteht daher in der direkten persönlichen Aufgabe für folgende drei Schwerpunkte:

- Information über Geschäftspolitik und Ziele,
- Mitarbeitergespräche (Erwartungen, Erfüllungen, neue Vereinbarungen),
- Mitarbeiterbesprechungen (gemeinsame Vorbereitung von Aktivitäten in der Geschäftsstelle, Maßnahmenplanung, Zielsetzung, Verantwortlichkeiten, etc.).

Die meisten Führungskräfte widmen ihrer Führungsaufgabe viel zu wenig Zeit. „Führen" läuft so nebenbei mit und beschränkt sich oft auf Arbeitsanweisungen. Kein Wunder, wurden doch viele Führungskräfte auf ihre Aufgabe nicht vorbereitet. Referenten und Spezialisten werden auf Grund hervorragender Sacharbeit in Führungspositionen gesetzt und werden hier zum leitenden Sachbearbeiter, aber nicht zum sachkundigen Leiter. Der Führungskräfte-Entwicklung und -Fortbildung ist daher größte Bedeutung zu geben. Damit entscheidet die Bank über den Erfolg.

Je größer die Führungsspanne ist, umso mehr Zeit wird für die Mitarbeiterführung benötigt. Information und Kommunikation muß daher geplant werden. Mitarbeitergespräche und Mitarbeiterbesprechungen sind im vorhinein zu fixieren. Als Regel kann man nehmen.

a) Mitarbeitergespräch

Zumindest einmal jährlich ein längeres, ausführliches und ungestörtes Gespräch über die Erwartungen, die Aufgaben, die Leistungsstandards, sowie deren Erfüllung aus Sicht der Mitarbeiter und der Führungskraft. Daraus entsteht eine neue Vereinbarung mit entsprechenden Entwicklungs-, Umsetzungs- und Förderungsmöglichkeiten für die nächste Periode.

Zwischendurch gibt es anlaßbezogene kürzere Feed-back-Gespräche zur Verstärkung (Lob) oder Veränderung (Kritik) des Verhaltens und der Leistung. Mit jungen Mitarbeitern sind diese Gespräche häufiger zu führen.

b) Mitarbeiterbesprechung

Zumindest einmal monatlich eine ausführliche Mitarbeiterbesprechung, bei der ausreichend Zeit für Information und Diskussion gegeben ist. Weiter muß genügend Zeit für die Vorbereitung von wichtigen Aktivitäten sein, ebenso für die Analyse von Ergebnissen. Durch Mitarbeiterbesprechungen kann bzw. sollte erreicht werden:

- Durch Beteiligung kann der einzelne Mitarbeiter seine Vorstellungen sagen.
- Seine Ängste und Widerstände werden bei entsprechender Gesprächsleitung besprochen und folglich abgebaut (auf jeden Fall gemindert).
- Gute Einwände, die vielleicht sogar sofort befolgt werden, erhöhen das Selbstwertgefühl.
- Der Gruppengeist (W i r wollen das erreichen) erhöht die Leistung.
- Zusätzliche Information.
- Hohe Identifikation.
- Bereitschaft zum Mitmachen.
- Bereitschaft, Verantwortung zu tragen.
- Bereitschaft, Entscheidungen zu treffen.

- ➪ Beprechungen häufiger und regelmäßiger
- ➪ konkrete Zielsetzungen formulieren
- ➪ Mitarbeiter vorher informieren
- ➪ bessere Vorbereitung und klarere Strukturierung
- ➪ Mitarbeiter möglichst oft Themen und Beiträge einbringen lassen
- ➪ keine fertigen Konzepte vorlegen, sondern Vorschläge der Mitarbeiter einholen
- ➪ Abbau der eigenen Dominanz
- ➪ „Stille" Mitarbeiter ansprechen
- ➪ Gesprächsführung auf Mitarbeiter übertragen
- ➪ aus jeder Besprechung entsprechende Maßnahmen ableiten und Vereinbarungen treffen

Abbildung 37: Wie gestalten Sie Ihre Besprechungen effizienter

Bei Mitarbeiterbesprechungen gibt es eine Reihe von Ideen und praktischen Tips, die helfen, eine solche Besprechung erfolgreich zu gestalten, und auf die folgend eingegangen wird.

6. Schlußbemerkungen

Zum Abschluß dieses Beitrages eine Ermunterung und eine Aufforderung:

„Führung ist der Einsatz von Fähigkeiten, über die zwar eine Mehrheit verfügt, die aber nur von einer Minderheit benützt werden. Aber: Führen ist erlernbar."

„Nur wenige Führungskräfte sehen ein, daß sie letztlich nur eine Person führen müssen. Diese Person sind sie selbst."

Führungskräfte haben es also selbst in der Hand, ob sie erfolgreich sind. Wenn Führungskräfte an sich arbeiten, dann werden ihnen auch die Mitarbeiter folgen.

Viele der gebrachten Beispiele werden im Bankalltag noch nicht angewendet.

„Wer einmal gesehen hat, wie es am Schalter einer Bank zugeht, weiß, daß es große Bereiche „träger Produktivität" gibt."

⇨ **Es liegt an der Bank und ihren Führungskräften, diese Meinung zu ändern!**

Kapitel 5:

Spezielle Fragen / Praxisbeispiele

Personalentwicklung im Bereich des Retail Banking

Günter Ashauer

Die Ära der klassischen Universalbank geht (auch) in Deutschland zu Ende: Der Marktorientierung folgt notwendigerweise – mehr oder minder zögernd, aber wohl doch unausweichlich – die Differenzierung des Vertriebssystems. Es gibt in Zukunft nicht mehr die Bankgeschäftsstelle schlechthin, in der (angeblich) alle üblichen Finanzdienstleistungen für jedermann[1] erstellt werden. Die Einheitsgeschäftsstelle wird abgelöst durch je spezielle Vertriebsstellen und zum Teil auch rechtlich selbständige Bankinstitute (innerhalb eines Bankkonzerns) für den Bereich des standardisierten Mengengeschäftes mit Privatkunden (= Finanzdienstleistungscenter), für vermögende Individualkunden und für Firmenkunden sowie durch Center für spezielle Produktbündel, z.B. Immobiliencenter („Alles rund um's Haus"). Hinzukommen vielfältige Wege des Direct Banking via Mail, Telefon, TV und PC.

Wenn das alles stimmt, und davon ist auszugehen, dann werden diese kundengruppenorientierten Veränderungen des Vertriebssystems auch Auswirkungen auf die Personalentwicklung im Bankensektor, insbesondere auch auf die Aus- und Weiterbildung, haben, auch und gerade in Deutschland, wo die Ausbildung des Bank- und Sparkassennachwuchses ähnlich universell angelegt ist wie die Universalbank.

Zum Verständnis insbesondere der Leser dieses Beitrags außerhalb Deutschlands sei zunächst in der gebotenen Kürze das in Deutschland praktizierte System der Aus- und Weiterbildung des bankkaufmännischen Nachwuchses skizziert. Nach diesem System wird auch das Personal im Bereich des Retail Banking, also des standardisierten Mengengeschäftes mit Privatkunden, qualifiziert. Anschließend wird dieses tradierte System der un-

---

1 In diesem Beitrag sind, auch wenn um der Lesbarkeit willen nur männliche Bezeichnungen verwendet werden, stets beide Geschlechter gemeint.

differenzierten bankkaufmännischen Berufsbildung kritisch hinterfragt. Im letzten Teil dieses Beitrags werden dann Ansatzpunkte für Personalentwicklungsstrategien im Retail Banking skizziert.

1. Die traditionelle berufliche Erstausbildung

Die berufliche Erstausbildung fast des gesamten bankkaufmännischen Nachwuchses – von Hochschulabsolventen und einigen Sonderausbildungsgängen für Abiturienten einmal abgesehen – erfolgt im deutschen Kreditgewerbe einheitlich nach staatlichen Vorschriften im sog. dualen System der Berufsausbildung[2]. 90% der Mitarbeiter der deutschen Sparkassenorganisation haben z.B. dieses System durchlaufen. Es sieht wie folgt aus: Der Bundesminister für Wirtschaft hat eine Ausbildungsordnung „Bankkaufmann" erlassen[3]. Diese Rechtsverordnung regelt die berufspraktische Ausbildung in den Kreditinstituten. Die Verordnung umfaßt ein Ausbildungsberufsbild, das folgende Ausbildungsinhalte verbindlich vorschreibt:

§ 3 Ausbildungsberufsbild
Gegenstand der Berufsausbildung sind mindestens die folgenden Kenntnisse und Fertigkeiten:

- Allgemeine Kenntnisse und Fertigkeiten:
  - Unternehmensorganisation und Rechtsgrundlagen
  - Büroarbeiten und Schriftverkehr
- Zahlungsverkehr:
  - Kontoführung
  - Inlandszahlungsverkehr
  - Auslandszahlungsverkehr
- Geld- und Kapitalanlage:
  - Anlage auf Konten
  - Anlage in Wertpapieren
  - sonstige Anlagen

2 Bis 1969 verwendete man offiziell die Begriffe „Lehre", „Lehrling" usw..

3 Derzeit gilt die Ausbildungsordnung „Bankkaufmann" aus dem Jahr 1979. Zuvor schon war die Berufsausbildung im Kreditgewerbe – seit 1941 – durch Berufsordnungsmittel einheitlich geregelt.

- Finanzierung:
  - kurz- und mittelfristiges Kreditgeschäft
  - langfristiges Kreditgeschäft
- Innenbetrieb:
  - Rechnungswesen
  - Organisation
  - automatisierte Datenverarbeitung
  - Personalwesen
  - Revision

Die Ausbildung erfolgt in einem Rotationsverfahren in einem zwei- bis dreijährigen Ausbildungsgang durch Ausbildung am Arbeitsplatz, in der Regel ergänzt um innerbetrieblichen Unterricht.

Die 16 Länder der Bundesrepublik Deutschland, bei denen die Kulturhoheit und damit auch die Zuständigkeit für das Schulwesen liegt, haben jeweils – untereinander und mit der Bundesausbildungsordnung abgestimmt – Rahmenlehrpläne für die Bankfachklassen der (öffentlichen) Berufsschulen erlassen. Die Berufsschulen sind pflichtgemäß während der Dauer der Berufsausbildung zu besuchen. Entweder findet der Berufsschulunterricht an zwei Tagen je Woche mit wöchentlich insgesamt zehn bis zwölf Stunden (je 45 Minuten) statt, oder es wird Blockunterricht erteilt, d.h. die Auszubildenden besuchen z.B. zweimal sechs Wochen jährlich die Bankfachklassen der Berufsschulen in Vollzeitform. Unterstellt, die Berufsausbildung dauert zweieinhalb Jahre (= 100 Schulwochen), dann addiert sich der Berufsschulunterricht (bei zehn bis zwölf Stunden wöchentlichen Teilzeitunterricht oder 5 x 6 = 30 Wochen Vollzeit-Blockunterricht mit rd. 36 Stunden je Woche) auf insgesamt 1.000 bis 1.200 Stunden. Erteilt werden – für alle Auszubildenden aller Bankengruppen gemeinsam – die Fächer

- Bankbetriebslehre,
- Bankbetriebliches Rechnungswesen (insbesondere Bankrechnen und Bankbuchführung),
- Allgemeine Wirtschaftslehre,
- Rechtskunde, aber auch,
- Sozialkunde,
- z.T. Englisch und
- (freiwillig) Religionslehre.

Die Industrie- und Handelskammern, denen in der Regel auch die Ausbildungsberatung und die Überwachung der Berufsausbildung obliegt, nehmen nach dem ersten Ausbildungsjahr eine Zwischenprüfung und am Ende der Ausbildung die schriftliche und mündliche Abschlußprüfung „Bankkaufmann" ab.

2. Berufliche Weiterbildung

Die (Aufstiegs-)Weiterbildung erfolgt dann in Deutschland nach Bankengruppen getrennt. Es bestehen nebeneinander, aufbauend auf der beruflichen Erstausbildung,

- in größeren Kreditinstituten innerbetriebliche Weiterbildungsmaßnahmen
- in der Sparkassenorganisation zwölf regionale Sparkassenakademien und die Deutsche Sparkassenakademie, Bonn
- in der Genossenschaftsorganisation (Volks- und Raiffeisenbanken) zwölf regionale Genossenschaftsschulen/-akademien sowie die Akademie Deutscher Genossenschaften, Montabaur
- getragen von den Regionalverbänden des privaten Bankgewerbes und dem Bundesverband der Deutschen Volksbanken und Raiffeisenbanken die Bankakademie in Frankfurt am Main, deren Lehrgänge (in derzeit 85 deutschen Städten) zu rd. 60% von Nachwuchskräften der privaten Banken, zu rd. 30% von Nachwuchskräften der Kreditgenossenschaften und zu rd. 10% von Angehörigen der Sparkassenorganisation besucht werden[4].

Die Darstellung dieses Weiterbildungssystems im einzelnen würde den Rahmen dieses Beitrags sprengen. Exemplarisch sei, da für den Bereich des Retail Banking besonders bedeutsam, lediglich der Kundenberaterlehrgang der deutschen Sparkassenorganisation erwähnt, dessen Ziel die Qualifizierung von Kundenberatern für das standardisierte Privatkundengeschäft ist. Dieser Lehrgang besteht aus zwei Teilen:

4 Damit sind die privaten Banken und die Genossenschaftsbanken im Verhältnis zu ihrem jeweiligen Marktanteil überdurchschnittlich stark, die Sparkassenorganisation (mit einem Marktanteil von rd. 38%) unterdurchschnittlich stark vertreten. Daneben besteht die vbb, Vereinigung für Bankberufsbildung, Frankfurt (Main), die von privaten Banken unterhalb der Großbankenebene getragen wird und sich insbesondere der Anpassungs-Weiterbildung widmet.

- einem rund einjährigen Fernstudium und
- einem mehrwöchigen (verhaltensbezogenen) Präsenzunterricht.

Das Fernstudium wird von der Deutschen Sparkassenakademie durchgeführt. Am Ende steht eine schriftliche Abschlußprüfung, die von den regionalen Sparkassenakademien anerkannt wird. Diese bauen mit ihrem Präsenzunterricht auf dem Fernstudium auf. Im Präsenzunterricht steht dann das Verhaltenstraining im Vordergrund. Den Abschluß des gesamten Lehrgangs bildet die Prüfung zum Sparkassenfachwirt. Diese Prüfung wird – ergänzt um berufspraktische Erfahrungen und spezielle Seminare – als Basis für die qualifizierte Kundenberatung im Privatkundengeschäft angesehen.

3. Kritik des dualen Systems der Berufsausbildung

Wenn man die oben skizzierte Entwicklung im Vertriebssystem der Banken und Sparkassen hinsichtlich ihrer Konsequenzen für die Personalentwicklung der Kreditinstitute bedenkt, dann kommt man zu der Überzeugung, daß insbesondere bezüglich der beruflichen Erstausbildung Reformbedarf besteht: Fast alle Nachwuchskräfte lernen im Verhältnis zur beruflichen Verwendungssituation einerseits zu viel, andererseits zu wenig. Sie lernen zum falschen Zeitpunkt, nämlich zu früh (Vorratslernen statt „Just-in-time"-Lernen). Außerdem ist die Ausbildung zu ineffizient und deshalb zu teuer.

Die derzeit praktizierte Berufsausbildung „Bankkaufmann" ist freilich nichts außergewöhnliches. Im dualen System werden auch die übrigen kaufmännischen Nachwuchskräfte (z.B. Industrie-, Versicherungs-, Groß- und Außenhandelskaufleute) sowie der gewerbliche Nachwuchs (im Handwerk und in der Industrie) ausgebildet. Das System hat sich seit Anfang des 20. Jahrhunderts aus der Meisterlehre des Handwerks entwickelt, und zwar zu einer Zeit, als man noch davon ausgehen konnte, daß man mit dem Lehrabschluß „ausgelernt" hatte. Der erlernte Vorrat an Kenntnissen und Fertigkeiten war für den Rest des Berufslebens tragfähig[5]. Während der Berufsausbildung wurde außerdem in der Berufsschule das allgemeine Lernen

5 Im Handwerk setzt man freilich auf der Lehrabschlußprüfung (= Gesellenprüfung) noch die Ausbildung zum Handwerksmeister auf, die weder im gewerblich-industriellen noch im kaufmännischen Bereich ein durchgängiges Pendant gefunden hat.

fortgesetzt, rekrutierten sich doch die Lehrlinge weit überwiegend von der Volksschule nach acht-, später neunjährigem Schulbesuch.

All das stimmt für das Kreditgewerbe längst nicht mehr. Die weitaus meisten Auszubildenden (60% – 70%) besitzen das Abitur, d.h. sie haben bereits 13 Jahre lang Vollzeitschulen besucht, mindestens jedoch den Abschluß der Sekundarstufe I, d.h. den Abschluß des zehnten Schuljahres. Außerdem ist auch im Bankgewerbe nichts mehr statisch und auf Dauer angelegt. Längst ist alles im Fluß: Die rechtlichen, ökonomischen und technologischen Rahmenbedingungen sowie die Erfordernisse des Marktes unterliegen einem permanenten Wandel. Ferner kommt gerade im Bereich des Retail Banking hinzu, daß die dort Tätigen mit vielem, was sie in ihrer dualen Berufsausbildung lernen, nichts anfangen können. Sie brauchen weder die detaillierte Kenntnis des Bankrechnungswesens noch umfassende Produktkenntnisse, z.B. im Bereich des kommerziellen Auslandsgeschäftes, der Außenhandelsfinanzierung, des Wertpapiergeschäftes oder der Immobilienfinanzierung. Für die breit angelegte berufliche Erstausbildung wird zwar immer wieder ins Feld geführt, nur durch sie werde berufliche Mobilität geschaffen und zu frühe Spezialisierung verhindert. Diese Argumentation verkennt jedoch, daß nicht abgerufene Kenntnisse und (noch mehr) Fertigkeiten sehr schnell veralten, „versickern" und nicht ohne eine erneute Ausbildung reaktivierbar sind. „Lernen lernen" erscheint jedenfalls wichtiger, als unbenötigte Kenntnisse nur für Prüfungszwecke (im Kurzzeitgedächtnis) zu speichern.

Im Retail Banking kommt es in Zukunft darauf an, mit Hilfe einer beachtlichen Systemunterstützung standardisierte Bankprodukte rund um"s Girokonto zu verkaufen, und zwar aktiv und nicht reaktiv. Dafür werden die Bankauszubildenden wissensmäßig überqualifiziert. Das Anforderungsprofil für Kundenberater im Privatkundengeschäft ist in Abbildung 38 dagestellt.

Anforderungen für den Kundenbetreuer

Die Ausführungen zum Kundenbetreuer beziehen sich auf die Berater von Privatkunden im standardisierten Mengengeschäft. Vermögende und einkommensstarke Privatkunden sind die Klientel des Individualkundenbetreuers (IKB).

I. Fachliche Anforderungen	
Grundkenntnisse (G) =	Kenntnisse zur Feststellung eines konkreten Kundenbedarfs und anschließende Überleitung an den Spezialisten.
Spezialkenntnisse (S) =	auf Grundkenntnissen aufbauendes Spezialwissen für eine umfassende abschließende Kundenberatung

	Kundenbetreuer
1. Vermögensanlagen	
a) Gläubigerpapiere	S/G*
b) Investmentfonds (Aktien, Renten, offene Immobilienfonds)	S/G*
c) Aktien	
– Standardgeschäft	G*
– Spezialgeschäft	G
d) DTB (Optionsgeschäfte, Futures)	–
e) Steuerorientierte Kapitalanlagen	–
2. Aktivgeschäft	
a) Konsumentenkredite	S
b) Baufinanzierung	G*
3. Dienstleistungsgeschäfte	
z.B. Sorten, Schließfächer, Münzen	S
Immobilienvermittlung	S/G*
4. Zahlungsverkehr	
z.B. Girokonto, EUROCARD	S
5. Verbundgeschäfte	
a) Kooperationsmöglichkeiten im Verbund	G
b) Produkte der Landesbausparkasse	S
c) Produkte der öffentlichen Versicherungen	
– Lebensversicherung	G*
– Sachversicherungen	G*
d) Immobilienvermittlung	G*
6. Steuerliche Kenntnisse	
a) Überblick über das Steuerrecht und Steuerarten (Einkommen-, Vermögen- und Erbschaftssteuer)	G

Abbildung 38: Anforderungsprofil Kundenbetreuer

	Kundenbetreuer
b) Auswirkungen des Steuerrechts auf die Privatkundenberatung	G*
c) Persönliche und sachliche Steuerpflicht	S
7. *Rechtliche Kenntnisse* (Auswirkungen von rechtlichen Aspekten des BGB, insbesondere Erbschafts- und Familienrecht, auf die Individualkundenberatung)	–
8. *Geschäftspolitik*	
a) Geschäftspolitische Ziele	
b) Geschäftspolitische Maßnahmen	
c) Ertragsorientierte Kundenangebote	

* Bei Spezialproblemen sollte sich der Berater an den Spezialisten wenden

II. Verkäuferische Anforderungen

xxx = sehr wichtig
xx = wichtig
x = weniger wichtig

	Kundenbetreuer
1. *Ertragsorientierung und Bereitschaft zum aktiven Verkauf*	xxx
2. *Aktives Führen von Beratungsgesprächen*	xxx
2.1 Bei der Gesprächsvorbereitung	
– den potentiellen Bedarf des Privatkunden analysieren	xx
– Verkaufsideen entwickeln	
	xx
2.2 Nach der KIV-Formel strukturiert beraten	xxx
2.3 Im Team beraten und überleiten an einen Spezialisten	xxx
2.4 In der Informationsphase	
– aufgrund der entwickelten Verkaufsideen das Gespräch durch Techniken steuern	xx
– auf Kundenreaktionen flexibel agieren	xxx
– Cross-selling-Ansätze erkennen und umsetzen	xxx

Abbildung 38: Fortsetzung

	Kundenbetreuer
2.5 In der Verkaufsphase	
– kundenbezogen argumentieren	xxx
– Provokationen und Einwände kundengerecht behandeln	xxx
– Abschlußsignale erkennen und realisieren bzw. Termin vereinbaren	xxx
2.6 Verkaufsunterstützende Instrumente nutzen	xxx
2.7 Den Neinverkauf beherrschen	xxx
2.8 Konditionen überzeugend darstellen und verkaufen	xxx
3. Beraten und Verkaufen außer Haus	xx
4. Telefonische Terminvereinbarung und Verkauf	xxx
5. Kundenverbindungen sichern	xx
6. Fremdverbindungen ablösen	x
7. Gesprächsnachbereitung mit kritischer Selbstanalyse durchführen	xxx

III. Anforderungen an das Arbeitsverhältnis

	Kundenbetreuer
1. Teamfähigkeit	
– ist bereit zur Kooperation und zum Informationsaustausch mit betroffenen Kollegen und Abteilungen	xxx
2. Planung und Organisation	
– beherrscht die Regeln des Zeitmanagements und verwendet dazu geeignete Instrumente	xx
– ist zur individuellen Arbeitszeitgestaltung bereit	xx
3. Kognition und Informationsverarbeitung	
– ist lernfähig und fähig zur Analyse komplexer Zusammenhänge	xx
– ist geistig/fachlich flexibel und kann Probleme lösen	xx
4. Konzentrationsfähigkeit	
– kann gewissenhaft und sorgfältig arbeiten	xxx
– zeigt Ausdauer und Belastbarkeit	xx

Abbildung 38: Fortsetzung

	Kundenbetreuer
– zeigt Daueraufmerksamkeit unter Zeitdruck	xx
5. *Leistungs- und Weiterbildungsmotivation*	
– ist zur eigenen Weiterbildung bereit	xx
– will herausfordernde Aufgaben und Tätigkeiten übernehmen	x
– zeigt hohe Eigeninitiative	xx
6. *Behandelt Kundeninformationen diskret*	xxx
7. *Besitzt gute Umgangsformen*	xx
8. *Hat ein sicheres Auftreten*	xx

Abbildung 38: Fortsetzung

Vergleicht man diese Anforderungen mit den oben wiedergegebenen Lerninhalten der Ausbildungsordnung und den Fächern der Berufsschule, dann erkennt man die Redundanzen, andererseits aber auch die Defizitbereiche. Defizitär sind insbesondere die Bereiche der verkäuferischen Anforderungen und der Anforderungen an das Arbeitsverhalten. Das ist verständlich, denn diese Bereiche können nur begrenzt vom Staat geregelt und auch nur zum Teil gruppenübergreifend vermittelt werden. In einer Marktwirtschaft ist gerade hier Schulungsvorsprung Wettbewerbsvorsprung, und das akquisitorische Verhalten des Kundenberaters ist bei einem ansonsten weitgehend homogenen Produktangebot und bei High-tech-Einsatz ein besonders wichtiger präferenzbildender Faktor. Die vom Kunden erlebte Servicequalität hängt weitgehend vom Beraterverhalten ab.

4. Kostenüberlegungen

Was schließlich die Kostenseite anbelangt, so stehen aufgrund tarifvertraglicher Regelungen die Auszubildenden im deutschen Bankgewerbe im Vergleich zu fast allen übrigen Ausbildungsbereichen an der Spitze der Vergütungsskala. Berücksichtigt man, daß die Auszubildenden nur in Grenzen produktive Leistungen erbringen können – kaum haben sie in einer Abteilung die dafür nötigen Kenntnisse und Fertigkeiten erlernt, werden sie, dem Ausbildungsplan folgend, in eine andere Abteilung oder Geschäftsstelle versetzt – dann kostet die Ausbildung eines Bankkaufmanns (bei zweieinhalbjähriger Ausbildungsdauer) netto, d.h. unter Abzug der wenigen produktiven Leistungen, rund 60.000,- DM. Auch wenn neuerdings versucht wird, den weitergehenden indirekten Nutzen der dualen Ausbildung im Sinne von Opportunitätserträgen zu quantifizieren, bleiben beachtliche Nettokosten übrig[6].

Betriebswirtschaftlich mindestens genauso bedeutsam ist aber, daß die übliche Vergütung im Anschluß an die Berufsausbildung – es werden bisher praktisch alle Auszubildenden nach Ausbildungsabschluß als Angestellte übernommen – relativ hoch liegt.

Zwingende Rechtsvorschriften machten es nun in Deutschland unmöglich, mit Jugendlichen Berufsausbildung außerhalb des dualen Systems durchzuführen[7], also etwa unter 18-jährige Nachwuchskräfte im Bereich des Retail Banking mit einem begrenzten Curriculum anzulernen. Als Ausweg aus diesem Dilemma bleibt zunächst übrig, den Versuch zu unternehmen, stärker als bisher verkäuferisch geeignete Nachwuchskräfte aus anderen kaufmännischen Bereichen, etwa aus dem Einzelhandel, abzuwerben und sie nach Abschluß ihrer dortigen dualen Ausbildung mit den nötigen (begrenzten) bankspezifischen Kenntnissen und Fertigkeiten zu versehen, sie also anzulernen. Für diese Nachwuchskräfte stellt selbst eine Vergütung in den unteren Tarifgruppen des Kreditgewerbes, die ein gelernter Bankkaufmann nach Abschluß seiner Ausbildung kaum akzeptieren würde, eine erhebliche finanzielle Verbesserung dar, denn der Abstand zwischen dem Bankentarif und dem Einzelhandelstarif ist beachtlich. Außerdem haben die Banken und Sparkassen (noch) arbeitnehmerfreundlichere (damit freilich zugleich kundenunfreundlichere) Öffnungszeiten, insbesondere auch den freien Samstag; und schließlich bietet die Tätigkeit im Bankensektor ein relativ höheres Sozialprestige. Die Kreditinstitute brauchen auch sozialpolitisch die Rekrutierung von (billigeren) Mitarbeitern aus anderen Bereichen nicht zu scheuen: Für weitergehende Aufgaben geeignete Nachwuchskräfte haben dank

6 So wurden z.B. im gewerblichen Bereich Opportunitätserträge von 9600 – 22700 DM je Lehrling ermittelt, die vor allem aus der Einsparung von Einarbeitungskosten für externe Facharbeiter bestehen. Vgl. hierzu Günter Cramer/Karlheinz Müller: Nutzen der betrieblichen Berufsausbildung, Köln 1994

7 Vgl. § 28 Absatz 2 BBiG

der gut ausgebauten überbetrieblichen Bildungsstätten die Chance, sich weiterzubilden und den Anschluß an die ausgebildeten Bankkaufleute zu finden.

Daneben besteht theoretisch die Möglichkeit, für erwachsene Nachwuchskräfte, die nicht mehr dem Berufsbildungsgesetz unterliegen, maßgeschneiderte Sonderausbildungsgänge einzurichten. Hiervon wird allerdings bisher nur in Ansätzen Gebrauch gemacht. Offensichtlich sind solche Sonderausbildungsgänge für die Nachwuchskräfte im Vergleich zum dualen Ausbildungssystem nur dann attraktiv, wenn sie zu anerkannten Abschlüssen führen, was gerade im Bereich des Retail Banking nicht erstrebenswert erscheint.

5. Gute Startqualität – kurze Erstausbildung – Just-in-time-Lernen

So wie der Einheitsmarkt der Kreditinstitute und die Einheitsgeschäftsstelle sich als Fiktion erwiesen haben, wird sich in Zukunft die Einheitslaufbahn für den Berufsnachwuchs des Bankgewerbes als unsinnig erweisen. Aufbauend auf einer soliden allgemeinen Schulbildung und ggf. nach dem „Umweg“ einer dualen Ausbildung in einem anderen kaufmännischen Bereich, wird nur noch ein begrenztes Vorratslernen erfolgen können und müssen, und die nötige berufliche Anpassung von Kenntnissen, Fertigkeiten und Fähigkeiten wird zeitnah vor der jeweiligen beruflichen Verwendung erfolgen, also „just in time“. Ein mittlerer Weg könnte ggf. darin bestehen, die Ausbildung in der Kreditwirtschaft in Stufen vorzusehen, d.h. – ähnlich der Stufenausbildung Verkäufer/Einzelhandelskaufmann – zunächst den „Kundenberater“ für den Bereich des Retail Banking und dann darauf aufbauend für eine kleinere Gruppe den „Bankkaufmann“ vorzusehen.

Im folgenden seien einige Schwerpunkte skizziert, die für die Personalentwicklung im Bereich des Retail Banking maßgebend sein dürften.

Es wurde bereits dargestellt, daß der Privatkundenberater beachtliche akquisitorische Fähigkeiten besitzen muß. Nachdem bislang zur Entwicklung dieser Fähigkeiten viel Verhaltenstraining durchgeführt wurde, wächst im Kreditgewerbe die Skepsis bezüglich dieser Trainingsmaßnahmen. Es ist offenkundig schwer bis unmöglich, z.B. aus einem introvertierten, eher wortkargen und eigenbrötlerischen Mitarbeiter durch Training einen kundenorientierten, aktiven Verkäufer zu machen. Hier stößt Verhaltenstraining schnell an seine Grenzen. Auf die Startqualität kommt es an. Kreditinstitute müssen deshalb Einstellungsverfahren praktizieren, die es ermöglichen, kundenorientiertes, eher extravertiertes und aktives Verkaufsverhalten zu prognostizieren. Es erscheint auch legitim, das äußere Erscheinungsbild, eine freundliche Wesensart und insgesamt gute Umgangsformen zu berücksichtigen. Die bereits vorhandenen oder in nuce erkennbaren Dispositionen gilt es dann, durch entsprechendes Verhaltenstraining zu fördern und zu entwickeln.

Das Studium der Bewerbungsunterlagen, Paper-and-pencil-Tests und unstrukturierte Einstellungsgespräche (mit ihren regelmäßig hohen Prognoseschwächen) genügen nicht mehr. Die Einstellungsgespräche müssen (teil-) standardisiert, in Richtung der beruflichen Anforderungen gestaltet und um Elemente des Assessment-Centers ergänzt werden. Die Probezeit zu Beginn der Berufstätigkeit in Kreditinstituten ist auch bezüglich der Überprüfung des Verkaufsverhaltens zu nutzen.

Aufgabe des Verkaufstrainings ist es dann, in der Kundenberatung sicherer und abschlußorientierter zu machen, Techniken, z.B. der Einwandbehandlung oder des Telefonverkaufs, zu vermitteln, jedoch nicht erst die nötigen dispositiven Grundlagen zu schaffen.

6. Motivation trotz begrenzter Aufstiegsmöglichkeiten

Eine besondere Schwierigkeit für die Personalentwicklung im Bereich des Retail Banking wird erst in Zukunft erkennbar werden: Es muß gelingen, Mitarbeiter auf Dauer zu aktivem Verkaufen zu motivieren, obwohl wenig berufliche Aufstiegsmöglichkeiten geboten werden können. Die in vielen Kreditinstituten in Jahrzehnten guter Betriebsergebnisse aufgebauten vertikalen Hierarchien werden bei stark steigendem Wettbewerb und entsprechendem Druck auf die Rentabilität zurückgeschnitten werden. Lean Banking ist in vielen Kreditinstituten inzwischen mehr als eine Absichtserklärung.

Im Bereich des Retail Banking dürfte die wichtigste Aufstiegsposition, nämlich die des traditionellen Geschäftsstellenleiters, weitgehend verschwinden. In High-tech-Finanzdienstleistungscentern mit nur noch wenig Personal ist dafür kein Platz mehr. Die unterste Leitungsebene wird in Zukunft vermutlich für mehrere Geschäftsstellen zugleich von einem Marktbereichsleiter wahrgenommen werden. Diese Position ist aber dann, da sie dünner gesät sein wird, nur noch von wenigen zu erreichen. Vermutlich werden außerdem die (inzwischen auch in Deutschland zahlreich gewordenen) Hochschulabsolventen in diese Stellen drängen.

Personalentwicklung im Retail Banking kann mithin in der Regel nicht mehr primär vertikal als Führungskarriere erfolgen, sondern sie wird eher horizontal durch Arbeitsplatzwechsel oder durch Job-Enlargement und durch Job-Enrichment vorgenommen werden. Die fehlende Aufstiegsperspektive bezüglich Führungspositionen gilt es, soweit wie möglich durch erfolgsabhängige Vergütungssysteme und andere Incentives zu kompensieren. Hier besteht in Banken und Sparkassen noch erheblicher Nachholbedarf.

Es ist schon bemerkenswert, wie kraß etwa der Unterschied zwischen dem Vertrieb von Versicherungsleistungen und Bausparleistungen einerseits und von Bankleistungen andererseits derzeit (noch) ist: Das Vertriebssystem für Versicherungen und Bausparverträge ist in einem erheblichen Ausmaß auf Erfolgsvergütungen aufgebaut. Die Versicherungs- und Bausparvertreter leben in einem System mit General- und Gebietsagenturen weitestgehend von Verkaufs- und Bestandsprovisionen. Bankdienstleistungen hingegen werden bisher überwiegend von festbesoldeten Bankmitarbeitern vertrieben und nur ausnahmsweise von Strukturvertrieben provisionsabhängig verkauft.

Es ist sehr wahrscheinlich, daß die vorhandene Verwaltungskultur sich in vielen Banken und Sparkassen bereits in naher Zukunft und in großen Schritten in Richtung einer Verkaufskultur weiterentwickeln wird, gerade auch im Bereich des Retail Banking.

Ferner werden – viel stärker als bisher – Fachlaufbahnen im Prinzip gleichrangig neben Führungslaufbahnen einzurichten sein, mit entsprechender Einkommensentwicklung, aber auch mit den üblichen Attributen des Sozialprestiges, z.B. Titeln wie „Abteilungsdirektor" und „Direktor".

Im Bereich des Vertriebs könnte eine solche Fachlaufbahn aus den Stufen

- Privatkundenberater
- Individualkundenberater und
- Firmenkundenberater

bestehen. Einschlägige Seminare und berufspraktische Erfahrungen und Erfolge sind für das Vorankommen gleich wichtig.

7. Konsequenzen für den Führungsstil

Die Veränderung von der Verwaltungskultur zur Verkaufskultur wird auch Konsequenzen für den Führungsstil haben müssen. Verkäufer müssen anders geführt werden als Verwalter. Es zählt z.B. nicht mehr die Einhaltung der Arbeitszeiten, sondern der Verkaufserfolg, letztlich der Ergebnisbeitrag. Im Retail Banking wird der Spielraum des einzelnen Kundenberaters (Verkäufers) nicht sehr groß sein, was Produkte, deren Ausgestaltung und deren Bündelung angeht. Das Geschäft muß und wird weitgehend standardisiert ablaufen, was der Kunde nicht unbedingt zu merken braucht. Im Vordergrund steht die aktive Kundenansprache, die – vom DV-System ausgelöst und gestützt – vermuteten Beratungs- und Verkaufsbedarf erkennt und befriedigt.

Für den einzelnen Berater müssen drei Voraussetzungen erfüllt sein: Er muß beraten und verkaufen *können*, *wollen* und *dürfen*.

Können: Das dürfte derzeit (wie oben ausgeführt) im Bereich des Retail Banking bezüglich der Fachkompetenz das kleinste Problem sein, denn die Produktkenntnisse und die sonst nötigen Kenntnisse sind (eher im Übermaß) vorhanden. Können muß sich freilich auch auf das Verkaufsverhalten beziehen. Hier dürften oft noch Defizite bestehen.

Wollen: Das ist bereits schwieriger, denn hier geht es um die Aufrechterhaltung der Verkaufsmotivation. Oft werden im Zusammenhang mit Verkaufssteigerungsprogrammen eher Strohfeuer entzündet, die schnell wieder zu erlöschen drohen, wenn sie nicht in eine Vertriebskonzeption einmünden, die über entsprechende (intrinsische und extrinsische) Motivatoren auf Dauer gestützt wird.

Dürfen: Hier sind – wie bei der Motivation – die Führungskräfte gefordert. Sie müssen den Kundenberatern die nötigen Grenzen setzen, innerhalb dieser Grenzen aber auch die nötigen Freiräume gewähren. Nicht Dienstvorschriften stehen im Vordergrund, sondern Verkauferfolge, freilich nicht im Sinn von kurzfristigen Erfolgen, durch die langfristig die Kundenbindung gefährdet würde. Insgesamt müssen sich Führungskräfte im Retail Banking in Zukunft eher als Coach und „Spieler-Trainer" ihrer Mitarbeiter definieren, denn als Chef.

Die Verwirklichung dieser Überlegungen wird vermutlich in den nächsten Jahren tiefergehende Folgen für Personal- und Führungsstrukturen im Retail Banking haben als derzeit angenommen wird. Sollte es jedoch nicht gelingen, die geschäftspolitisch-strategischen Planungen auch personell abzusichern, dürften sie langfristig zum Scheitern verurteilt sein. Denn:

⇨ **(Retail-)Banking ist nicht nur „Systems", sondern auch und vor allem „People".**

Die MIGROSBANK – Portrait einer Retail-Bank

Erich Hort

Im Jahre 1957 wurde durch Gottlieb Duttweiler in mehreren Sitzungen die mögliche Gründung einer MIGROSBANK besprochen. Die Idee war, eine eigentliche Alternative zu den Groß- und Kantonalbanken zu gründen. Der endgültige Entscheid, so will es die Legende, fällt bei einem Nachtessen im Restaurant „Widder" an der Augustinergasse in Zürich. Am 15. Dezember 1957 wird die Bank im Handelsregister eingetragen und nimmt am 1. Februar 1958 ihre Tätigkeit als Etagenbank im 3. Stock des ehemaligen Migros-Hauses am Limmatplatz auf. Das Aktienkapital betrug 10 Mio. Franken. Zweck und Ziel der Bank war es, höhere Sparzinsen zu vergüten und niedrigere Kreditzinsen zu verlangen. Das Sparangebot bestand damals lediglich aus Depositenkonti und Kassenobligationen.

Vielfach wird angenommen, die MIGROSBANK sei die Hausbank der Migros. Die MIGROSBANK wurde nicht gegründet, um der Migros den Zutritt zum Bankenmarkt zu ermöglichen. Die Migros wickelt denn auch nur einen geringen Teil ihres Geschäfts über die MIGROSBANK ab. Die Bank wird in keiner Weise „subventioniert" und muß sich als frei und unabhängig operierendes Unternehmen im Markt bewähren. Wie bereits erwähnt, lag die Gründungsabsicht darin, die Migrosphilosophie auf den Dienstleistungssektor auszuweiten. Diese Absicht wurde im Unternehmensleitbild festgeschrieben und gilt somit auch heute noch.

Die MIGROSBANK gehört als einzige größere Bank nicht der Schweizerischen Bankiervereinigung an. Dies ermöglichte es von Beginn an, sich nicht an die in der Vereinigung geltenden Preiskonvenien halten zu müssen. Mittlerweile sind auch die meisten dieser Konvenien abgeschafft oder liberalisiert worden (Valuta-, Devisen, Courtagekonvention u.a.). Aber auch heute noch sieht sich die MIGROSBANK als Außenseiterin und Preisbrecherin.

Innerhalb der M-Gemeinschaft gilt die MIGROSBANK als selbständige Aktiengesellschaft. Das Aktienkapitals wird zu 100% vom Migros-Genossenschafts-Bund (MGB) gehalten.

1. Geschäftspolitik und Organisation

Ertragsmäßiges Ziel war immer eine Gewinnoptimierung und nicht eine Gewinnmaximierung, wie es bei den meisten andern Banken üblich ist. Eine solche Zielsetzung zwingt indessen zu einer äußerst rationellen Arbeitsweise. Der freiwillige Margenverzicht zugunsten des Kunden – 1/4% bis 3/4% auf der Passivseite sowie 1/4% auf der Aktivseite – macht eine schlanke Organisation und kurze, unkomplizierte Entscheidungswege zur absoluten Notwendigkeit.

Das Bestreben der MIGROSBANK ist es, nicht durch Äußerlichkeiten, sondern durch gute Konditionen aufzufallen. Gute Konditionen können den Kunden aber nur gewährt werden, wenn auf einen „teuern Lebensstil" verzichtet wird und kein Geld in einer aufgeblähten Organisation versiegt.

Einige wenige Hinweise auf die Organisation der Bank verdeutlichen die diesbezügliche Marschrichtung;

- Sehr kleiner Verwaltungsrat mit nur 6 Mitgliedern;
- Kleine, überblickbare Geschäftsleitung mit einem Zentraldirektor, der die Bank zusammen mit vier weiteren Direktoren leitet;
- Nur sehr wenige Stabsstellen;
- Verzicht auf prestigeträchtige Organisationsstrukturen;
- Verzicht auf Nebensächliches und damit hin und wieder auch Mut zur Lücke.

2. Dem Consumer Banking verpflichtet

Obwohl die MIGROSBANK die meisten Bankgeschäfte anbietet, ist sie als typische Retailbank seit jeher dem Consumer Banking verpflichtet. Mit gegen 500.000 Kontoverbindungen verfügt sie in Relation zu ihrer Größe (Bilanzsumme per 3O.6.94 rd. 9,6 Mia. Fr.) über einen außerordentlich breiten

Kundenkreis. Naturgemäß befinden sich darunter neben größeren und kleineren Firmenkunden vor allem sehr viele Privatkunden. Dabei ist der Kleinkundenanteil deutlich größer als bei einer Großbank. 96% der Kunden unterhalten ein Guthaben von weniger als Fr. 250.000.– bei der MIGROSBANK. Bei der bekannten Zurückhaltung der Bank hinsichtlich Spesenbelastung wird damit aber auch klar, daß bei isolierter Betrachtungsweise viele dieser Konti verlustbringend sind. Vom rein ertragsmäßigen Standpunkt aus betrachtet würde sich die Bank wohl besser von den vielen Kleinstverbindungen trennen und hätte dann vielleicht noch knapp 100.000 Kontoverbindungen, die sie dann aus der Sicht des Kunden und vor allem aus derjenigen der Bank optimal bewirtschaften könnte. Diese Idee wurde mir als Leiter der Bank von Beratern auch immer wieder vorgeschlagen. Sie ist indessen unmöglich bzw. sogar absurd, wenn man sich die Zweckbestimmung der MIGROSBANK vor Augen führt.

Die Bank wurde seinerzeit für den Normalkunden gegründet und so soll auch der Kleinstkunde die Gelegenheit haben, bei der MIGROSBANK seine Bankgeschäfte preisgünstig abzuwickeln. Wie kann aber eine Bank mit einer solchen Politik, die ja noch extremer wird durch die betont kundenfreundlichen Konditionen, wirtschaftlich erfolgreich sein? Von Konkurrenzseite war mitunter zu hören, daß die MIGROSBANK vom Migros-Genossenschaftsbund billiges Geld erhalte und nur damit in der Lage sei, z.B. billigere Hypothekarkredite als andere Banken zu gewähren. Dem ist ganz klar nicht so. Die Bank muß ihrer Mutter für alles, was sie von ihr erhält oder ihr geben kann, marktkonforme Konditionen bieten. Es wäre ja auch paradox, wenn der Migroskunde über den Detailhandelspreis die MIGROSBANK subventionieren müßte.

3. Marktauftritt und Marktstellung

Des Rätsels Lösung ist eigentlich recht einfach: Die Bank hat aus ihrer grundsätzlichen Schwäche eine Stärke gemacht. Mit einem klaren Marktauftritt und durch die Preisführerschaft in einigen der Bank wichtig erscheinenden Produktesegmenten sowie mit einfachen und pragmatischen Serviceleistungen hat sie in erstaunlich kurzer Zeit eine gute Marktstellung erreicht. Einfache Produkte, einfache Handhabung, einfache Abwicklung, tiefere Kosten!

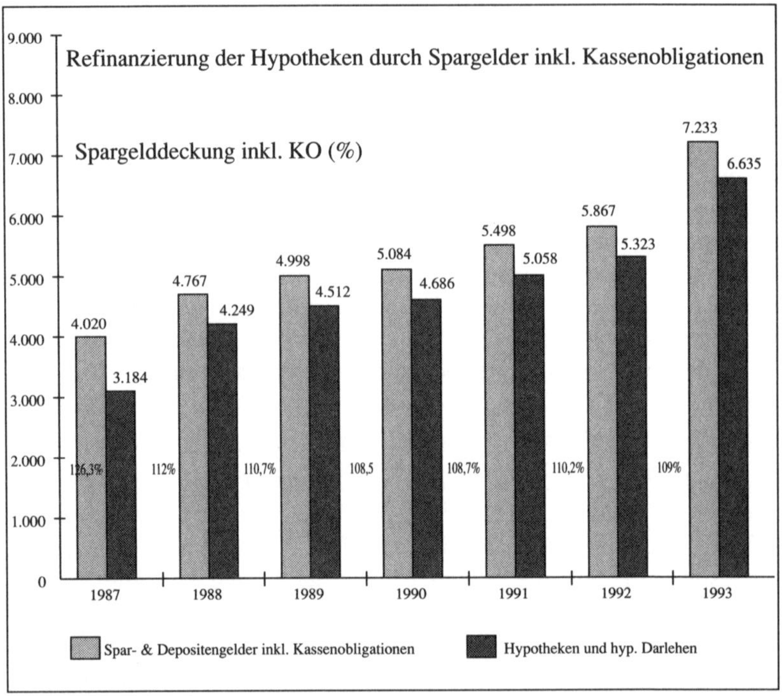

Abbildung 39: Refinanzierung der Hypotheken

Mit knapp SFr. 10 Mia. figuriert die MIGROSBANK bilanzsummenmäßig unter den 16 größten Banken der Schweiz. Im Spargeschäft (Spar-, Depositen-, Salär- und Privatkonti) findet man sie allerdings nach den vier Großbanken, der Zürcher und der Berner Kantonalbank bereits an 7. Stelle und im Hypothekargeschäft liegt sie etwa an 10. Position. Aber auch im Privatkredit- und im Changegeschäft ist die Größenordnung beachtlich. Mit der Konzession, in gewissen Sparkategorien kaum etwas zu verdienen, hat die MIGROSBANK eine große Stabilität in der Refinanzierung ihrer Hypothekarausleihungen erreicht. Diese Feststellung trifft sicher beim Salärkonto zu. Mit bis zu 3/4% höheren Zinsen bei gleichzeitig tieferen Spesenansätzen als die Konkurrenz sie anwendet, kann die Rechnung eigentlich nicht aufgehen. Die Bank glaubt aber, daß mit dieser Zinspolitik auch das normale Spargeschäft profitiert und sie ist letztlich auch auf langfristige Kundengelder, die in der Regel mehrheitlich doch teurer sind, weniger stark angewiesen.

Die Statistik (Abbildung 39) zeigt die komfortable Lage der Bank hinsichtlich Refinanzierung der von ihr gewährten Hypotheken. Erwähnenswert ist dabei, daß der Festhypothekenanteil per 30.6.94 lediglich rund 7% des gesamten Hypothekarbestandes ausmacht.

4. Preisvorteil als konstantes (langfristiges) Unterscheidungsmerkmal im Wettbewerb

Bis 1992 war es ein „ungeschriebenes Gesetz", daß Hypothekarsatzanpassungen von einer Großbank oder der Zürcher Kantonalbank „abwechselnd" injiziert und dann von den anderen nachvollzogen wurden. Seit 1993 hat es sich die MIGROSBANK zum Ziel gesetzt, Vorreiterin bei allfälligen Hypothekarsatzsenkungen zu sein. Leisten konnte sie sich dies deshalb, weil sie in der Phase der Übertreibung Ende der achtziger Jahre Zurückhaltung geübt hatte und dementsprechend weniger Problempositionen in ihren Büchern aufweist.

Ein Geschäftsbereich, der bei der MIGROSBANK noch entwicklungsfähig ist, ist das Finanzgeschäft. Gerade im Finanzgeschäft war die Entwicklung in der näheren Vergangenheit davon geprägt, daß die „Kleinkunden" mehr und mehr zur Kasse gebeten wurden. Die Minimalcourtage wurde drastisch erhöht und die Abstufung der Courtagesätze rutschte immer höher hinauf. Die Einführung von Positionsgebühren bei der Depotführung und vieles ähnliches sind Beispiele dafür. Hier geht die MIGROSBANK einen anderen Weg. Während andere Banken ihre Konditionen für Kleinaufträge an den Schweizer Börsen anheben, hat sich die MIGROSBANK Anfang 1994 dazu entschlossen, eben diese Sätze zu senken.

5. Das Distributionsnetz der MIGROSBANK

Die MIGROSBANK offeriert ihre Dienstleistungen ausschließlich in der Schweiz und das einigermaßen flächendeckend über 10 Sitze und 20 Filialen. Sie hat das Niederlassungsnetz in den vergangenen Jahren sukzessive ausgebaut. Einige wenige Standorte werden in den nächsten Jahren noch folgen. Damit ist die MIGROSBANK gegenüber den Großbanken aber auch gegenüber dem Verteilnetz der Kantonalbanken klar im Hintertreffen. Im Hinblick auf die enormen Kosten, die eine neue Bankstelle zunächst einmal verursacht und der damit verbundenen hohen Gewinnschwelle läßt sich das auch in Zukunft kaum korrigieren. Bei Kleinfilialen mit einem Personalbestand von 4-5 Personen sind heute rund Fr. 100 Mio. Kundengelderbestand nötig, bis die Gewinnschwelle erreicht ist. Damit ist klar, daß andere Wege der Distributionspolitik gesucht werden müssen.

6. Unkonventionelle Allianzen im Vertrieb

Durch die Einbindung der MIGROSBANK in die M-Gemeinschaft ergeben sich für sie auch ganz neue Möglichkeiten für ihren Vertrieb. So könnte man sich durchaus vorstellen, daß in Zukunft jede M-Unternehmenstelle also auch Hotelplan, SECURA oder andere M-Unternehmen die mit EFTPOS ausgerüstet sind, als MIGROSBANK-Auszahlstelle fungieren könnten.

Auch die Möglichkeiten im Allfinanzgeschäft stehen der MIGROSBANK über eine noch engere Zusammenarbeit mit ihrer Schwester SECURA offen. Es kann bei Hotelplan eine Reise gebucht, bei der SECURA versichert und mit der M-CARD über die MIGROSBANK bezahlt werden. Dies nur ein kleines Beispiel für die Möglichkeiten, die sich aus naheliegenden Allianzen ergeben.

7. Die Kundenkarte der MIGROSBANK

Die MIGROSBANK verfügt über eine Bankkundenkarte, die hinsichtlich Verwendungsmöglichkeiten derzeit wohl konkurrenzlos ist. Sie geht weit über das hinaus, was eine andere Bankkundenkarte normalerweise bietet. Die M-CARD kann jeder MIGROSBANK-Kunde gratis zu seinem Salär-/Privatkonto oder Sparkonto erhalten. Folgende Transaktionen sind mit der M-CARD vorläufig möglich:

- Bargeldbezug am Schalter oder an MIGROSBANK-eigenen Geldautomaten,

- Kontostandabfragen einschließlich der letzten Buchungen an MIGROS-BANK-eigenen Geldautomaten,
- bargeldlose Einkäufe in den Migrosläden im Rahmen des verfügbaren Guthabens,
- Bargeldbezug in den mit EFTPOS ausgerüsteten Migrosläden im Rahmen des verfügbaren Guthabens,
- bargeldlose Einkäufe in vielen Drittläden, Bergbahnen, Skiliften etc. über das gleiche System,
- auf Wunsch kann die M-CARD mit dem Halbtaxabonnement der SBB versehen werden,
- ab Herbst 1994 kann mit der M-CARD bei den Migroltankstellen bargeldlos bezahlt werden,
- ab Januar 1995 kann an den Postomaten mit der M-CARD Bargeld bezogen werden.

Der große Vorteil dieser Debitkarte für den Kunden ist, daß sein Geld bis zum Zeitpunkt der eigentlichen Ausgabe gut verzinst auf seinem MIGROS-BANK-Konto liegt. Ferner disponiert der Kunde im Rahmen des verfügbaren Kontosaldos und damit im Rahmen seiner Möglichkeiten und nicht etwa auf Kredit.

Das bargeldlose Einkaufen mit der M-CARD bietet auch hinsichtlich Sicherheit und Datenschutz für alle Beteiligte (Kunde, Detaillist, Bank) optimale Bedingungen, nämlich.

- PIN = persönliche Identifikationsnummer des Kunden,
- Chiffrierung aller wichtigen Daten,
- Autorisierung aller Cardomaten,
- Notstromversorgung zum Abschließen von Zahlungsvorgängen,
- Papierbeleg zum Erfassen der Daten bei Systemunterbruch,
- Migrosfiliale bzw. Point-of-Sales-Stelle und MIGROSBANK als geschlossene Benutzergruppe im Telepac-Netz.

Die M-CARD der MIGROSBANK ist das zweckmäßige Mittel, das Manko des relativ kleinen Bankstellennetzes auszugleichen. Die vielseitig verwendbare Bankkundenkarte wird dadurch zu einem strategischen Faktor. Der Stellenwert der Karte ist abhängig von einer genügenden Kundenakzeptanz. Gelingt es, den Kunden von dieser für ihn neuen Kontobenützungsart zu überzeugen, erfolgt früher oder später der Durchbruch. Das Cardomatsystem ist zur Zeit in Ausbreitung begriffen. Die ersten Zahlen sind ermutigend (siehe Abbildung 40).

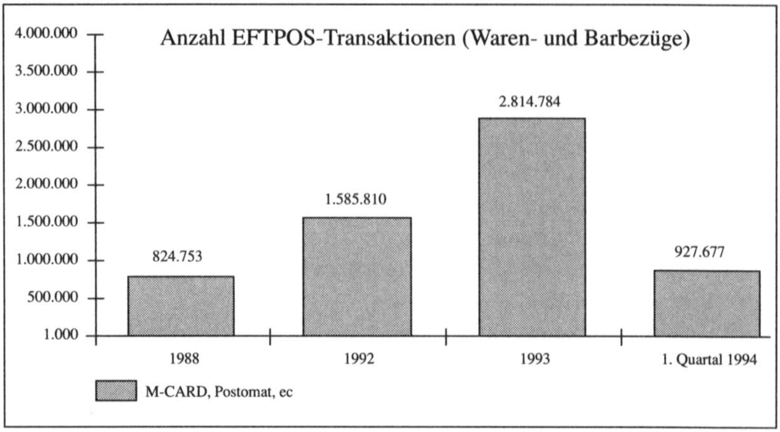

Abbildung 40: EFTPOS-Umsatz

8. Quo vadis Mengengeschäft?

Nachdem das Retail-Geschäft von verschiedenen Banken nach Jahren der Vernachlässigung wiederentdeckt wurde, zeichnet sich eine Tendenz zur Individualisierung bei den Produkten ab. Dies führt dazu, daß der Kunde ein Produkt weitgehend nach seinen Wünschen zusammenstellen oder auswählen kann. Die Kostentransparenz für den Verbraucher scheint damit allerdings verlorengegangen zu sein. Selbst für Spezialisten ist es kaum mehr möglich, gerechte, aussagekräftige Vergleiche herzustellen.

Die gegenwärtige Produktevielfalt, manchmal schon bereits innerhalb eines Kontos, ist möglicherweise nicht das, was der Kunde will. Einfache, transparente und selbstverständlich auch kostengünstige Lösungen sind gefragt. Alles andere hat auf die Länge keine Chance.

Letztendlich muß jede Bank selber entscheiden, ob, wie und in welchem Ausmaß sie das Mengengeschäft betreiben will. Der endgültige Entscheid wird durch den König gefällt und das ist immer noch der Kunde.

Lean Branch Management – ein Element des Retail-Banking-Konzeptes[1]

Wolf-Dieter Schlechthaupt

1. Ausgangslage

Die derzeitige Situation von Filialbanksystemen läßt sich schlagwortartig wie folgt charakterisieren:

- Seit den 70er Jahren gibt es für alle entwickelten Bankensysteme Vergleichsstatistiken[2], die sich in der Regel auf Einwohner pro Geschäftsstellen konzentrieren, und bei denen die Schweiz mit ca. 1.600 Einwohner pro Filiale – u.a. zusammen mit Deutschland – seit jeher über eines der dichtesten Filialnetze verfügte.
- Mit diesen statistischen Größen ist allerdings die Gefahr verbunden, daß überhaupt nicht vergleichbare sog. Trennbanksysteme (à la USA) und Universalbanksysteme (à la Schweiz, BRD) miteinander verglichen werden. Folglich hat jedes Land die Frage nach der notwendigen Bankenanzahl auf Grund von Kundenbedürfnissen und vor allem Rentabilitätsüberlegungen für sich alleine zu beantworten. Sicher scheint, daß auf Grund sich ändernden Bankgewohnheiten und alternativer Möglichkeiten zum traditionellen Banking die Zahl der Filialen inskünftig abnehmen wird.
- Eine der Gründe dafür sind die relativ *hohen fixen Kosten* (Einmalinvestitionen und laufende Betriebskosten) eines Filialnetzes. Auf die spezielle Situation der Schweiz bezogen handelt es sich bereits heute – und künftig noch mehr – um ein etwas überspitzt formuliertes *"Tante Emma-Laden"-Syndrom,* das sich in übrigen Bereichen der Wirtschaft bereits

1 Dieser Beitrag basiert auf einem Referat, das im Rahmen einer Tagung des Zentrums für Unternehmensführung am 21.6.94 in Zürich gehalten wurde.

2 Siehe auch Dissertation des Verfassers bereits aus dem Jahre 1971: Kriterien für die Errichtung von Geschäftsstellen von Universalbanken, Diss. Universität Basel; Freiburg i. Br. 1971.

längstens vollzogen hat. Die früher in einem geschützten Markt lebenden, kleineren Banken werden in Zukunft nur noch mithalten können, wenn sie sich dem Wandel der Kunden und des generellen Umfeldes anpassen. Oder, als etwas abgewandeltes Zitat eines berühmten Zeitgenossen: „Wer nicht mit der Zeit geht, den bestraft der Markt".

- Des weiteren ist in jüngster Zeit teilweise fast eine Hysterie ausgebrochen, *wieviele Milliarden Verluste im sogenannten Retail Banking,* also dem „normalen" Geschäft mit einer breiten Bevölkerungs- und Firmenschicht, Jahr für Jahr erlitten werden. Aus persönlicher Optik handelt es sich bei solchen Aussagen um eine in die aktuelle Zeit passende „Stimmungsmache", denn der Neuigkeitswert solcher plakativer und vor allem undifferenzierter Schlagworte ist in etwa vergleichbar mit der Aussage, daß ein Staatshaushalt defizitär sei.
  Definiert man das Retail Banking als Bankgeschäft mit den privaten Personen (mit einem bei ein und derselben Bank liegenden Vermögen bis Fr. 300.000), wie es z.B. für den Bankverein und andere Banken durchaus üblich war und ist, so gilt festzuhalten, daß sehr wohl positive Erfolgsbeiträge erwirtschaftet werden konnten und auch wurden.
- Eine Entwicklung, die bei Filialbanken nicht zu vermeiden und auch volks- und betriebswirtschaftlich zu begrüßen ist, wird die fortschreitende *Rationalisierung,* vor allem bei den Arbeits- und Produktionsabläufen sein, die logischerweise auch zu *Einsparung von Arbeitsplätzen* führen wird.
- Und schließlich gilt es auch *Managementfehler* auszumerzen, die beim Aufbau und der Führung von Filialnetzen begangen wurden und die ex post eindeutig belegt werden können.

2. Strategische Problemstellung

Bevor über die Ausgestaltung eines Filialnetzes diskutiert werden kann, sind eine Reihe von grundsätzlichen Fragen strategischer Natur zu beantworten:

- *Universalbank oder Spezialbank?*
  Je nach Ausrichtung ist bereits die erste Antwort über ein mehr oder weniger dichtes Filialnetz oder anders geartete Vertriebssysteme vorgegeben.
- *Bedeutung des Heimmarktes?*
  Die Definition des Heimmarktes und seine relative Wichtigkeit ist vor allem für die international sehr starken Schweizer Großbanken mit ihrem

kleinen nationalen Markt sehr brisant, wie u.a. die Initiative der Schweizerischen Kreditanstalt zum Aufbau eines sog. zweiten Heimmarktes in Österreich (durch die Beteiligungsabsicht an der Creditanstalt Bankverein, Wien) zeigt.

- Durch die Festlegung genereller *strategischer Zielsetzungen,* z.B. im breiten Privatkundengeschäft, werden ebenfalls automatisch erste Weichen für ein Filialnetz, wie auch immer strukturiert, gestellt.
- Galt es in der Vergangenheit auch manchmal als unvermeidlich, am selben Ort wie die Konkurrenz eine Filiale zu eröffnen und sich an der Gesamtzahl der Filialen zu messen, so dürfen Filialen aus betriebswirtschaftlicher Optik in der Zukunft nur noch als *Mittel zum Zweck,* also zur Erreichung von strategischen Zielen und nicht als Selbstzweck angesehen werden.
- *Erfolgsmaßstäbe für das Filialnetz.*
  Eine Änderung der Erfolgsmaßstäbe kann und muß aus unternehmensinternen Gründen die ausschlaggebende Änderung für die Beurteilung von Filialen sein. Genügte in der Vergangenheit das Erreichen einer Break-even-Schwelle oder die Erwirtschaftung eines positiven Cashflows, so zählt in Zukunft viel mehr die Erzielung eines – wie auch immer definierten – Return-on-Investment oder Return-on-Capital, der dann seinerseits mit einem alternativen Einsatz von Ressourcen (Personal, Kapital) im Bankkonzern verglichen wird.

3. Filialen als Elemente integrierter Marketingkonzepte

Ähnlich wie am plastischen Beispiel einer Kette, die insgesamt nur so stark wie ihr schwächstes Glied ist, verhält es sich bei den einzelnen Marketinginstrumenten. *Ergo ist das Zusammenspiel der verschiedenen Marketingelemente viel wichtiger als die Elemente an sich.* Was nützt einer Bank das innovativste Produkt, wenn es z.B. nicht richtig „vermarktet“ wird?

Ohne auf Lehrbücher und spezifische Marketingmodelle einzugehen, hat sich im Rahmen der praktischen Tätigkeit des Verfassers das Gedankenschema mit den *6 W's* als sehr nützlich herauskristallisiert:

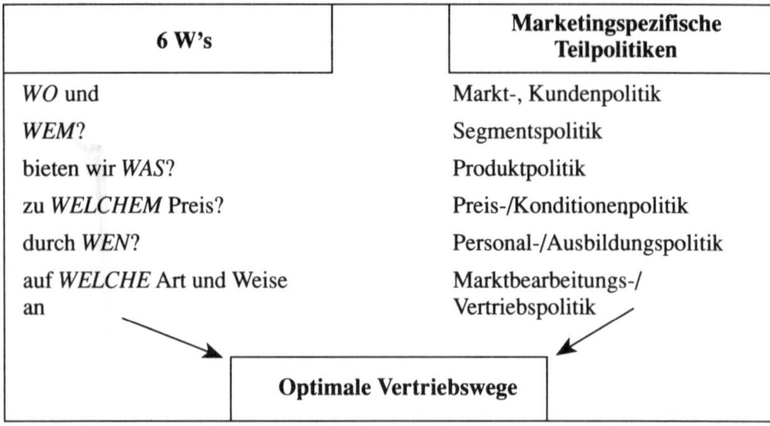

Abbildung 41: Elemente der Marketingpolitik

4. proFIL: Die neue Markt-Ausrichtung

- *Vorbemerkung 1:* Die folgenden Ausführungen beziehen sich auf das beim Schweizerischen Bankverein durchgeführte Projekt „Neustrukturierung des Filialnetzes" mit der Bezeichnung proFIL[3]. Es handelt sich um einen typischen BUSINESS CASE, im Sinne der an amerikanischen Universitäten propagierten Fallstudien. Aus der Schilderung von Zielen, Strukturen und Umsetzungsansätzen sind durchaus allgemein gültige Lehren zu ziehen. Der Verfasser möchte jedoch eindeutig Abstand davon nehmen, die realisierten oder noch zu realisierenden Lösungen als Patentrezepte für andere Banken hochzustilisieren.
- *Vorbemerkung 2:* Man kann sich in Theorie und Praxis trefflich darüber streiten, ob eine Neuorientierung mit dem sog. Back-office oder dem kundenorientierten Teil beginnen sollte, im Zweifelsfall sogar an „beiden Enden" (Achtung: Komplexität des Projekts!).
  Beim Schweizerischen Bankverein ging dem Projekt „proFIL" ein mehrjähriges Projekt „Filialtypologie" (1988-92) voraus, das sich – verein-

3 Der Verfasser war der der Geschäftsleitung direkt rapportierende Projektleiter. Die nachfolgende Beschreibung des Konzeptes ist somit eine Mischung von idealtypischen Konzeptideen und praxisorientiertem Umsetzungsvorgehen

facht ausgedrückt – mit der Zentralisierung und/oder Regionalisierung von bis dato sehr dezentral durchgeführten administrativen Aufgaben und Verarbeitungsprozessen beschäftigte.
Bis zu diesem Projekt verstanden sich die meisten der knapp 300 Filialen als (kleine) Universalbanken vor Ort und der Leiter dieser Filialen hatte sehr oft den Status eines Banquiers in der jeweiligen Gemeinde. Ein gewisses Umdenken hatte also bereits stattgefunden, als das Startzeichen zum Projekt proFIL gegeben wurde.

4.1 proFIL: Zielsetzung

Die vorgenannten grundsätzlichen strategischen Fragen wurden zu Beginn des Projekts proFIL durchgearbeitet und für den Schweizerischen Bankverein wie folgt beantwortet:

- *Ausbau Marktstellung „Heimmarkt Schweiz“:* D.h. Bekenntnis zur Wichtigkeit der Schweiz als Basis für die Bankgeschäfte des gesamten Konzerns oder – etwas flapsig ausgedrückt – Bekenntnis zum „Bread-and-butter-business“.
- *Rentabilitätssteigerung Filialnetz Schweiz:* Eine Steigerung der Rentabilität des Retail Banking um das zwei- bis dreifache ist in den nächsten 3-5 Jahren als realistisch anzusehen und als Maxime umzusetzen.
- *Nicht mehr „ALLES an ALLE an ALLEN Orten“:* Während im Kundenbereich von vielen Finanzdienstleistern seit Jahren die Kundensegmentierung gepredigt wurde, kam dieser Gedanke bei den Filialen, die sich sehr heterogen entwickelten, eindeutig zu kurz. Es ist schlichtweg zu teuer, wenn sich jede Filiale als kleine Universalbank versteht und sich in ihrem Produktangebot nicht auf spezifische Segmente, echte Potentiale und regionale Gegebenheiten konzentriert.
- *Verbesserung Kundenbetreuung und Servicequalität:* Eine der echten strategischen Erfolgsfaktoren in einem verteilten Markt mit vielen gleichnamigen und nicht gegenständlichen Produkten. Wurde in der Vergangenheit des öfteren eher als „Lippenbekenntnis“ denn als Initiative des Gesamtunternehmens verstanden.
- *Verbesserter Einsatz der Ressourcen:* Im Sinne der Ertragssteigerung und Kostenreduktion, was im Filialbereich keineswegs eine Quadratur des Kreises, sondern durchaus realitätsbezogen ist.
- *Horizontale Erweiterung des Basisangebotes an allen Orten:* Durch den

Abbau von speziellen Dienstleistungen bei Filialen ohne echtes Potential wird eine Konzentration der Kräfte und eine gewisse Verbreiterung oder Universalität des gesamten Basisangebotes erreicht.

- *Vertikale Vertiefung des Spezialangebotes an potentialträchtigen Orten:* Dieselbe Konzentration der Kräfte soll bei den Spezialdienstleistungen, z.B. Vermögensverwaltung oder Verkauf von derivativen Produkten, realisiert werden, aber eben nicht in der Breite, sondern durch ein Zusammenziehen auf regionaler oder zentraler Ebene in der Tiefe.

4.2 proFIL: Bildung strategischer Geschäftsfelder

- *Primat der Marktorientierung – weg vom Produkt-, hin zur Segmentorientierung:* Der Einzug des Marketinggedankens und die Ausbildung zu Verkäufern hat im einen oder anderen Bereich sicherlich einen respektablen Schub in Richtung Produktorientierung an der sog. „Verkaufsfront" bewirkt. Dabei kamen jedoch die umfassende Kundenbetreuungsidee, die segmentorientierte Marktbearbeitungsidee oder sämtliche Spielarten von Kundenbindungskonzepten zu kurz. Hand in Hand mit dieser anvisierten Segmentorientierung geht auch die Weiterentwicklung vom (Produkte-)Verkäufer zum Berater.
- *Marktverantwortung = Ergebnisverantwortung:* Keine Universalbank, wie auch kein sonstiger international tätiger Konzern, kommt an dem Problem von matrixartigen Organisationsstrukturen vorbei. Es gibt nun einmal funktionale und regionale, es gibt typische produktspezifische und logistische Aufgaben, die auf die jeweilige Strategie abzustimmen sind. Man könnte auch von einer Art „Schnittstellen-Management" reden, das es – egal wohin die Schnittstellen verschoben werden – zu optimieren gilt.

  Als Primat beim Projekt proFIL wurde die Marktverantwortung festgelegt, die gleichzeitig identisch mit der Ergebnisverantwortung ist.
- *Aufteilung in drei marktspezifische Geschäftsbereiche:* Der Schweizer Markt, inkl. eines geographisch definierten ausländischen grenznahen Bereiches, wurde schlußendlich in drei Märkte aufgeteilt:
  - Firmenkunden,
  - Retail-Kunden (Private und Firmen),
  - Private Anleger.

- *Funktionale Führung:* Bewußte Abkehr von einer dezentralen, föderalistischen Organisationsstruktur, die im Extremfall – mit all ihren positiven und negativen Seiten – bis hin zu 16 regionalen Banklösungen geführt hat, da der Bankverein über 16 sog. Sitze (oder regionale Kopfstellen) verfügt.
- *Zusammenfassung zu Unternehmensbereich Schweiz, mit eigener Geschäftsleitung:* Die drei marktorientierten Geschäftsbereiche wurden mit dem Geschäftsbereich Logistik in einem Unternehmensbereich Schweiz zusammengeführt, der eine eigene Geschäftsleitung besitzt. Den Gegenpol stellen die internationalen Aktivitäten dar, die ihrerseits in der International Finance Division (IFD) zusammengefaßt sind.

Die jeweiligen Strategien pro Geschäftsbereich lassen sich wie folgt abbilden:

Retail	• Flächdeckendes Angebot • Standardisierte Produkte und Abläufe • Abdeckung der Bedürfnisse von rund 90% der Kunden (Private und Firmen)
Private Anleger & Vermögensverwaltung	• Angebot an zentralen Standorten • Individuelle Anlagedienstleistungen • Abdeckung der Bedürfnisse Privater Anleger
Firmen & Institutionen	• Angebot an zentralen Standorten • Individuelle Produktlösungen für Finanzierungs- und Anlagebedürfnisse • Ganzheitliche Beratung für mittlere und große Firmen und Institutionen

Abbildung 42: proFIL-Strategie pro Geschäftsbereich

4.3 proFIL: Kundensegmentierung

Ausgehend von der Maxime der Kundensegmentierung ergibt sich eine logische Kette von großen Kundengruppen mit einem relativ hohen Aggregationsgrat bis hinunter zu einzelnen Kundenfeinsegmenten. Daß bei der großen Anzahl von privaten Kunden (ca. 2 Mio.) die Bildung von feiner definierten Segmenten im Retail-Bereich am weitesten fortgeschritten ist, dürfte verständlich sein.

Die schematische Abbildung dieser Gedanken:

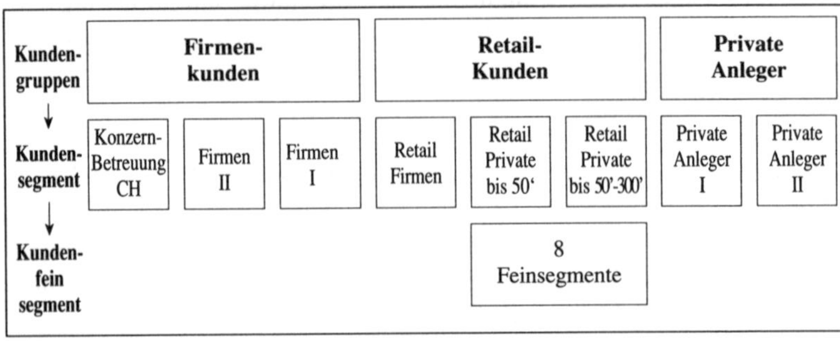

Abbildung 43: Kundensegmentierung

4.4 proFIL: Product-Management

Wiederum grundsätzlich, heißt eigenständige Markt- und Ergebnisverantwortung = eigenständiges Product-Management, wie die nächste Abbildung veranschaulichen sollte:

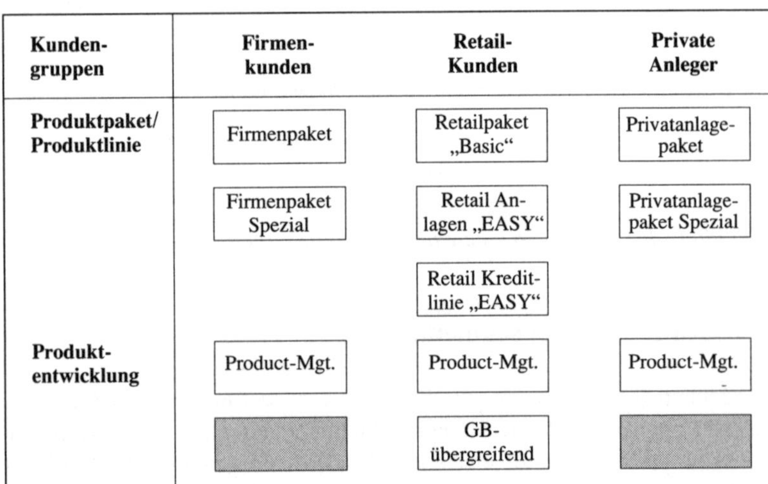

Abbildung 44: Product-Management

Die geschäftsbereichsübergreifenden Produkte, z.B. Kontoeröffnung, Zahlungsverkehr oder VISA-Kreditkarten-Verkauf werden möglichst nur einmal „produziert", sehr oft im Bereich Retail, und mit Hilfe von Transfer-Preisen an (von) andere(n) Geschäftsbereiche verkauft (eingekauft).

4.5 proFIL: Führungs-/Vertriebsorganisation

Die weitere logische Abfolge nach Bestimmung von Märkten, Segmenten und Produkten hat die adäquate Organisationsstruktur zum Thema, die wiederum illustrativ wie folgt abgebildet werden kann:

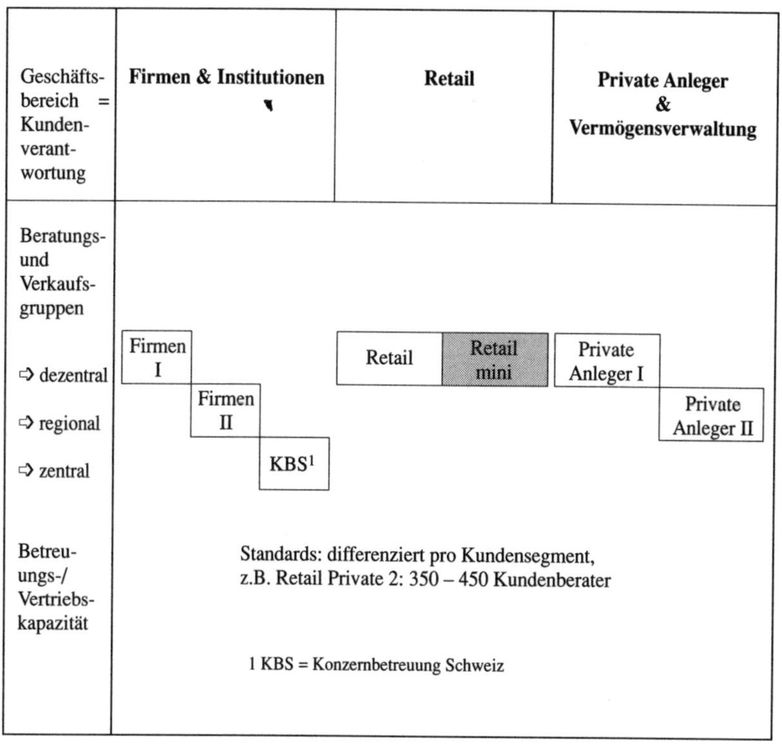

Abbildung 45: Führungs- und Vertriebsorganisation

Basis oder Nukleus der neuen Kundenausrichtung sind die Beratungs- und Verkaufsgruppen (B&V), die je nach Spezialisierungsgrad oder Produkte-Know-how zentralisiert, regionalisiert oder vollkommen dezentral tätig sind. Und, sicherlich eine weitere konsequente Neuerung, allen Beratern werden sogenannte Standards zugeteilt (Anzahl Kunden pro Berater individuell oder pro Beratungsteam).

	Firmen & Institutionen	**Retail**	**Private Anleger & Vermögensverwaltung**
Mitarbeiter	Firmenberater	Kundenberater	Anlageberater
Funktion	Spezialist	Generalist **= neues Berufsbild**	Spezialist
Ausbildung	Tiefe	Breite (intensive/extensive Schulung Mai-Dez. 94)	Tiefe
Leiter B &V-Gruppe	Verkaufsleiter	Verkaufsleiter	Verkaufsleiter

Abbildung 46: Personalstrategie

4.6 proFIL: Personalentwicklung

Die geänderte Philosophie des Marktauftrittes aus Konzernoptik wie auch das adaptierte Auftreten des Individuums dem Kunden gegenüber führt zur Ausprägung von Spezialisten und Generalisten.

Und gerade der Generalist bedeutet für das Personal eine große Chance, sich weiter und breiter ausbilden zu lassen und dem Bankverein ein neues Gesicht zu geben.

4.7 proFIL: Filialtypen

Das Filialnetz des Bankvereins läßt sich nach Verwirklichung des Projekts proFIL relativ klar nach einheitlichen Kriterien strukturieren:

Filialtypen		Beratungs- und Verkaufsgruppen: Retail	Firmen I	Private Anleger	Firmen II / KBS*
Universal	U Plus	■	■	■	■
	U	■	■	■	❍
Individual	I[1]	■	■	■	
	I a[2]	■		■	
	I f[3]	■	■		
Retail	R	■			
	R mini[4]	❍			

* Konzernbetreuung Schweiz
1 Anleger und Firmen
2 a = anlageorientiert
3 f = firmenorientiert
4 vorgeschobene Schalter, Change-Stellen

Abbildung 47: Filialtypen

4.8 proFIL: Interne Kommunikation

Eine der wichtigsten Grundregeln beim „Umbau" – in übertragenem Sinne – eines gesamten Filialnetzes heißt Kommunikation, Kommunikation und nochmals Kommunikation. Ein ständiger Dialog mit Mitarbeitern auf allen Ebenen, mit Kunden, mit Partnern ist gefordert, gemäß einem ehernen Grundsatz:

➩ *Banking is people!*

➩ *Spezielles Informationsmedium*

Ein Newsletter für das gesamte Personal bildet das Kernstück der breitest angelegten Informationskampagne.

- *Dezentrale Newsletter*

Neben der regelmäßigen gesamtschweizerischen Information, die während der Realisierung des Projekts ca. 6 Mal (innert 18 Monaten) erscheinen wird, gibt es unterstützende Informationsblätter auf regionaler Ebene.

Es gab ferner:

- *Road Shows*,
- *spezielle Anlässe* (zentral, dezentral),
- *Einbettung in „normale" Anlässe*, und schließlich und endlich die:
- *regelmäßige Betreuung durch zentrale und dezentrale Realisierungsteams.*

4.9 proFIL: Zusammenfassung aus Kundenoptik

Die folgende Abbildung versucht nochmals die Vorteile des neuen Filialsystems gegenüber dem alten Zustand zu verdeutlichen, zugegebenermaßen etwas vereinfachend aus der Optik des „breiten privaten Publikums".

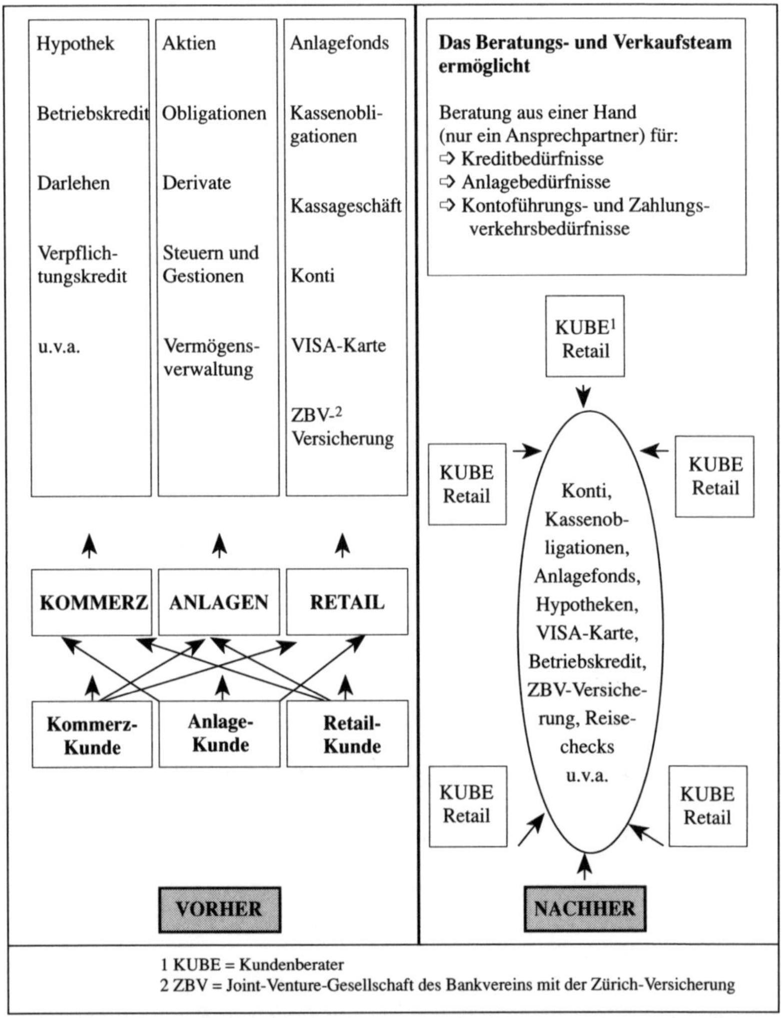

Abbildung 48: Zusammenfassung aus Kundenoptik

5. Harmonisierung der Vertriebskanäle

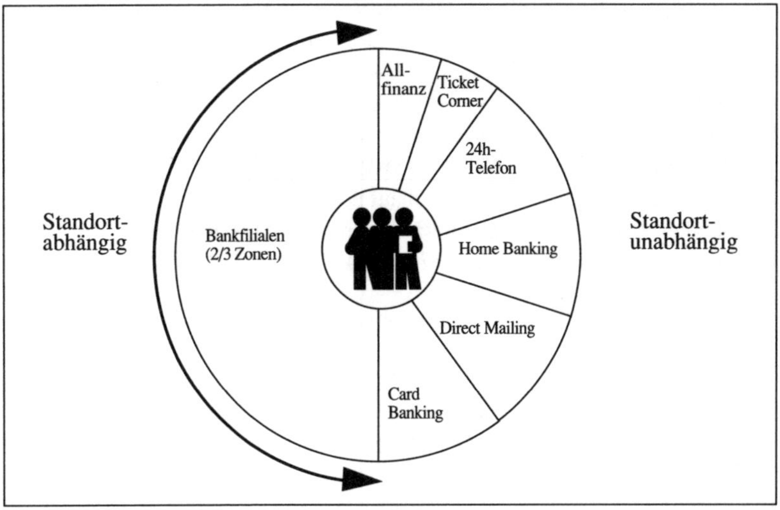

Abbildung 49: Heutige Vertriebsform

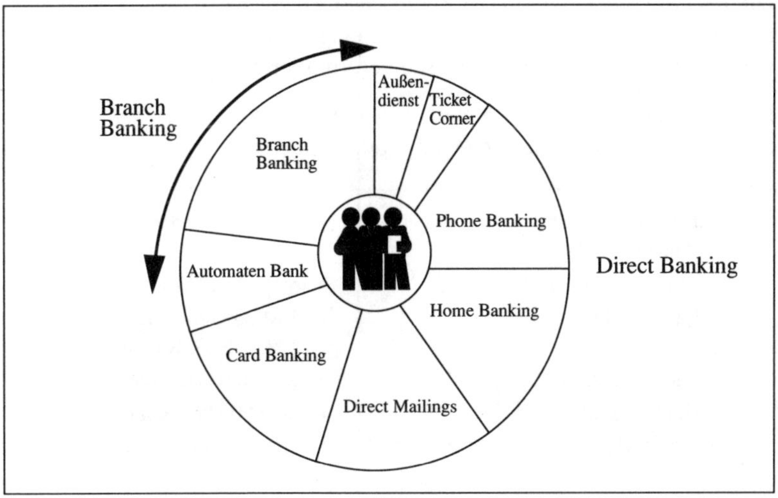

Abbildung 50: Zukünftiger Vertriebs-Mix

5.1 Alternativer Vertriebs-Mix

Eine der größten zukünftigen Herausforderung für das Bankmanagement dürfte die Führung, Koordination und der optimale Einsatz der verschiedenen Vertriebswege der Zukunft sein. Hatte in der Vergangenheit die Filiale – und der Filialleiter – ein Quasi-Monopol beim Verkauf der Produkte und beim Kundenkontakt, so gibt es heute bereits eine Reihe von alternativen Möglichkeiten. Und in der Zukunft werden diese Möglichkeiten noch vielfältiger werden. Die vorstehenden Schaubilder erheben keinen Anspruch auf Genauigkeit oder einheitliche Definitionen und Maßstäbe. Sie dienen lediglich der Veranschaulichung der Akzentverschiebung und der Variabilität.

5.2 Vision 2002

Zukunftsgedanken sind immer mit mehr oder weniger großen Unsicherheiten behaftet, vor allem wenn sie sich über einen Zeitraum von mehr als fünf Jahren erstrecken.

Und dennoch ist es ganz reizvoll, sich Gedanken darüber zu machen, wie denn die Bearbeitung der Kunden von der Bank aus und die Inanspruchnahme der Bank von den Kunden aus anzahlmäßig vonstatten gehen könnte. Die nachfolgend aufgeführten Zahlen und Prozentsätze dienen denn auch der Veranschaulichung von Größenordnungen oder sog. Mengengerüsten, wie es zur Zeit so technokratisch schön formuliert wird.

Die Ausgangsbasis ist ein Kundenbestand des Schweizerischen Bankvereins von 2,5 Mio. Kunden (z.Zt. 2,0 Mio. Kunden):

• Personal-Banking (Schalter, Berater)	➪ 20-30% Kunden
• Automaten-Banking	➪ 80 % Transaktionen
• Card-Banking	➪ 1 Mio. Kreditkarten plus 1 Mio. SBV-Karten
• Phone-Banking	➪ über 400.000 Kunden
• Home-Banking	➪ über 200.000 Kunden
• Direct Mailing (Ohne Auszüge)	➪ gegen 5 Mio. Schriftstücke

Abbildung 51: Vision 2002

6. Zusammenfassende Thesen

- ⇨ Die Filialen bilden auch in Zukunft ein *wichtiges Element* für den (Absatz-) *Erfolg* einer Universalbank, aber in modifizierter Ausgestaltung und Funktionsweise.
- ⇨ Das Produktangebot einer Filiale hat sich auf *echte Marktpotentiale* und *Kundenbedürfnisse* zu konzentrieren.
- ⇨ Die Filialen sind von möglichst vielem logistischem *Ballast* zu *befreien* (billigere Leistungserstellung).
- ⇨ Das Filialnetz der Zukunft erfordert *andere Mitarbeiter/Berufsbilder* als in der Vergangenheit: weg vom Beamten und Banquier, hin zum *verkaufsorientierten Berater und Verkaufsleiter.*
- ⇨ Der Erfolg einer Filiale und ihrer Mitarbeiter ist nicht mehr alleine aus Profitcenter-Gesichtspunkten, sondern primär aus einer Anzahl von *Markt- und Absatzkriterien* zu beurteilen.
- ⇨ Die *neuen standortunabhängigen Verkaufskanäle* dürfen das Filialnetz nicht konkurrenzieren, sondern sind *komplementär* einzusetzen.
- ⇨ Auch der gesamte Mix von unterschiedlichen Vertriebskanälen kann nur dann funktionieren, wenn er in ein *umfassendes Marketingkonzept* integriert ist.
- ⇨ Die *Restrukturierung eines Filialnetzes* ist nicht als Gefahr, sondern als bewußte *Chance* für *Mitarbeiter* und *Kunden* zu verstehen und bewußt auch als solche zu kommunizieren.

Literaturhinweise

ADAIR, J.: Richtig führen leicht gemacht, VWP-Verlag, Wissen + Praxis GmbH; Nürnberg.

ANDERSEN, A.: Das Schweizerische Bankwesen an der Schwelle zum Jahr 2000; Zürich 1992.

ASPINALL, K.W. und REICHHELD, F.F.: Building High-Loyalty Business Systems; Boston 1993.

BENÖLKEN, H./WINKELMANN, A.: Banken- und Sparkassenvertrieb am strategischen Scheideweg, in: Banking & Finance 2/1993.

BERNET, B.: Back Office Management für Banken und Finanzinstitute; Stuttgart 1993.

BERNET, B.: Retail Banking an der Schwelle zum 3. Jahrtausend, in: Geldinstitute 10/1994.

BETTGER, F.: Erlebte Verkaufspraxis, Oesch-Verlag; Zürich 1990.

BIERER, H./FASSBENDER, H./RÜDEL, T.: Auf dem Weg zur „schlanken" Bank, in: Die Bank 9/1992.

BOHL, A.: Machen Sie Verkaufen salonfähig, in: Handels Zeitung, 25.9.1992.

BOLLENBACHER, G. M.: Beyond Branch Automation, in: Bank Director, Fourth Quarter 1993.

BRENTANI, U./COOPER, R. G.: Developing succesfull new financial services for businesses, in: Industrial Marketing Management 21; 1991.

BRUNNER, C.: Bankenübernahmen in der Schweiz, Band 186 der Schriftenreihe „Bank- und finanzwirtschaftliche Forschungen"; Bern/Stuttgart/Wien 1994.

BRUNNER, W. L.: Beratungsqualität ist Schlüsselfaktor im Total Quality Management, in: Die Bank 8/1993.

BUCHANAN, R.: Improving Profitability Through Customer Retention, in: Strategic Sales & Marketing Director; October 1990.

Bundesamt für Statistik; 1991.

CARLZON, J.: Alles für den Kunden, Campus Verlag; Frankfurt 1988.

Cash: Bis 2000 Hundert weniger; Oktober 1990.

CLANCY, K.J. und SHULMAN, R.S.: Die Marketing-Revolution – Vom Wunschdenken zur Rentabilität; Frankfurt/New York 1993.

CONRADI, S.: Bald nur noch die Hälfte, in: Bilanz, Zürich, Sept. 1990.

DEUTSCH, B.: A Conversation with Philip Kotler, in: Bank Marketing, 12/1990.

DILLER, H. (Hrsg.): „Vahlens großes Marketinglexikon", Verlage Vahlen und Beck; München 1992.

DOEBELI, H.P.: Konsum 2000, in: „Die Orientierung“, Schweizerische Volksbank; Bern 1992.

EBERHARDT, U.: Werbeagentur CASH; Zürich, Januar 1994.

ENDRES, M.: Entwicklungslinien der Bankorganisation, in: Die Bank 1/1994.

EVERSHEIM, W./LAUFENBERG, L./MARCZINSKI, G.: Integrierte Produktentwicklung mit zeitparallelem Ansatz, in: CIM Management 2/1993.

FURLONG, C. B.: Rules for Customer Retention, in: Bank Marketing, January 1993.

GEBERT/STEINKAMP/WENDLER: Führungsstil und Absatzerfolg in Kreditinstituten und Sparkassen, Gabler Verlag; Wiesbaden 1987.

GEHRIG, B.: Offener Schlagabtausch zwischen Finanzdienstleistern, in: Schweizer Bank Broschüre: Finanzplatz Schweiz 2001; Zürich 1993.

GEYER, G.: Kunden in den späten Neunzigern, in: Bank Magazin 1/1994.

GEYER, G.: Das Beratungs- und Verkaufsgespräch in Banken – Bankleistungen erfolgreich verkaufen, Gabler Verlag, 4. Auflage; Wiesbaden 1988.

GEYER/RIEDMÜLLER/RONZAL: Schriftenreihe: Erfolgreicher Führen und Verkaufen in der Zweigstelle, Monatliche Praxistips für Filial-, Geschäftsstellen- und Zweigstellenleiter von Banken und Sparkassen, Nafa Verlags GmbH; Nürnberg.

GEYER/RONZAL: Führen und Verkaufen in der Zweigstelle, 100 Erfolgstips für Kreditinstitute, Gabler Verlag; Wiesbaden 1988.

GEYER/RONZAL: Führen und Verkaufen in der Zweigstelle, Weitere 100 Erfolgstips für Kreditinstitute, Band 2, Gabler Verlag; Wiesbaden 1992.

GRUPP, H. (Hrsg.): Technologie am Beginn des 21. Jahrhunderts; Heidelberg 1993.

HALTINER, E.: Erbitterte Schlacht um Marktanteile, in: Schweizer Bank, Oktober 1993.

HEDBERG, B.: Bevorstehende Revolution der Dienstleistungen im Privatkundengeschäft, in: Sparkasse International, 1/1991.

JOHNSON, L.T.: The future of retail branch banking in europe, in: Revue de la Banque, 4/1991.

KRÜMMEL, H.-J.: Allfinanz und die sortimentspolitischen Grundlagen des Privatkundengeschäfts, in: Beihefte zu Kredit und Kapital, Heft 11: Allfinanz – Strukturwandel an den Märkten für Finanzdienstleistungen, hrsg. von Krümmel, H.-J./Rehm, H./Simmert, D. B.; Berlin 1991.

KRUMNOW, J./BÜSCHGEN, H.E.: Finanzwettbewerb in den 90er Jahren – Thesen und Informationen; Wiesbaden 1992.

LANGE, T. A.: Lean Banking – Leistungsorientierte Organisations- und Prozeßoptimierungen im Bankbetrieb, in: Banking & Finance 7/1992.

LUBIN, P.: Stopping the Revolving Door Syndrome, in: Bank Marketing, July 1993.

MAES, PH.: Smart Cards – Applications, Problems, Perspectives, in: Multicard 1994.

MAGYAR/PRANGE: Zukunft im Kopf – Wege zum visionären Unternehmen, Rudolf Haufe Verlag; Freiburg im Breisgau 1993.

MAHLER, A.: Der Einsatz und die Nutzung neuer Telekommunikationsdienste von Banken zur Abwicklung des Zahlungsverkehrs, in: Multicard 94.

Multicard 94: Elektronische Kartensysteme – Anspruch und Wirklichkeit, Kongreßdokumentation; Berlin 1994.

Österreichisches Institut für Wirtschaftsforschung und Institut für Höhere Studien, Wien.

OGGENFUSS, C. und LACHER, R.: Neue Wege der Kundenpflege – „Retention marketing", in: Produkte mit Profil – Spitzenmanager und ihre Wege zum Erfolg; Frankfurt/Main/ Wiesbaden 1994.

o. V.: Account Retention Statistics, Technical Assistance Resource Project, Washington, D.C., in: Account Retention, Veröffentlichung der Bank Marketing Association; Washington 1993.

PETERS/WATERMANN: Auf der Suche nach Spitzenleistungen, Verlag Moderne Industrie; Landsberg 1983.

PINE, B.J.: Maßgeschneiderte Massenfertigung – Neue Dimensionen im Wettbewerb; Wien 1994.

PIPP, G.: SKA-Heft Markterfolg; Zürich 1989.

REHM, H./SIMMERT, D. B.: Allfinanz – Befund, Probleme, Perspektiven, in: Beihefte zu Kredit und Kapital, Heft 11: Allfinanz – Strukturwandel an den Märkten für Finanzdienstleistungen, hrsg. von Krümmel, H.-J./Rehm, H/Simmert, D. B.; Berlin 1991.

REICHHELD, F. F.: Loyalty-Based Management, in: Harvard Business Review, March-April 1993.

REICHHELD, F.F. und SASSER, E.W.: Zero Migration – Dienstleister im Sog der Qualitätsrevolution, in: Harvard Manager Nr. 4, 1991.

RODGERS/SHOOK: IBM-Einblick in die erfolgreichste Marketingorganisation der Welt, Verlag Moderne Industrie; Landsberg 1986.

RÜTTIGER, R.: Unternehmenskultur – Erfolge durch Vision und Wandel, ECON-Verlag; Düsseldorf/Wien 1986.

SCHIERENBECK, H.: Ertragsorientiertes Bankmanagement, 4. Aufl.; Wiesbaden 1994.

SCHIERENBECK, H.: Neue Wege im Vertrieb – Die große Herausforderung für die Banken, in: Tagungsband zum 1. Basler Bankentag 18. November 1993, hrsg. von Basler Bankenvereinigung; Bern 1994a.

SCHMELZER, H. J.: Organisation und Controlling von Produktentwicklungen: Praxis des wettbewerbsorientierten Entwicklungsmanagements; Stuttgart 1992.

SCHULTZE-KIMMLE H. D.: Zehn Thesen zur Bank der Zukunft in: Die Bank, 2/94.

Schweizerische Bankgesellschaft: Neukundenmarkt-Studie, SBG Marktforschung, Erhebungszeitraum 1991-93, Juni 1993.

Schweizerische Bankgesellschaft: TQM-Befragung, SBG Marktforschung, Erhebungszeitraum Frühling 1994, Juli 1994.

Schweizerischer Bankverein: Der Monat in Wirtschaft und Finanz, Dezember 1993.

SMITH, R.C./WALTER, I.: Global Financial Services – Strategies for building competitive strengths in international commercial and investment banking; New York 1990.

SPIES, S. und FISSELER, D.: Produkte mit Profil – Spitzenmanager und ihre Wege zum Erfolg, Frankfurt/Main/Wiesbaden 1994.

SPRENGER, R. K.: Mythos Motivation – Wege aus einer Sackgasse, Campus Verlag; Frankfurt/New York, 2. Auflage 1992.

STOLL M.: Goodbye Global, Hello Europe, Vortrag an der ZfU-Fachtagung Revolution im Retailbanking, 23.11.93.

STÜSSI, M.: Electronic Banking, Veröffentlichung der Firma IBM; Zürich 1993.

SÜCHTING, J.: Bankmanagement, 2. überarbeitete Auflage; Stuttgart 1987.

Tages-Anzeiger: Citibanks genormter Euro-Feldzug, 6. Okt. 1992.

THOMA, R.: Kundennähe – um jeden Preis? in: Schweizer Bank 4/1994.

TISSI, A.: Die Retailstrategien der drei Schweizer Großbanken, ein kritischer Vergleich, Diplomarbeit an der Hochschule St. Gallen; St. Gallen 1993.

TREACY, M. und WIERSEMA, F.: Customer Intimacy and other Value Disciplines, in: Harvard Business Review Nr. 1, Januar/Februar 1993.

VOLGER, A. H.: Simultaneous Engineering bei der Systementwicklung, in: CIM Management 6/1990.

WAESPI, A.: Erfolgreiche Filialführung; Bern 1994.

WELLAUER T.: Prototypen von Schweizer Unternehmen, Bankindustrie, in: McKinsey & Co., Swiss Corporations: Prototypes for the Year 2000; Zürich 1992.

WERDER, TH.: Besondere Aspekte des Retail Banking, Diplomarbeit am Institut für schweizerisches Bankwesen der Universität Zürich; Zürich 1994.

WERTHER, W. B.: „Lieber Chef", Was jede Führungskraft hören sollte und jeder Mitarbeiter längst sagen wollte, Campus Verlag; Frankfurt/New York 1991.

WIECK, H.-A./WÜNSCHE, G.: Lean Banking für das Filialnetz, in: Die Bank 8/93.

WÜNSCHE, G./SWOBODA, U.: Die Bedeutung von Zielgruppen für die fokussierte Universalbank, in: Die Bank 5/1994.

ZANONI, U.: Kantonalbanken – der stete Niedergang einer veralteten Idee, in: Politik und Wirtschaft 1991.